DINÂMICAS DO MUNDO DO TRABALHO NA ARGENTINA E NO BRASIL

transições / mobilidades / deslocamentos

DINÂMICAS DO MUNDO DO TRABALHO NA ARGENTINA E NO BRASIL

transições / mobilidades / deslocamentos

Isabel Georges e Ania Tizziani
Coordenadoras

Alameda

Grafia atualizada segundo o Acordo Ortográfico da Língua Portuguesa de 1990, que entrou em vigor no Brasil em 2009.

Edição: Haroldo Ceravolo Sereza/ Joana Monteleone
Editora assistente: Danielly de Jesus Teles
Projeto gráfico, diagramação e capa: Danielly de Jesus Teles
Assistente acadêmica: Tamara Santos
Revisão: Alexandra Collontini
Imagem da capa: Oriana Tizziani, fábrica FaSinPat, Provincia de Neuquén, Argentina, 2014.

CIP-BRASIL. CATALOGAÇÃO NA PUBLICAÇÃO
SINDICATO NACIONAL DOS EDITORES DE LIVROS, RJ

D589

Dinâmicas do mundo do trabalho na Argentina e no Brasil : transições, mobilidades, deslocamentos / coordenação Isabel Georges, Ania Tizziani. - 1. ed. - São Paulo : Alameda, 2020.
378 p. ; 21 cm.

Inclui bibliografia
ISBN 978-65-86081-80-0

1. Trabalho - Aspectos sociais - Argentina. 2. Trabalho - Aspectos sociais - Brasil. I. Georges, Isabel. II. Tizziani, Ania.

19-60808 CDD: 306.36
CDU: 316.74:331

Alameda Casa Editorial
Rua 13 de Maio, 353 – Bela Vista
CEP 01327-000 – São Paulo, SP
Tel. (11) 3012-2403
www.alamedaeditorial.com.br

Sumário

Parte 2

APRESENTAÇÃO COLETÂNEA SAGEMM "Social activities, gender, markets and mobilites from below (Latin America)"

Cibele Saliba Rizek e *Isabel Georges*

A coletânea organizada a partir da rede de pesquisa SAGEMM - *Social activities, gender, markets and mobilities from below (Latin America)* é dedicada à publicação de obras de pesquisadores que atuam no seu interior ou que vêm mantendo férteis interlocuções com os membros que dela fazem parte. Essa rede teve como origem o Laboratório Misto Internacional, fomentado de 2016 a 2018 pelo Institut de Recherche pour le Développement – IRD, sediado na França e coordenado respectivamente por Isabel P. H. Georges (IRD) e Cibele S. Rizek (USP).

As temáticas desta coletânea se debruçam sobre um conjunto de processos de transformação no âmbito do trabalho, família e políticas sociais e de assistência, bem como suas ancoragens urbanas. Suas dimensões de análise abarcam questões de gênero, estruturas familiares, processos de concepção, implementação e operacionalização de políticas sociais, problematizando a dinâmica dessas interconexões com relação aos desafios impostos pela mundialização. Toma-se como objetos de pesquisa e análise tanto as políticas voltadas ao mercado de trabalho, à família e às questões de gênero, como as políticas urbanas, também em transformação desde os anos 1990, nos cruzamentos entre o horizonte de direitos e as formas de governo e de controle. A análise dessas políticas sociais e daquelas voltadas para o mercado de trabalho tem ainda como desdobramento o desafio de compreender como os atores que as implementam bem como seus beneficiários acabam por experimentá-las. A articulação entre objetos e programas de pesquisa que compõem a rede se assenta: na constatação de uma relação paradoxal entre a tendência mundial de desregulação por um lado, e os modos de ativação, por outro; nas dinâmicas da formalização/informalização no âmbito da América Latina, da experimentação de políticas sociais – inclusive as do trabalho – e de sua circulação, configurando a região como um laboratório de experimentações. Trata-se de investigar como políticas sociais e urbanas, bem como políticas de (des)regulação do mercado de trabalho são adaptadas a configurações nacionais específicas, por meio de um processo de pesquisa multi-escalar e multi-situado que pretende iluminar processos sociais e históricos por sua justaposição e, quando possível, sua comparação.

APRESENTAÇÃO
Brasil e Argentina: cruzamentos, experimentos, resistências

Cibele Saliba Rizek[1]

As leituras e releituras de textos clássicos da reflexão latino-americana, textos cujo centro era a questão do lugar da América Latina na economia e na política mundiais, construíram uma narrativa que viu o continente sob o prisma dos processos de modernização compreendidos como industrialização e urbanização, considerados como mecanismos estruturais de integração social pelo assalariamento, transformada em sinônimo dos processos de modernização e integração social. Essas obras de filiação ou forte interlocução com a Comissão Econômica para a América Latina, colocam em evidência, por meio do tema do desenvolvimento/ subdesenvolvimento, um continente que afinal reconhecia a si mesmo em um contexto de semelhanças e singularidades.

Cabe ainda ressaltar que esse processo de reconhecimento foi fortalecido pelo fato de que o que se delineava como a realidade latino-americana passava, ao longo dos séculos XIX e XX, por experiências comuns: no século XIX, os múltiplos e diversos processos de independência e descolonização; no século XX, a difícil construção democrática e os trânsitos e deslocamentos entre situações de ditadu-

1 Socióloga, Professora titular do Instituto de Arquitetura e Urbanismo da Universidade de São Paulo, Professora convidada do Programa de Pós Graduação em Sociologia da Universidade Federal de São Carlos e pesquisadora do Centro de Estudos dos Direitos da Cidadania (FFLCH USP).

ra e reinstalação de direitos e liberdades – sempre parciais e difíceis. O que uma geração de pensadores – sociólogos, economistas, cientistas políticos – reconheceu e identificou como América Latina acabou se tornando um grande tema para a pesquisa e para as indagações das ciências sociais no continente. Foi assim possível reconhecer as semelhanças temporais e a proximidade territorial e de práticas que unificavam e diferenciavam ao mesmo tempo os países latino americanos: as ditaduras militares, os golpes de Estado, prisões, torturas e – o que era evidente para as ciências sociais – a ação dos países centrais e seus capitais, as formas de acumulação e dominação internacional que permeavam as relações entre centro e periferia do mundo capitalista, vistas como matrizes da falta de autonomia, da produção e reprodução das desigualdades internas e externas. Capitalismo associado e dependente, subdesenvolvimento, situações de marcante heteronomia produzidas por associações entre capitais e processos de acumulação internos e externos ocuparam textos, páginas e temas que dominaram as ciências sociais latino-americanas ao longo do século XX. A questão latino-americana tal como foi figurada na segunda metade do século XX, foi então constituída pelo reconhecimento e discussão da subalternidade periférica, pelas questões colocadas pelas teorias da modernização e do desenvolvimento que se desdobravam em teorias da dependência. Desse modo, a reflexão da CEPAL, marco da discussão do subdesenvolvimento e de suas formas de superação, a questão da modernidade, da modernização e, a partir desses marcos, as dimensões sócio econômicas e sócio políticas do arcaico e do atraso constituíram uma pauta inesgotável de discussão. Naquele momento algumas imagens povoaram manifestações e representações do continente: o mapa das Américas invertendo a posição visual que identifica o Alasca ao Norte e a Patagônia ao sul, o rosto de Che Guevara, a revolução cubana e seus impasses e questões, o horizonte da revolução socialista na periferia do mundo capitalista, constituíram fraternidades entre movimentos sociais e intelectuais do continente. As sociologias latino americanas se descobriam assim como sociologias do subdesenvolvimento.

Nesse quadro de questões os temas, horizontes e dimensões colocadas pela CEPAL ganhavam o estatuto de uma teoria geral: a formação das classes no interior da dinâmica desenvolvimento/subdesenvolvimento, os processos de industrialização e urbanização associados à questão da modernização, seus desdobramentos vistos como "terciário inchado" constituído por migrações rural-urbanas, a ideia de uma superpopulação relativa, essa mescla permanente entre elementos modernos e arcaicos – identificados então como resíduos das formas pré-capitalistas herdadas dos processos coloniais – acabavam pulsando nas formas políticas do que então se entendia como populismos, patrimonialismos, coronelismos que se recolocavam insidiosamente como truncamentos da construção democrática – constantemente interrompida por golpes de Estado e ditaduras militares em suas variantes continentais.

Não parece ser excessivo lembrar, nesse contexto, algumas das ondas autoritárias que varreram o continente e sua proximidade temporal: os golpes de Estado e instalação de ditaduras militares ocorreram no Brasil – 1964 –, no Uruguai e no Chile – 1973, na Argentina – 1976, demonstrando a efetividade de processos nacionais e internacionais que atravessavam as conjunturas dos Estados latino-americanos que acabavam por demonstrar obstáculos e truncamentos à democracia e ao combate às desigualdades seculares, numa escala quase continental. Essa proximidade temporal parece se repetir nas vitórias eleitorais de partidos e grupos de direita e em suas tentativas mais ou menos bem sucedidas de reverter e desmontar direitos e reverter conquistas democráticas nos diferentes países.

Os vários experimentos sócio políticos e sócio econômicos que atravessaram e ainda atravessam os países latino americanos vão conformando ondas que incidiram e ainda incidem no interior do continente e, a partir desse contexto, formam correntes de práticas e de ideias que se espraiaram pelo planeta. Esses experimentos comuns – tal como foram experimentados pelos regimes ditatoriais implementados pelos golpes militares na América Latina, plasmaram formas de desmontagem de direitos, modos de intervenção estatal por meio de políticas e programas econômicos que vingariam sob a forma crescentemente hegemônica da racionalidade neoliberal.[2] Trata-se sobretudo do experimento sangrento do Chile, viabilizado por uma ditadura cujas políticas continuam a inspirar governos autoritários a exemplo da recente reforma da previdência no Brasil. Esses experimentos deixariam marcas mais ou menos indeléveis nas dimensões econômicas, sociais, políticas do que seria a América Latina após 90 – a década do desmanche neoliberal.

Também é possível reconhecer afinidades entre as oscilações que conformaram os governos democrático populares e o ascenso de partidos de pauta moralmente conservadora e de inspiração econômica radicalmente neoliberal, governos que põem em marcha a tentativa ou a efetivação de uma nova vaga de desmontes e encolhimento de direitos, processos que se associam – quase invariavelmente – às práticas e medidas repressivas e militarizadas que criminalizam a pobreza e os movimentos de resistência. Nas primeiras décadas do século XXI, é possível reconhecer novos truncamentos e novos campos de conflito que se reconfiguram apontando para dimensões que nos atravessam e, de certo modo, nos constituem.

O livro intitulado *Dinâmicas do mundo do trabalho na Argentina e no Brasil: transições, mobilidades, deslocamentos* apresenta e discute um desses momentos em que processos transversais aproximavam,

---

2 Ver Dardot, P. e Laval, C. *A Nova Razão do Mundo. Ensaio sobre a Sociedade Neoliberal.* São Paulo: Boitempo, 2016.

apesar das singularidades, os contextos dos dois países latino-americanos recém marcados pelo fim de governos caracterizados como democrático-populares. Essa aproximação entre os momentos brasileiro e argentino porém parece estar próxima de ser desfeita pelas características perversas e pela continuidade do governo brasileiro eleito em 2018, apesar das dimensões que nublam a legitimidade dessa eleição (das operações da Lava Jato à prisão de Luiz Inácio Lula da Silva, das gravações da chamada Vasa-Jato, aos disparos de whatsapp) e pela iminência de mudança de governo no contexto argentino com a forte possibilidade de derrota do candidato de continuidade do atual governo. Também cabe lembrar que apesar das fortes semelhanças entre as proposições dos governos conservadores, a reforma da legislação trabalhista foi efetivada no Brasil com pequenas manifestações que marcaram uma frágil resistência dos trabalhadores. Na Argentina, ao contrário, as manifestações massivas conseguiram impedir sua efetivação. Essas singularidades apesar dos elementos transversais aos dois contextos colocam novas questões de pesquisa, inclusive sobre as formas de organização e mobilização da população trabalhadora nos dois países, bem como sobre os tempos e formas de neoliberalização a partir das últimas décadas do século XX.

Os textos que compõem esse livro foram originalmente escritos e apresentados em 2018, em um seminário organizado pelo então Laboratório Misto Internacional (LMI) SAGEMM (que deu lugar a atual rede SAGEMM), e pela Universidade Nacionl General Sarmiento (UNGS), em Buenos Aires. O momento de sua produção e apresentação diz respeito aos processos que atravessavam e aproximavam os contextos argentino e brasileiro, na vigência do que se pode reconhecer como contra reformismo, ainda que de tonalidades distintas. Esse momento, que parece em vias de se esfacelar pela nova conjuntura argentina, coloca mais uma vez o contexto latino-americano como questão. Talvez seja possível, mapeando as temporalidades e os espaços dos reformismos e contra reformismos latino americanos, reconhecer o continente como uma densidade, como um desafio empírico e analítico, como dimensão que ultrapassa o estatuto de uma construção narrativa que tinha como centro semelhanças estruturais, o imperativo do desenvolvimento e do desenvolvimentismo (posteriormente desdobrada em neo-desenvolvimentismo), para além das construções narrativas ou categoriais que marcaram as ciências sociais no século XX. Talvez a dimensão latino-americana como formulação e como problema de pesquisa seja um tanto mais precisa do que a expressão Sul global que nos envolve num emaranhado de países de outros continentes. Talvez sejamos um exemplo de situação periférica no mundo capitalista, sim, mas de periferia atravessada por heranças, truncamentos, truculências e esperanças comuns que permitem colocar como indagação nossas identidades. Afinal, os processos congêneres que nos atravessam, os traços comuns e as singularidades de cada contexto apontam para outra denominação – dessa vez resultante também dos processos de globalização e mundialização: seríamos então uma parcela do Sul global. América Latina ou Sul global? Qual das denominações que designam a situação periférica do continente nos descreve melhor?

A leitura dos capítulos aqui reunidos parece apontar para especificidades latino-americanas impossíveis de serem apreendidas apenas pelas relações norte-sul, na contramão dos processos que permitiram, ao longo da segunda metade do século XX, que a América Latina reconhecesse e se reconhecesse como continente, com processos sócio econômicos frequentemente truncados e como expectativas e esperanças frequentemente comuns. O tema e as questões do trabalho em suas formas contemporâneas constituem assim um dos fios condutores dessa reflexão conjunta sobre os processos de transformação social contemporânea na Argentina e no Brasil. Sua centralidade parece retomar alguns dos fios que, a partir das Ciências Sociais latino-americanas, permitiam uma compreensão das tramas sociais e políticas em seu movimento e em suas transformações.

Introdução: Dinâmicas do mundo do trabalho na Argentina e no Brasil: transições, mobilidades, deslocamentos[1]

Isabel Georges[2], Ania Tizziani[3] e Tarcísio Perdigão Araújo Filho[4]

Introdução

No período recente, a reflexão sobre as desigualdades tornou-se uma chave para compreender as dinâmicas sociais, econômicas e políticas que os países latino-americanos vivenciaram desde a

---

1 Uma primeira versão parcial deste artigo foi apresentada pelas duas primeiras autoras, em março de 2019, em Paris, com o título "Politiques du travail et de l'emploi en Amérique Latine" no colóquio internacional "La crise de la démocratie et le néolibéralisme à la lumière de la situation brésilienne", co-organisado pelo GENA (Groupe d'études du néolibéralisme et ses alternatives), o laboratório CRTD (CNAM), o laboratório Sophiapol (Université Paris Nanterre) e pela UMR 201 Développement et sociétés (IRD-Institut de recherche pour le développement).

2 IRD-Institut de recherche pour le développement, UMR 201 Développement et sociétés/UFSCar-Universidade federal de São Carlos/USP-Universidade de São Paulo/Rede de pesquisa – *Social activities, gender, markets and mobilities from below (Latin America)* – SAGEMM.

3 Conicet / Universidad Nacional de General Sarmiento

4 UFSCar – Universidade Federal de São Carlos/LMI-SAGEMM- Laboratório Misto Internacional – *Social activities, gender, markets and mobilities from below (Latin America)*, Lise-Laboratoire Interdisciplinaire pour la Sociologie Économique /CNAM- Conservatoire National des Arts et Métiers. Bolsista FAPESP (Fundação de Ampara à Pesquisa do Estado de São Paulo); número do processo: 2017/02638-3.

virada do século (Kessler, 2014). A interpretação das desigualdades pode ser compreendida como uma dimensão de avaliação das "novas" políticas desenvolvimentistas e, de forma mais geral, do estágio em que se encontra a democracia nestes países. Ela está no centro das análises sobre a dita eficácia em termos da redução da pobreza das políticas sociais "de esquerda", ou "voluntaristas", implementadas em muitos países da região no curso da primeira década dos anos 2000. Alguns exemplos são as políticas dos governos de Néstor Kirchner e Christina Fernández de Kirchner na Argentina; de Lula e Dilma no Brasil; de Rafael Corréa no Equador ou Evo Morales na Bolívia. O debate se situa em torno da profundidade e da durabilidade das transformações operadas por estas políticas. Trata-se de melhorias conjunturais, ou de caráter estrutural? Estas transformações deixaram rastros mais duráveis nas históricas e estruturais desigualdades na América Latina (Carlos Alberto Bello, 2016; Paugam et al., 2018, etc.)? E, em caso afirmativo, quais dimensões essas transformações afetaram além da distribuição de renda, em particular em termos simbólicos e/ou relativos às subjetividades? E em quais sentidos?

Os dados da Cepal (Comissão Econômica para a América Latina e o Caribe) mostram uma redução geral da pobreza no conjunto de países da América Latina, particularmente marcante entre 2002 e 2012.[5] As desigualdades de renda mostram, da mesma forma, uma tendência de declínio neste mesmo período bastante

---

5 A taxa de pobreza diminui de 44,5% para 28.8% neste período nos 18 países da América Latina, como consta no *Panorama Social de América Latina* da Cepal. Constatamos que em 2015 houve uma mudança de tendência, pois a taxa de pobreza aumentou para 30% naquele ano e permaneceu estável nos anos seguintes (Cepal, 2018).

significativa até 2008 na maioria dos países.[6] Este avanço tem sido interpretado como o resultado de diferentes dinâmicas sociais, econômicas e políticas. Em primeiro lugar, um círculo econômico favorável que permitiu um crescimento estável entre 2000 e 2007 na região como um todo. Em segundo lugar, a implementação de diversas políticas para fortalecer a regulamentação das instituições e mecanismos de regulação do mercado de trabalho: aumento contínuo do salário mínimo, indexação de todos os benefícios e assistência social; novas formas de regulação, como no caso das empregadas domésticas – PEC das Domésticas; políticas de emprego, formação profissional, criação de cooperativas, diferentes políticas de "formalização" de pequenos negócios (Lei Complementar nº 128/2008 que figura o Microempreendedor Individual); incentivos à criação de cooperativas e/ou de outras iniciativas de institucionalização da Economia solidária, como a criação da Secretária de Economia Solidária no âmbito do Ministério do Trabalho. Em terceiro lugar, a execução de políticas "não-contributivas", de distribuição de renda, com uma larga cobertura e independentes do mercado de trabalho: Bolsa Família, programa brasileiro de transferência condicionada de renda; BPC (Benefício de Prestação Continuada), auxílio social não contributivo; AUH (*Asignación Universal por Hijo* – Prestação Universal por Filho), *moratorias previsionales*, aposentadoria destinada aos trabalhadores informais; intervenções do Ministério do Trabalho em ações fiscalizatórias.

6 Entre 2002 e 2007, a média simples do coeficiente de Gini desses países passou de 0,543 para 0,466. Esta diminuição das desigualdades demonstra intensidades diversas segundo os países e os períodos: ela é significativa entre 2002 e 2008 (na ordem de 1,3% por ano) em média para todos os países e muito menos acelerada nos últimos anos (0,8% até 2014, e 0,3% no últimos anos) (Cepal, 2018).

Por outro lado, agregam-se a estes também as políticas de educação como o ProUni (Programa Universidade para Todos), que oferece bolsas em instituições privadas de ensino superior; o alargamento do FIES (Fundo de Financiamento Estudantil); além do REUNI (Reestruturação e Expansão das Universidades Federais). Neste diagrama também devem ser considerados os programas de saúde como o PSF (Programa Saúde da Família), que mais tarde se tornou ESF (Estratégia Saúde da Família); e a política federal de habitação social, o PMCMV (Programa Minha Casa Minha Vida).

Ainda que estes programas, serviços e medidas parecem pouco eficazes isoladamente, inclusive, sua *articulação*, no entanto, tem feito diferença nos meios populares, em termos objetivos e subjetivos de condições de vida, de projeção e horizontes de possibilidades (Georges, Santos, 2020, no prelo; Rizek, 2020, no prelo). Os capítulos supracitados que integram esta coletânea coadunam-se, por um lado, ao destacarem o efeito cumulativo de todas essas políticas sobre as trajetórias de vida das mulheres de origem popular e sobre suas subjetividades e; por outro lado, ao proporem uma interpretação global e uma avaliação detalhada dessas diversas políticas públicas e do seu contexto atual.

Vários estudos (Lindemboin, Kennedy & Graña 2010; Salvia, 2012, entre outros, na Argentina; Lavinas et al., 2018, Paulani, 2008, entre outros, no Brasil) relativizam esta avaliação mais otimista que ressalta a redução da pobreza e das desigualdades. As abordagens mais críticas, centradas na análise das transformações no mundo do trabalho, constatam que a maior parte dos avanços afetam os trabalhadores e trabalhadoras inscritos(as) nas relações formais. Os assalariados mais protegidos, formais e com sindicatos mais poderosos viram, como efeito, sua situação melhorar na última década. Entretanto, constata-se a persistência de um vasto setor que não somente permanece de fora destas melhorias mas se distancia ainda mais do assalariamento formal. Além disso, criaram-se formas de diferenciação e de segregação entre aqueles(las) que se beneficiam deste estatuto. Estas perspectivas retomam os debates em torno da "massa marginal" (Nun, 1969); "cidadania regulada" (Wanderley Guilherme dos Santos, 1979) e reafirmam que, historicamente, a "cidadania" foi condicionada pelas modalidades de acesso ao trabalho (o "acesso pleno", que jamais concretizou-se), para além da dimensão subjetiva, das representações e do horizonte das projeções sociais (no Brasil, particularmente).

Uma outra crítica alega que embora a proporção de trabalhadores formais tenha aumentado neste período, isso ocorre em grande medida graças aos dispositivos de formalização mencionados[7] que acabam por criar trabalhadores formais, mas com baixos rendimentos e benefícios sociais reduzidos. Da mesma maneira, es-

7 Por exemplo a lei de 2008 que forja a figura institucional dos Microempreendedores Individuais (MEI) como instrumento que reconfigura as relações de trabalho no universo do assalariamento, mas também no universo da informalidade, ao passo que a formalização, sempre relativa e excludente, se articula a mecanismos de diferenciação também intra-grupos ocupacionais. Araújo Filho (2016, 2018) demonstra em suas pesquisas a utilização de instrumentos de formalização (sempre relativo) como "caminhos únicos" de inclusão que pressionam os informais mediante o recrudescimento da repressão policial e a fiscalização ostensiva às práticas consideradas irregulares e ilegais. De modo geral, a estratégia de governo já bastante difundida em diversas cidades do Brasil se dá a partir de parceria público-privada: a transferência destes trabalhadores de rua para espaços fechados e administrados por empresas especializadas, os chamados shoppings populares, que funcionam pela chancela discursiva do fortalecimento do "empreendedorismo social". Estas empresas, subsidiadas no mercado através de uma demanda legitimada pelo Estado, lucram e se expandem reproduzindo modelos classificatórios (desde formal e informal; a trabalhador e bandido) que, ao mesmo tempo, produzem ordenamento da força de trabalho e do espaço urbano.

tes avanços relativos não reduziram fundamentalmente as desigualdades entre homens e mulheres, assim como entre raças (Lavinas, Gentil, 2018). Somado a isso, mesmo que os níveis de pobreza tiveram queda neste período, como a porção dos que detém renda muito elevada continuaram ainda em ascensão, as desigualdades serão reduzidas no limite da margem (Paulani, 2008). Conclui-se então que, apesar dos progressos gerais, houve uma crescente segmentação dos trabalhadores, sejam eles formais e informais, e também no interior de ambos os grupos (Kessler, 2014).

Os debates sobre a temporalidade/durabilidade das transformações operadas por estes governos "de esquerda" nos anos 2000 sugerem interesse em uma análise centrada na relação entre diferentes políticas públicas (trabalho/emprego, políticas sociais, educação, habitação), ao mesmo tempo que elas formam um "dispositivo de governamentalidade" (Foucault, 2010) no interior de cada Estado-Nação. Na prática, estes dispositivos levam a um "governo moral dos pobres" (Lautier, 2009; Destremau & Georges, 2017), e vão desde políticas de assistência até as políticas de repressão (Georges & Rizek, 2016). Eles operam através de articulações variáveis com o tempo, mas também entre os países da América Latina (e além).

A partir dos casos da Argentina e do Brasil, a proposta da coletânea é explorar estas articulações variáveis entre diferentes políticas públicas e seus efeitos, como prisma-revelador das dinâmicas subjacentes ao período. Tratou-se, principalmente, de desvelar as articulações entre uma nebulosa de atores heterogêneos cuja ação e escopo variável se inscrevem em diferentes níveis, como um "jogo de escalas" (Revel, 1996). Através da perspectivação das duas trajetórias nacionais, não pretendemos construir um panorama comparativo em estrito senso. Trata-se, em vez disso, de tentar identificar algumas tendências mais gerais na América Latina a partir desta análise centrada em dois dos mais importantes países da região.

Ambos países conheceram, além disso, dinâmicas sociais, econômicas e políticas que podemos considerar como paralelas (sem que sejam idênticas), que vão da efetivação de governos "de esquerda" no início dos anos 2000, até a radical inversão das conjunturas em 2015/2016 (a partir de 2013 no caso do Brasil). No contexto de crise econômica de intensidade variável entre os dois países (além da profunda crise política no Brasil), a implementação de políticas públicas de orientação neoliberal levou a um rápido aumento da pobreza e das desigualdades, e impactou significativamente os mercados de trabalho. Constata-se, mais amplamente, a recolocação da questão da legitimidade destas políticas sociais de integração e imposição/hegemonia da lógica meritocrática. Neste contexto, quais são as políticas que resistem mais nos diferentes países e em que setor(es)? E por quais razões?

Balanço comparativo da inversão de conjuntura: olhares cruzados sobre as políticas de trabalho/emprego, e as (outras) políticas sociais

Durante o período das políticas sociais "mais voluntaristas" (com algumas nuances entre os dois países até 2015), pudemos observar certo número de interseções e similitudes entre as diferentes trajetórias nacionais. A partir da reviravolta da conjuntura ocorrida em meados da década, elas parecem ter tomado caminhos mais contrastantes. Estas divergências crescentes se expressam principalmente à luz das articulações entre as diferentes políticas sociais e as políticas de trabalho/emprego no curso das diferentes trajetórias nacionais. Além disso, os níveis de "mobilização" e/ou "resistência" que estes fatores provocam tornam-se outro indicador da importância que têm para a população neste atual contexto conservador.

Em meio às duas trajetórias nacionais, como se delineiam as fronteiras entre as diferentes políticas sociais, mas também considerando as políticas de trabalho/emprego? E em relação às articulações entre as políticas, qual a associação que pode ser feita entre as tentativas de sua revisão e os diferentes tipos de mobilização ou "resistência" popular que acarretam?

Na Argentina, o governo da *Alianza Cambiemos* chegou ao poder em 2015 propondo mudanças radicais das orientações políticas e econômicas vigentes nas décadas precedentes. Desde o seu início, este governo procurou estabelecer um projeto focado na austeridade, no equilíbrio das contas fiscais, no controle da inflação e na reforma dos métodos de regulação estatal, dentro de uma perspectiva mais global focada na valorização do mérito e no esforço individual. Neste quadro, como mostra o texto de Silvio Feldman nesta coletânea, encontra-se uma transformação de várias políticas fundamentais do período anterior, através dos cortes orçamentários, da redução do valor real dos benefícios pela queda da inflação, o desmantelamento e a fusão de outras políticas de trabalho/emprego (por exemplo os programas de desenvolvimento de cooperativas que são absorvidas pelos programas de formação profissional). Entretanto, as mudanças de nível mais global na legislação do trabalho foram adotadas apenas parcialmente e encontraram enorme resistência em diferentes níveis.

O caso das transformações do trabalho doméstico na Argentina ilustra de forma particularmente interessante as articulações variáveis das políticas públicas e seus efeitos significativos para a atual mudança de conjuntura. Como em muitos países da região,[8]

8 Isto relaciona-se à recomendação da Organização Internacional do Trabalho sobre o "trabalho digno" no emprego doméstico e para a aproximação da legislação laboral do emprego doméstico à do trabalho remunerado em regime geral (Sorj, 2013). No Brasil, observa-se no mesmo período a adoção da "PEC - Proposta de Emenda Constitucional das

desde o fim dos anos 1990, verificamos uma intensificação das medidas de formalização e de valorização do emprego doméstico, uma ocupação historicamente relegada. Neste processo de mudança, a transformação mais importante foi o estabelecimento, em 2013, de uma nova regulamentação legal. O *Régimen Especial de Contrato de Trabajo para el Personal de Casas Particulares* procura aproximar as condições de trabalho das empregadas domésticas das condições das demais categorias assalariadas, em termos da duração da jornada de trabalho, tempo de descanso, férias e indenizações. Ao mesmo tempo, a medida exclui esta forma de trabalho do quadro geral que regula o trabalho remunerado (*Ley de Contrato de Trabajo*) (Pereyra, 2017; Gorbán & Tizziani, 2018).

O processo de transformação do enquadramento legal é acompanhado por diferentes políticas que visam o melhoramento das condições de trabalho no setor: um programa de formalização baseada nas deduções fiscais aos empregadores e um programa de "formação e emprego" destinado às trabalhadoras, no limiar entre a "ativação" e a assistência, que tiveram o objetivo de "profissionalizar" os serviços domésticos (Georges & Tizziani, 2016). O conjunto das políticas destinadas a esta categoria particular de trabalhadoras teve um impacto significativo: o trabalho formal no setor aumentou mais de 20% em dez anos. Por outro lado, mantem-se pouco elevado para o conjunto da categoria na Argentina, onde apenas 28% das trabalhadoras domésticas possuem um contrato de trabalho formal em 2018.[9]

---

domésticas" que levará à extensão da CLT às trabalhadoras domésticas, dando-lhes acesso, a partir de 2014, a todos os direitos sociais dos trabalhadores assalariados.

9 Dados verificados na *Encuesta Permanente de Hogares* no segundo trimestre de 2018 (www.indec.gob.ar).

A políticas voltadas especificamente à regulação e a formalização do emprego doméstico se articulam com outras políticas de maior abrangência. De um lado, a AUH (*Asignación Universal por Hijo*), um auxílio "não contributivo" implementado pelo governo em 2009 destinado aos filhos e filhas (menores de 18 anos) de trabalhadores informais, desempregados, trabalhadores autônomos de baixa renda e trabalhadoras domésticas que ocupam postos de trabalho declarados às instituições da previdência social. Desde sua implementação, a política foi apresentada como a universalização do direito aos benefícios familiares, anteriormente exclusivos para os empregados formais. Neste sentido, em inúmeras análises, ela marca um ponto de inflexão relativo aos programas de assistência condicionada que se multiplicaram na região no decorrer dos anos 1990 (Danani & Hinze, 2011; Danani, 2013; Micha, 2018). Apesar desta referência ao direito e a uma cidadania social ancorada no trabalho (formal ou informal, assalariado ou autônomo), ela mantém condicionalidades que estão associadas ao acompanhamento das avaliações de saúde e à escolaridade das crianças (Danani & Hinze, 2011). No caso das trabalhadoras domésticas, a AUH se compensa pela via "não contributiva" dos direitos associados à condição salarial não reconhecida pelo novo enquadramento legal do emprego doméstico.

De outro lado, o "Programa de Inclusão da Previdência Social" (ou "moratória"), implementado em 2005, permite às pessoas que atingiram a idade da aposentadoria (60 anos para mulheres e 65 para homens) mas que não completaram o número legal de anos de contribuição de acederem a uma pensão complementando as contribuições em falta através de um calendário de pagamento em prestações.[10] Diferente da AUH, cuja preservação é garantida por lei, este

10 Este pagamento é deduzido diretamente das pensões até o pagamento das contribuições.

programa foi concebido desde o início como um programa de prazo limitado. Ele tem sido renovado regularmente e ainda está em vigência, mas o governo prevê seu fim em 2020 e sua substituição por uma pensão não contributiva que corresponde a 80% da pensão mínima e cujo valor se situará assim abaixo do nível da pobreza. Em razão da significativa feminização dos beneficiários da "moratória",[11] esta política é conhecida como a "aposentadoria das donas de casa". Não resta dúvidas que estas beneficiárias sejam mulheres encarregadas do trabalho doméstico não remunerado e do *care*, em seus próprios lares. No entanto, trata-se sobretudo de mulheres que trabalharam de forma não declarada ao longo de toda a sua trajetória, em particular com o trabalho doméstico (Lechter & Strada, 2019).

Estas duas políticas foram compreendidas como instrumentos chave da diminuição da pobreza verificada no país no decorrer da primeira década dos anos 2000, com efeitos particularmente relevantes do ponto de vista das relações de gênero. Sua eficácia tem sido ameaçada desde 2015, no caso da "moratória", pela sua transformação num programa de assistência aos idosos que não é suficiente para retirar os beneficiários da pobreza ou; no caso do AUH, pelo "atraso" na atualização do montante das prestações em função da inflação.

Centrar a análise sobre a relação entre diversas políticas públicas destinadas à melhoria das condições de trabalho e da vida das trabalhadoras domésticas permite esclarecer a oscilação entre diversos status: o status de trabalhadores e aquele das categorias "vulneráveis" e/ou "pobres assistidos". Esta articulação pode ser pensada como um dispositivo de gestão ou modulação destes diferentes status, combinando um reconhecimento limitado ao trabalho relacionado ao conjunto dos assalariados que, por sua vez, é

11 No momento da última renovação, em 2014, 86% dos beneficiários eram mulheres.

compensado pela via "não contributiva", ainda que trate-se de um modelo fragilizado e deslegitimado. Ela mostra os limites de um acesso à cidadania social pelo trabalho e revela uma forma de gerir estas categorias de trabalhadores pobres.

No Brasil, apesar do conjunto de medidas do período "lulista" formarem uma espécie de "constelação" transformadora da experiência de vida dos meios populares (Rizek, 2020, no prelo), a fronteira é mais nítida entre, de um lado, um leque de políticas sociais – desde a assistência à repressão (Georges & Rizek, 2016) - e de outro lado, as políticas de trabalho/emprego. O conjunto de políticas sociais formam um "dispositivo de governamentalidade", no sentido foucaultiano. O "governo moral dos pobres" (Lautier, 2009; Georges, Santos, 2016; Destremau & Georges, 2017) opera, por meio das políticas sociais, como uma triagem entre os "bons" e os "maus" pobres. Trata-se, além disso, de uma forma de evitação do conflito e de pacificação dos pobres (Georges, 2011).

Entre as políticas de trabalho/emprego neste mesmo período, além do aumento contínuo do salário mínimo, cujo valor real cresceu mais de 30% entre 2003 e 2015, observa-se um conjunto de políticas que visam uma formalização aparente do trabalho. Neste sentido, durante o período "lulista", a proporção de empregos formais ultrapassou os 50% pela primeira vez na história do país. O aumento dos empregos formais (com um contrato de trabalho, um *registro em carteira*) deve-se, em grande parte, aos dispositivos de formalização destinados aos empregos considerados pouco qualificados, tanto para mulheres como para homens, como no setor do trabalho do *care* (Georges, 2015), ou na lei do Microempreendedor de 2008, por exemplo.

Se medidas como estas permitiram "formalizar" os empregos, no entanto, isso não acompanhou um aumento do nível salarial ou mesmo a ampliação dos benefícios sociais associados à equiparação dos empregos regidos pela CLT. Assim, embora estas medidas tenham levado ao aumento aparente de formalização, não houve avanço em termos de sua qualidade.

Articula-se a isto, ainda, a ampliação contínua do fenômeno da terceirização do trabalho que, principalmente no desígnio de trabalhos subalternos, institucionaliza a precariedade laboral, seja no setor privado, seja no setor público.[12] Este processo tende a se agravar principalmente a partir da aprovação da chamada Lei da Terceirização (Lei nº 13.429 de 31 de Março de 2017), sancionada pelo ex-presidente golpista Michel Temer (PMDB, Partido do Movimento Democrático Brasileiro), que altera a CLT (Consolidação das Leis Trabalhistas) permitindo a contratação de funcionários terceirizados para executar atividades-fim, ou seja, as principais funções da organização, e não mais apenas atividades-meio.

A medida citada contextualiza-se por outras mudanças no código (Lei N° 13467, de 13 de Julho de 2017) que leva principalmente à generalização da subcontratação para todas as atividades. Além disso, os custos dos processos judiciais trabalhistas passam a ser de responsabilidade dos próprios trabalhadores,[13] embora esta seja

12 Algumas pesquisas apontam para novas formas de operacionalização e alcance de ações estatais a partir da mão-de-obra terceirizada, como Araújo Filho (2014, 2016), sobre os auxiliares de fiscalização ao comércio ambulante; e Georges (2011), Georges e Santos (2012), Lima e Cockell (2008) sobre o trabalho das ACS (Agentes Comunitárias de Saúde) no contexto das "novas" políticas sociais brasileiras (Georges e Santos, 2016).

13 Em fevereiro de 2019, Jair Bolsonaro apresentou a Proposta de Emenda Constitucional – PEC n°6-2019 que deverá ter apoio de uma maioria de 60% da Câmara dos Deputados e do Senado, já que ela modificará certas disposições da Constituição, na continuidade do programa do governo anterior, visando modificar o sistema previdenciário (aumentando a idade mínima para aposentadoria e, possivelmente, substituindo por um sistema

uma das principais formas de os trabalhadores efetivamente acessarem seus direitos previstos em contrato (prêmios, indenizações por rescisões contratuais, etc). De acordo com Rodrigo de Lacerda Carelli, Procurador da Justiça e Professor de Direito do Trabalho da Universidade Federal do Rio de Janeiro, em 2015, dos 38 milhões de empregados formais, houve 14.600 demissões por ano e mais de 6 bilhões de pagamentos atrasados de direitos trabalhistas.[14]

A relativa ausência de reação por parte dos trabalhadores a esta transformação fundamental para suas condições de trabalho é reflexo, de um lado, da tímida valorização das situações de trabalho durante o período "lulista", no sentido em que, apesar do aumento do salário mínimo, não houve um reconhecimento fundamental do trabalho considerado pouco qualificado. Mais precisamente, nos referimos aqui aos direitos sociais associados ao trabalho, e ao status social de assalariado em termos morais e políticos por consequência, nessas situações de trabalho "formal". Nesse sentido, foram adotadas medidas para aumentar o valor das áreas de atividade onde a parcela

---

de capitalização). Esta PEC, ainda não promulgada, em conformidade com o discurso neoliberal, pretende fragmentar a segurança social, em ruptura com a ideia de um sistema regido por critérios como a universalidade, a equivalência das pensões e o caráter distributivo. Esta proposição de lei altera o Artigo 194 da Constituição Federal que determina que a previdência social deve ser organizada, entre outros, segundo o princípio de uma "base de financiamento diversificada, com separação contábil dos orçamentos de saúde, aposentadoria e assistência social, mantendo a natureza contributiva da aposentadoria" [tradução livre] *Les Échos*, "Brésil: coup d'envoi pour la réforme des retraites de Bolsonaro", 20 de fevereiro de 2019.

14 Cf. "Le système de justice du travail au Brésil: cadre actuel et perspectives d'avenir", communication au séminaire international "La justice du travail en actes. Regards croisées Europe-Amérique Latine", 17 de janeiro de 2019, CNAM, Paris. Ver também Carelli, 2018; Pochmann, 2017, 2018; Krein, 2018; Lima, 2020.

de informalidade é generalizada, como no setor do comércio ambulante, em que medidas de formalização têm de fato institucionalizado formas de emprego que não fornecem acesso aos mesmos benefícios sociais que os empregos regidos pela CLT. Assim, formalizaram a sua desvalorização. Desta forma, se observa uma progressiva hibridização e precarização dos postos de trabalho formal que tornaram a informalidade e o empreendedorismo mais atraentes, quando não a única opção, do ponto de vista dos trabalhadores.

De outro lado, desde uma perspectiva relacional, torna-se claro, ainda que a *posteriori*, que a "novidade" da "governamentalidade lulista" tenha sido a "gestão pelo social". As políticas sociais "desenvolvimentistas" do período "lulista" reavivem assim uma transformação das relações sociais que começou no final dos anos 1980. Desta forma, no campo das lutas contra a ditadura militar (1964-1985) e a elaboração da Constituição de 1988, o acesso à cidadania, que até então estava quase exclusivamente vinculada ao trabalho assalariado (cf. "cidadania regulada", Santos, 1979), abriu espaço para a emergência de uma forma de "cidadania social" cujo acesso se dava pelos direitos sociais. Como um todo, a proteção social (incluindo previdência, assistência social e saúde) e, em particular, o acesso a direitos sociais "não contributivos", teria permitido a inclusão social de grandes segmentos da população que até então estavam privados desta possibilidade (Telles, 2001; Santos, 2016).

As políticas sociais do período "lulista" retomaram essa tendência, inclusive reunificando e dando mais visibilidade aos programas e políticas sociais criados no período do chamado "pragmatismo" do governo de Fernando Henrique Cardoso (PSDB, Partido da Social Democracia Brasileira) entre 1995 e 2002, como no caso do Bolsa Família.[15] Por efeito, simbolicamente, observa-se pela primeira vez o reconhecimento da legitimidade das necessidades dos pobres, que representam a maioria da população (Cabanes & Georges, 2014). No entanto, desde o *impeachment* da presidenta, Dilma Roussef, do PT (Partido dos Trabalhadores), em 2016, as políticas sociais, como o SUS (Sistema Único de Saúde) e as políticas de assistência como o Bolsa Família, sofreram cortes orçamentários e restrições de sua abrangência.[16]

De toda forma, parece-nos que, de um lado, as meia-medidas de valorização do trabalho assalariado não levaram efetivamente à promoção da cidadania pelo trabalho; de outro lado, o aumento da visibilidade, o fortalecimento e também diversificação de programas e medidas sociais voltadas para a população pobre durante o período "lulista" teriam, paradoxalmente, continuado a ampliar o abismo entre as classes sociais no Brasil, e reforçado as desigualdades regionais. Esta relativa negligência aos trabalhadores (pouco qualificados) teria favorecido sobretudo as classes sociais mais abastadas, com níveis mais elevados de qualificação e uma gama de suplementos privados (ensino secundário, saúde e segurança

---

15 O Bolsa Família unificou o Bolsa Gás, Bolsa Escola e o Bolsa Alimentação (Ceballos e Georges, 2014). Nesta mesma lógica, o programa de habitação social Programa Minha Casa Minha Vida é o resultado da reconfiguração de um programe anterior de crédito solidário (Rizek e Georges, 2018).

16 Uma das primeiras medidas do governo golpista de Michel Temer (PMDB) foi a aprovação em primeira instância no parlamento da PEC de congelamento das despesas públicas previstas para um período de 20 anos, que não poderão ultrapassar a inflação anual (incluindo os investimentos em educação e saúde). [tradução livre] Cf. *Les Échos* du 11/10/2016, "Le Brésil gèle ses dépenses publiques pour 20 ans". Também, desde 2017, foram tomadas localmente medidas para limitar o número de benefícios destinados a uma mesma unidade familiar.

social). Além disso, estas políticas resultaram na segmentação das classes trabalhadoras como beneficiárias da cobertura e proteção social "de pobres, para pobres" (Destremau & Georges, 2017).

Esta interpretação de uma apropriação identitária dos pobres através de políticas sociais e de uma "gestão social" que se opõe à das classes altas, baseada mais em um projeto de Estado-Nação que passe por um trabalho "digno" e qualificado, assim como pela propriedade de capital, pela especulação financeira e pela propriedade da terra, demonstrou continuidade com os resultados das últimas eleições municipais de outubro de 2016 e das eleições presidenciais de outubro de 2018.[17] Esta interpretação também faz eco às

17 Neste contexto, é interessante observar a existência de uma relação estreita entre os resultados das eleições e as classes sociais, como as eleições municipais de Outubro de 2016 e as eleições presidenciais de Outubro de 2018. Ambas eleições fizeram aparecer uma dimensão de pertencimento social bastante nítida, principalmente porque o PT se manteve predominante nas regiões consideradas como mais pobres. Assim, o PT teve vitória em 255 municípios; que se compara às 635 de 2011. Nestas 255 prefeituras, 114 são situadas no Nordeste, 68 no Sul, 50 no Sudeste, 18 no Norte e 5 no Centro-Oeste (dados disponíveis no endereço à seguir: http://www.tse.jus.br/eleicoes/estatisticas/estatisticas-eleitorais-2016/resultados. Acesso em maio de 2018). Nas eleições presidenciais de 2018, somente 33% dos eleitores da classe média votaram a favor do PT (enquanto que em 2002 foram 60%), segundo uma pesquisa da *Datafolha* (ver Adalberto Cardoso, "Où va la démocratie brésilienne?" UMR 201 Développement et sociétés, Nogent-sur-Marne, França, 04/11/2019). Para além disso, o apoio ao candidato do Partido dos Trabalhadores, Fernando Haddad, foi bastante mais elevado nas regiões pobres do Norte e Nordeste nas eleições presidenciais, em oposição às regiões ricas do Sudeste, Centro-Oeste e Sul do Brasil. Cf. https://www.lemonde.fr/les-decodeurs/article/2018/10/29/presidentielle-au-bresil-une-geographie-tres-divisee-sur-le-vote-pour-bolsonaro_5376127_4355770.html, acesso em maio de 2019.

manifestações de apoio e os ataques violentos[18] provocados pela "Caravana do Nordeste" do Presidente Lula durante a campanha presidencial, e a sua incriminação e prisão em abril de 2018, a fim de o tornar inelegível.[19]

Tratou-se de um indicador "ao avesso" do reconhecimento pelas elites e políticos de direita e extrema direita da relevância política e social que representa o acesso ao poder supremo de um ex-presidente operário da indústria metalúrgica, sindicalista e vindo de uma região pobre do Nordeste. De modo geral, duas interpretações da mudança radical da conjuntura política e econômica do Brasil são possíveis, seja ela mais pessimista, que ressalta a continuidade das desigualdades sociais estruturais e não as mudanças logradas, a menos ao nível das representações;[20] seja ela mais otimista, que ressalta (ao menos de forma simbólica) as mudanças relacionadas às classes durante este período, tendo como uma de suas expressões a contundente reação das elites em seu momento de maior radicalidade.

Em suma, a conjunção das políticas de reforço às políticas sociais como modalidade de auxílio destinado aos pobres, as políticas

---

18 "La caravane de campagne de Lula a été la cible de tirs, le 27 mars, à Laranjeiras do Sul, dans l'État de Parana, dans le sud du Brésil.", cf. "Au Brésil, une inédite escalade de la violence politique", *Libération*, 30 de Março de 2018.

19 De acordo com as últimas informações, a incriminação montada a pedido do atual presidente pelo atual ministro da Justiça, Sergio Moro, ex-juiz de uma pequena corte de primeira instância no sul do Brasil, foi revelada pela imprensa em junho de 2019. Cf. *Le Monde*, "Brésil: le "Lava-Jato Gate" ternit un peu plus l'image de l'ex-juge Sergio Moro", 11 de junho de 2019.

20 Interpretação que justificaria incluir a mudança do ponto de vista do pesquisador, que teria colocado maior ênfase na capacidade transformadora, para a mudança que teria predominado durante o chamado período "lulista" (Cunha, Georges e Ota, 2018).

tímidas de valorização do trabalho e, além disso, a intensificação das políticas extrativistas e de financeirização, inclusive das próprias políticas sociais (Lavinas, 2017), levaram a um endurecimento da sociedade de classes sem permitir o desenvolvimento de uma medida comum, de uma mediação (pelo trabalho ou pela educação, por exemplo) entre experiências de vida cada vez mais distantes.[21]

A perspectivação de duas conjunturas nacionais: abordagens, escalas e temporalidades

Os breves desenvolvimentos precedentes sugerem que em ambos países as configurações das políticas sociais são bastante distintas. Na Argentina, o embaralhamento das fronteiras entre as políticas sociais e as políticas de trabalho/emprego parece ser uma das características mais significativas do período recente. Apesar da profunda transformação do mundo do trabalho desde os anos 1970, a forte vinculação do estatuto do trabalho assalariado ainda prevalece como referência predominante. Atualmente, pode ser pensado talvez como uma espécie de alavanca capaz de projetar um conjunto de políticas sociais e assistenciais ("não contributivas") com duração e legitimidade variáveis. O caso das transformações no emprego doméstico sugere a implementação de um dispositivo de gestão das populações através da modulação e da oscilação entre diferentes estatutos (associados ao direito trabalhista ou às situações de pobreza).

21 Em seu livro *Promesses du travail* (Paris, Éd. Les impliquées, 2019), Robert Cabanes questiona a capacidade do trabalho de assumir a função de mediação. De acordo com seu diagnóstico sobre a situação atual do trabalho globalizado a partir de uma revisão da literatura recente, interpretada a partir de seu percurso pessoal, a atenção dada nos últimos anos, nas diferentes formas de governança e da participação – no lugar de defender o trabalho – teria permitido ao capital, por ora, ganhar a batalha.

No caso do Brasil, a fronteira entre as políticas sociais, de um lado, e as políticas de trabalho/emprego, de outro, é mais nítida. E esta fronteira reflete uma fragmentação ainda mais drástica, entre uma forma de gestão das populações pobres "pelo social" e o acesso à cidadania através do trabalho (assalariado e protegido), menos eficaz e limitado a uma minoria, produzindo formas de heterogeneidade interna.

Através da análise desses diversos conjuntos e articulações de políticas públicas na Argentina e no Brasil, buscamos estabelecer uma chave de compreensão das dinâmicas sociais, políticas e econômicas que esses países vêm experimentando desde a década de 2000. Nesta análise, nosso interesse não foi de limitar a perspectiva comparativa ao estabelecimento de um contraste entre termos e situações entre os dois países, mas sim mobilizar os aportes heurísticos de uma comparação entre os dois contextos a fim de construir uma problemática de pesquisa. Nosso objetivo não foi tampouco estancar o debate sobre a temporalidade/durabilidade das transformações postas em curso através das políticas "de esquerda" mas, ao contrário, aprofunda-lo ressaltando a importância de focalizar a relação entre estas políticas e uma gama mais ampla de formas de intervenção estatal.

Neste livro, a análise destas articulações variáveis entre os dois países se centrará sobre as que intervêm (de maneira direta ou indireta) sobre o mundo do trabalho, em particular, sobre as dinâmicas que configuraram as duas últimas décadas: as mobilidades, as transições, as intermitências e diversas formas de (inter)mediação. Partimos do questionamento sobre as "carreiras horizontais" dos trabalhadores(as), e as maneiras pelas quais as trabalhadoras e trabalhadores se movimentam pelo mundo do trabalho (e do não-trabalho): entre diferentes cargos, atividades, setores, empregos, mas também em meio ao desemprego e à inatividade.

Os diferentes capítulos abordam estas questões a partir de diferentes escalas. Na primeira parte, as análises examinam, em uma abrangência mais geral e por um enquadramento de nível nacional ou regional, os mercados de trabalho e as profundas transformações operadas a partir da reviravolta das conjunturas de 2013/2015. É o caso do capítulo de Beccaria e Maurizio, que tecem uma relação entre diferentes países latino-americanos, assim como dos artigos de Jacob Carlos Lima que explora a reforma trabalhista no Brasil; mas também de Silvio Feldman que aborda as mudanças das políticas de trabalho/emprego, e a reforma da segurança social na Argentina; ou ainda o artigo de Osvaldo Battistini que destaca as formas de legitimação destas reformas. O capítulo de Cibele Saliba Rizek, por sua vez, mostra como estas formas bastante heterogêneas de intervenção estatal podem ser compreendidas como uma constelação de programas sociais/urbanos e de práticas, propostas como uma chave de leitura sobre as sublevações e conflitos do período. Desta forma, estas contribuições articulam temporalidades diversas. Nessa perspectiva, a análise das características mais importantes das atuais condições econômicas deve estar vinculada às dinâmicas de longo prazo que remontam tanto aos governos "de esquerda" dos anos 2000, ao período neoliberal dos anos 1990 quanto às ditaduras militares.

Na segunda parte, as contribuições buscaram aprofundar a análise de certas dimensões das dinâmicas do mundo do trabalho e das formas de intervenção estatal. Estes capítulos exploram, a partir de abordagens heterogêneas, diversos tipos de mobilidade nos dois países: as múltiplas formas de mobilização em um mercado do social/da política local, que encontram neste espaço local e regional maneiras de contornar as dinâmicas nacionais, como o artigo de Isabel Georges e Yumi García dos Santos; as experiências de ascensão social de uma fração de operários urbanos e a mudança do nível das subjetividades associadas a estas experiências, são abordadas no capítulo de Vanesa Gómez e Romina Antonelli; a profunda transformação das relações de classe provocadas por estas experiências e clara melhora das condições de vida de certos setores operários, no texto de Osvaldo Battistini e Diego Szlechter; enfim, as estratégias de mobilidade e de investimento (principalmente em termos de formação profissional) de trabalhadores(as) mais precários(as), assim como as instituições e políticas sociais que as organizam, na contribuição de Marina García e Mariana Barattini. Todos estes estudos buscaram aprofundar a análise das transformações em termos das formas de construção de subjetividades, práticas e estratégias sociais, refletindo sobre o posicionamento nas relações de classe implicadas nestas articulações diversas entre as políticas de trabalho/emprego e diversas formas de intervenção estatal que caracterizam o período.

Bibliografia

ARAÚJO FILHO, T. P. Burocratas do nível de rua: uma análise interacionista sobre a atuação dos burocratas na linha de frente do Estado. *ÁSKESIS*, v. 3, 2014.

_______. *A construção de um controle negociado: o trabalho dos auxiliares de fiscalização da Prefeitura de Belo Horizonte.* Dissertação (Mestrado em Sociologia). CECH – UFSCar, 2016.

_______. Os toreros em Belo Horizonte: construindo caminhos na contramão das ruas da cidade. *Cadernos CERU* (USP), v. 29, 2018.

BELLO, C. A. Percepções sobre pobreza e Bolsa Família. In: *As contradições do Lulismo. A que ponto chegamos?* São Paulo: Boitempo, 2016.

CABANES, R. *Promesses du travail.* Paris: Éd. Les impliquées, 2019.

_______; GEORGES, I. Introduction: Gestion de la pauvreté et entrepreneuriat de soi: un nouveau compromis de gouvernement au croisement des politiques sociales et néolibérales? In:

GEORGES, I.; CABANES, R. (orgs.). Coordination du dossier "Les Années Lula: Politiques sociales ou néo-libéralisme?". *Brésil(s), Sciences humaines et sociales*, nº 6, novembre, 2014.

CARELLI, R. de L.; CASAGRANDE, C. *Reforma Trabalhista: reflexões críticas*. 1. ed. Rio de Janeiro: Lumen Juris, 2018, v. 1.

CORDILHA, A. C.; LAVINAS, L. Transformações dos sistemas de saúde na era da financeirização. Lições da França e do Brasil. *Ciencia & Saude Coletiva*, v. 23, 2018.

CUNHA, M.; GEORGES, I.; OTA, N. Introdução. In: CUNHA, M., GEORGES, I.; OTA, N. (orgs.). *Tempos do social e da política*. São Paulo: Alameda Editorial, 2018.

DANANI, C.. El sistema de protección social argentino entre 2002 y 2013: buscando el modelo que nunca tuvo. *Revista Uruguaya de Ciencia Política*, v. 22, n. 2, 2013.

_______; HINTZE, S. *Protecciones y desprotecciones: la seguridad social en Argentina 1990 – 2010*. Los polvorines, Buenos Aires: UNGS, 2011.

DESTREMAU, B.; GEORGES, I. (orgs.). *Le care, face morale morale du capitalisme. Assistance et police des familles en Amérique latine*. 1 ed. Bruxellas: Peter Lang, 2017.

_______. Introduction. Gouverner les pauvres en Amérique latine. Gérer les femmes par l'assistance. In: DESTREMAU, B.; GEORGES, I. (org.). *Le care, face morale morale du capitalisme. Assistance et police des familles en Amérique latine*. 1 ed. Bruxellas: Peter Lang, 2017, v. 1.

FOUCAULT, M. Nascimento da Biopolítica. Curso no Collège de France (1978-1979). *Revista Estudos Filosóficos*, 4, 2010. Disponível em: http://www. ufsj.edu.br/revistaestudosfilosoficos.

GEORGES, I. Entre participação e controle: os(as) agentes comunitários de saúde da região metropolitana de São Paulo. *Sociedade e Cultura*. Goiânia, v. 14, n. 1, jan./jun. 2011.

_______; CEBALLOS, M. Bolsa Familia y la asistencia social en Brasil: de la lucha politica a la mercantilización local. *Caderno CRH*, Salvador, v. 27, n. 72, déc. 2014, p. 513-529.

GEORGES, I.; SANTOS, Y. G. dos. Tessituras da mobilidade de mulheres: economias morais, mercados políticos e zonas de indistinção. In: GEORGES, I.; TIZZIANI, A. (orgs.). *Dinámicas do mundo do trabalho en Argentine et au Brésil: transições, mobilidades e deslocamentos*/Dinámicas del mundo del trabajo en Argentina y Brasil: transiciones, movilidades, desplazamientos. São Paulo: Alameda Casa Editorial, 2020.

_______; TIZZIANI, A. Entre le travail et l'assistance. Diversité de sens de la "formalisation" du travail du care (Argentine, Brésil). In: FRETEL, A.; BORY, A.; CELERIER, S.; JANY-CATRICE, F. Politiques sociales en mutation: quelles opportunités et quels risques pour l'État social?. *Cahiers du CIRTES*, Hors Série, #6, Louvain la Neuve: UCL-Presses Universitaires de Louvain, Juillet, 2016.

_______; RIZEK, C. S. Práticas e dispositivos: escalas, territórios e atores. *Contemporânea*, v. 6, n. 1, jan.-jun., 2016.

_______; SANTOS, Y. G. dos. Care e políticas públicas: o caso das "agentes comunitárias de saúde" e das "agentes de proteção social". In: HIRATA, H.; GUIMARÃES, N. A. (orgs.). *Cuidado e cuidadoras: as várias faces do trabalho do care*. São Paulo: Ed. Atlas, 2012.

_______, SANTOS, Y. G. dos, *As "novas" políticas sociais brasileiras na saúde e na assistência. Produção local de serviço e relações de gênero*. Belo Horizonte: Fino Traço, 2016.

GORBAN, D.; TIZZIANI, A. *¿Cada una en su lugar? Trabajo, género y clase en el servicio doméstico*. Buenos Aires: Biblos, 2018.

KESSLER, G. *Controversias sobre la desigualdad. Argentina 2003-2013*. Buenos Aires: Fondo de Cultura Económica, 2014.

KREIN, J. D. "O desmonte dos direitos, as novas confgurações do trabalho e o esvaziamento da ação coletiva. Consequências da reforma trabalhista". *Tempo social, Revista de Sociologia da USP*, v. 30, n. 1, 2018.

LAUTIER, B. Gouvernement moral des pauvres et dépolitisation des politiques publiques en Amérique latine. In.: BORGEAUD-GARCIANDÍA; N.; LAUTIER, B.; PEÑAFIEL, R.; TIZZIANI, A. (orgs.). *Penser le politique en Amérique Latine – La recréation des espaces et des formes du politique*. Paris: Karthala, 2009.

LAVINAS, L.; GENTIL, D. L. Brasil anos 2000: a política social sob regência da financeirização. *Novos Estudos, CEBRAP*, v. 37, 2018.

_______. *The Takeover of Social Polícy by Financialization: the Brazilian paradox*. London: Macmillan, 2017.

LECHTER, H.; STRADA, J. *De pobreza cero a pobreza cien mil. Análisis de la Pensión Universal de Adultos Mayores como reemplazo de la moratoria previsional para el acceso a la jubilación*. Buenos Aires: Centro de Economía Política, 2019.

LIDEMBOIN, J.; KENNEDY, D.; GRAÑA, J. El debate sobre la distribución funcional del ingreso. In: *Desarrollo Económico*, v. 49, n. 196, 2010.

LIMA, J; C. La reforma laboral en Brasil y el fin de los derechos sociales: volver a los anos 90? In: GEORGES, I.; TIZZIANI, A. (orgs.). *Dinâmicas do mundo do trabalho na Argentina e no Brasil: transições, mobilidades e deslocamentos*. São Paulo: Alameda Casa Editorial, 2020.

_______; COCKELL, F. F. As novas institucionalidades do trabalho no setor público: os agentes comunitários de saúde. *Trab. educ. saúde[online]*, v. 6, n. 3, 2008.

MICHA, A. *Análisis de la Asignación Universal por Hijo con perspectiva de género*. Tesis de Doctorado, IDES - Universidad Nacional de General Sarmiento: Buenos Aires, 2018.

NUN, J. Superoblación relativa, ejercito industrial de reserva y masa marginal. *Revista Latinoamericana de Sociología*, Santiago, v. 5, n. 2, 1969.

PAUGAM, S.; COUSIN, B.; GIORGETTI, C.; NAUDET, J. *Ce que les riches pensent les pauvres*. Paris: Seuil, 2017.

PALUANI, L. *Brasil Delivery: servidão financeira e estado de emergência econômico*. São Paulo: Boitempo, 2008.

PEREYRA, F. "Trabajadoras domésticas y protección social en Argentina: avances y desafíos pendientes", *Serie Documentos de Trabajo*, n. 15, Buenos Aires, OIT, 2017.

POCHMANN, M. Políticas sociais e padrão de mudanças no Brasil durante o governo Lula. *SER Social*, Brasília, v. 13, n. 28, jan./jun., 2011.

_______. Estado e Capitalismo no Brasil: a inflexão atual no padrão das políticas públicas do ciclo político da Nova República. *Educação & Sociedade* (Impresso), v. 38, 2017.

REVEL, J. *Jeux d'échelles. La micro-analyse à l'expérience*. Paris: Gallimard-Le Seuil, 1996.

RIZEK, C. S. Políticas sociais, política de habitação: a produção de consensos, os desmanches e a violência de Estado. In: GEORGES, I.; TIZZIANI, A. (orgs.). *Dinâmicas do mundo do trabalho na Argentina e no Brasil: transições, mobilidades e deslocamentos*. São Paulo: Alameda Casa Editorial, Coll. SAGEMM, 2020.

_______; GEORGES, I. Políticas sociais - tempos e territórios em disputa. In: CUNHA, M.; GEORGES, I.; OTA, N. (orgs.). *Tempos do social e da política*. São Paulo: Alameda Casa Editorial, 2018.

SALVIA, A. *La trampa neoliberal. Un estudio sobre los cambios en la heterogeneidad estructural y la distribución del ingreso en la Argentina: 1990-2003*. Buenos Aires: Eudeba, 2012.

SANTOS, W. G. dos. *Cidadania e Justiça: a política social na ordem brasileira*. Rio de Janeiro: Ed. Campos, 1979.

SANTOS, Y. G. dos. Uma genealogia da proteção social brasileira: mediações conjunturais e territoriais. In: GEORGES, I.; SANTOS, Y. G. dos. *As "novas" políticas sociais brasileiras na saúde e na assistência. Produção local de serviço e relações de gênero.* Belo Horizonte: Fino Traço, 2016.

SORJ, B. Le marché de l'emploi domestique en Amérique latine: changements et permanences. In: Margaret Maruani éd. *Travail et genre dans le monde. L'État des savoirs*. Paris: La Découverte, "Hors collection Sciences Humaines", 2013.

TELLES, V. da S. *Pobreza e Cidadania*. São Paulo: Editora 34, 2001.

PARTE 1

Movilidad ocupacional: intensidad y patrones en países de América Latina

Luis Beccaria[1] y Roxana Maurizio[2]

Introducción

El examen de los flujos que se verifican en el mercado de trabajo entre estados y ocupaciones permite complementar el análisis más tradicional que recurre exclusivamente a las cifras de stock. Posibilita una mayor comprensión de la dinámica laboral y de su impacto sobre el bienestar de los hogares, aspectos ambos resultan importantes para el diseño de políticas públicas.

Así, por ejemplo, un incremento en la rotación ocupacional podría afectar negativamente el bienestar dado que amplía las fluctuaciones de los ingresos y torna, por tanto, más incierta la evolución futura de los mismos. Su impacto es más preocupante entre aquellas familias de bajos recursos, que enfrentan mayores niveles de vulnerabilidad a riesgos sociales. Asimismo, la inestabilidad laboral de los ocupados puede influir sobre otros indicadores de bienestar de los hogares (adicionales al ingreso), entre ellos: la escolarización de los niños, el acceso a las políticas sociales o los movimientos geográficos. En un sentido, por el contrario, ciertas transiciones desde la inactividad hacia la ocupación permiten reducir las fluctuaciones de los ingresos familiares.

---

1 Universidad Nacional de General Sarmiento

2 Instituto Interdisciplinario de Economía Política (IIEP). UBA-CONICET

Una frecuente rotación entre empleos puede, a su vez, atentar contra el grado de integración social de los individuos y suele estar, además, asociada a la baja cobertura de la seguridad social. Asimismo, la pérdida involuntaria de un puesto de trabajo afectaría negativamente las probabilidades de encontrar otra ocupación en el futuro y/o de emplearse en un empleo de calidad (protegido y con ingresos adecuados). En estos casos, la movilidad genera un quiebre en la acumulación de competencias y saberes que redunda negativamente tanto en el trabajador como en la sociedad.

Pero también han sido destacados ciertos aspectos positivos asociados a la movilidad ocupacional en tanto ella resulte voluntaria y permita mejoras salariales o en las condiciones de trabajo. Por ejemplo, la rotación podría estar asociada a las primeras etapas de la carrera laboral del trabajador donde se producen los movimientos más importantes dentro del mercado de trabajo con el objetivo de alcanzar un puesto acorde a sus calificaciones. La intermitencia en la fuerza de trabajo puede estar explicada por la realización de otras actividades extra - económicas como el estudio. Puede, asimismo, implicar patrones virtuosos de difusión de conocimientos que impactan positivamente en la productividad agregada.

Por lo tanto, una rotación laboral elevada no es, a priori, manifestación de comportamientos positivos o negativos; el carácter que ella asume en cada caso concreto es una cuestión empírica cuya evaluación requiere contar con evidencia acerca de las características de la movilidad y de los grupos de trabajadores involucrados. Desde esa perspectiva, este documento efectúa un análisis de la intensidad de las salidas desde un puesto de trabajo, y de los rasgos que adquieren las transiciones más frecuentes, en Argentina, Brasil, Ecuador, México, Paraguay y Perú. También explora los factores asociados a las brechas que existen en el grado de movilidad entre esos países y examina en qué medida las transiciones ocupacionales implican mejoras o empeoramientos en el status laboral de los individuos.

Los países han sido seleccionados teniendo en cuenta tanto la disponibilidad de información dinámica comparable como la posibilidad de contemplar casos con estructuras y evoluciones laborales diferentes.

El documento continúa con una revisión de la literatura sobre la movilidad ocupacional, mientras que en la sección 3 se especifican las fuentes de datos empleadas. Posteriormente, la sección 4 presenta y discute las tasas de salida para el conjunto de los trabajadores de cada país mientras que las diferencias que se presentan entre distintos conjuntos de trabajadores son analizadas en la sección 5. En la siguiente se examinan los factores que pueden dar cuenta de las diferencias de las tasas promedio entre países y la sección 7 discute los destinos de aquellos que dejan un empleo. El documento finaliza con una sección de conclusiones.

Revisión de la literatura

A diferencia del mundo desarrollado, los estudios sobre movilidad ocupacional en América Latina aún resultan escasos y han estado mayormente relacionados al impacto de las reformas del mercado de trabajo (especialmente en la década de los noventa) sobre las tasas de salida de una ocupación.

En esa línea, Kugler (2000) encuentra, para Colombia, que durante los noventa los asalariados registrados incrementaron sus tasas de salida más que el grupo de ocupados que no fueron afectados directamente por las reformas laborales. A partir de allí se concluye que éstas tuvieron un impacto significativo sobre el grado de inestabilidad laboral.

Paes de Barros y Leite Corseuil (1999) analizan el efecto del incremento de los costos de despidos implementado en Brasil en

1988. Los autores encuentran evidencia consistente con la hipótesis de que esos aumentos tienden a reducir las tasas de separaciones y, por ende, aumentar la duración media de los episodios de empleo. Sin embargo, reconocen que los importantes cambios operados en el contexto macroeconómico a fines de los ochenta y principios de los noventa en ese país hacen difícil aislar los efectos directos de estas reformas de cualquier otro que podría haber afectado las tasas de salida de una ocupación.

Saavedra y Torero (2000) concluyen que la flexibilización laboral operada desde 1992 en Perú tendió a incrementar el grado de rotación. En particular, encuentran que, controlando por otras características personales y del puesto, la duración media de los episodios de empleo disminuyó en el período post-reforma tanto entre los trabajadores formales (directamente afectados por las reformas) como entre los informales pero que la reducción fue mayor en el primer caso respecto del segundo.

Beccaria y Maurizio (2001a)[3] analizan los patrones de movilidad a lo largo de la década de los noventa en Argentina y discuten el efecto de aquella sobre los ingresos familiares. Plantean que durante los años noventa la economía argentina logró alcanzar ciertos equilibrios económicos, entre los que se destaca el control de la inflación. Ello permitió, entre otras cosas, reducir el grado de incertidumbre de los hogares respecto del comportamiento esperado de sus ingresos. Sin embargo, la aparición de dificultades ocupacionales, que se reflejaron principalmente en elevadas tasas de desempleo e informalidad, contrapesó en algunos tipos de hogares el efecto benéfico que la disminución de la inflación tuvo sobre las fluctuaciones de las remuneraciones reales y llevó a que no se alterase la variabilidad de sus ingresos familiares. Más aún, los hogares

3 Extendiendo otro trabajo realizado sobre esta temática (Beccaria, 2001 b).

de menores recursos se vieron menos favorecidos por la estabilidad de precios y más afectados negativamente por la inestabilidad laboral. Por el contrario, en los sectores medios y medio-altos se observa un saldo positivo.

Por su parte, Castillo *et al.* (2006) analizan la movilidad ocupacional de los asalariados formales en ese país durante los años 1996-2004. Los autores concluyen que durante este período la tasa de retención promedio fue muy baja y que aproximadamente la mitad de los trabajadores registrados en 1996 no se encontraban en un empleo de este tipo en 2004, o sea, éstos podían estar desocupados, inactivos u ocupados en puestos informales.

Más directamente ligado al objetivo de este estudio, Beccaria y Maurizio (2004) y Maurizio (2011) discuten las brechas en las tasas de salida desde la ocupación entre grupos de trabajadores clasificados según diversos criterios. Se verifica que la categoría ocupacional, la formalidad, el nivel de escolaridad y el género son las principales dimensiones que definen conjuntos con diferentes grados de movilidad.

Fuentes de información

Los datos usados en este documento provienen de las encuestas a hogares llevadas a cabo regularmente por las oficinas de estadística nacionales de los países seleccionados. Si bien estas encuestas no son longitudinales, sus esquemas de muestreo basados en paneles rotativos permiten obtener información dinámica. En particular, esta clase de esquema implica que en cada onda un determinado grupo de hogares entra a la muestra mientras que otro la abandona luego de haber permanecido cierto tiempo en ella. Por lo tanto, es posible comparar la situación de los miembros de esos hogares en al menos dos momentos diferentes del tiempo.

Los microdatos para Argentina provienen de la Encuesta Permanente de Hogares que realiza el Instituto Nacional de Estadística y Censos en 31 aglomerados urbanos. En Brasil son usados los microdatos de la *Pesquisa Mensal de Emprego,* llevada a cabo por el *Instituto Brasileiro de Geografia e Estadistica.* Esta encuesta cubre 6 áreas metropolitanas. En Ecuador, se utiliza la Encuesta Nacional de Empleo, Desempleo y Subempleo, del Instituto Nacional de Estadística y Censos. La Encuesta Nacional de Ocupación y Empleo del Instituto Nacional de Geografía y Estadística es la empleada en México. La fuente correspondiente a Paraguay es la Encuesta Continua de Empleo, que sólo cubre Asunción y alrededores, llevada a cabo por la Dirección General de Estadística, Encuestas y Censos. Finalmente, en Perú se recurrió a la Encuesta Nacional de Hogares del Instituto Nacional de Estadística e Informática.

El período cubierto en cada país es el siguiente: 2003-2015 en Argentina y Brasil, 2004-2015 en Ecuador, 2005-2015 para México, 2010-2015 en Paraguay y 2005-2010 en Perú.

Con el objetivo de obtener cifras comparables para los países se consideraron paneles con una ventana de observación de un año. Esto es, para cada trabajador en el mes t se evalúa su situación 12 meses después. A partir de allí es posible identificar si el mismo sigue ocupado o si está desocupado o inactivo.

Adicionalmente al uso de la estructura de panel, en este estudio también se recurre a información retrospectiva. En particular, a todos los ocupados se les consulta acerca de los años y meses que han estado trabajando en ese puesto de trabajo (lo que constituye la variable "duración"). Esta variable es utilizada para conocer si la persona empleada tanto en t como en $t+12$ permanece en el mismo puesto de trabajo o se ha movido a otro. Si los individuos ocupados en dos ondas consecutivas tienen en la segunda observación una antigüedad de más de 1 año se considera que la persona no cambió de ocupación.[4]

Una limitación típica de los datos de panel es que la proporción de hogares y personas efectivamente entrevistadas en dos períodos puede ser menor a la esperada de acuerdo con el esquema de rotación. Ello se debe al desgranamiento o *attrition*, lo cual puede generar un sesgo en la muestra si el mismo no es aleatorio. Sin embargo, lamentablemente no se cuenta con información en las bases de datos usadas que permita identificar este fenómeno y diferenciarlo de la pérdida de información debido al esquema de rotación. Es por ello que no se ha podido realizar ninguna corrección por el potencial efecto del mismo.[5]

Otro punto a considerar es que la cantidad de cambios que se miden al comparar dos ondas con una ventana de observación de un año tendería a subestimar aquellos efectivamente ocurridos ya que los individuos podrían haber realizado dos o más movimientos de carácter simétrico durante ese período, sin que ellos puedan ser captados.

Sin embargo, a pesar de estas limitaciones, se considera que los microdatos aquí utilizados proveen un adecuado panorama de la dinámica de los mercados de trabajo de los países considerados y, en particular, permiten llevar a cabo este estudio comparativo.

El análisis es restringido al conjunto de ocupados con más de 15 años y hasta 65 años en el caso de los hombres y 60 años en el caso de las mujeres. Estas últimas son las edades en las cuales resulta

4 Adicionalmente se llevaron a cabo análisis de consistencia de modo de asegurar que la identificación de los cambios de ocupación sea correcta.

5 En un estudio sobre dinámica de la pobreza en Argentina se realizó corrección por *attrition* y los resultados no se modificaron significativamente (Beccaria et al., 2009).

obligatorio el retiro en los países bajo análisis, con lo cual se procura minimizar el sesgo que pueden generar las salidas hacia la inactividad de las personas en edades avanzadas. Aquellos individuos con información incompleta o inconsistente fueron removidos de la muestra. Asimismo, dado que no todas las encuestas cubren el área rural el análisis se concentra sólo en las áreas urbanas. Finalmente, de modo de contar con suficiente cantidad de observaciones se construyó para cada país un pool con todos los paneles interanuales por lo que los resultados son promedios del período bajo análisis.

La intensidad de la movilidad ocupacional para el conjunto de los trabajadores en América Latina

Considerando el promedio simple de los países considerados, 13% de las personas ocupados en un momento determinado dejan de estarlo un año después. Se aprecia en el Cuadro 1 que no existen diferencias significativas entre ellos en lo que hace al tamaño del flujo. De aquel porcentaje, alrededor de 4% se dirige al desempleo mientras que un poco más del 9% lo hace hacia la inactividad; respecto de este último, México registra la mayor proporción.

Cuadro 1. Tasas de salida del empleo y de una ocupación

Estatus laboral en t+1	ARGENTINA	BRASIL	ECUADOR	MEXICO	PARAGUAY	PERU
Ocupado	87.4	88.8	87.1	84.4	86.4	85.8
En el mismo puesto	72.3	75.6	69.4	69.8	65.3	55.8
En otro puesto	15.1	13.2	17.7	14.5	21.1	30.0
Desocupado	4.1	3.0	3.3	3.1	5.2	4.3
Inactivo	8.5	8.2	9.6	12.6	8.5	10.0
Total	100	100	100	100	100	100
Tasa de salida desde una ocupación	27.7	24.4	30.6	30.2	34.7	44.2
Tasa de salida desde el empleo	12.6	11.2	12.9	15.6	13.6	14.2

Pero estas transiciones desde un empleo hacia la no ocupación constituyen un indicador insuficiente para evaluar la intensidad de la movilidad ocupacional en tanto no abarcan las dirigidas a otro puesto de trabajo. Por ello el análisis se centrará en las tasas de salida total, que se define como la proporción de trabajadores en el puesto “j” en el mes “t” que no se encuentran en ese puesto en “t+12”, esto es, la conformada por aquellos que han dejado el mercado laboral o transitaron a otro empleo.

El promedio simple de estas tasas de salida total para los países estudiados es de 33% pero si se las pondera por el empleo urbano de los países durante el período bajo análisis, pasa a ser del 28%. Se advierten aquí diferencias significativas entre ellos. Brasil es el que registra el menor valor, de 24%; niveles intermedios corresponden a Argentina, México, Ecuador y Paraguay –entre 28% y 34%–, mientras que Perú exhibe la mayor movilidad.

Se deduce de lo comentado en los párrafos anteriores (y del Cuadro 1) que entre la mitad y las dos terceras partes de las personas que dejan una ocupación lo hacen a otro empleo (60% es el promedio simple de los países), por lo que constituye el destino más importante de las transiciones laborales. Los volúmenes de estas duplican, en promedio, al de las dirigidas a la inactividad, y son entre cuatro y siete veces superiores al de aquellas que lo hacen al desempleo.

Las diferencias en las tasas de salida entre diferentes grupos de trabajadores

Las tasas de salida total de los países analizadas en el apartado anterior corresponden a las del promedio de los trabajadores de cada uno de ellos. Sin embargo, la propensión a dejar un puesto de trabajo difiere entre ocupaciones y/o ocupados con distintos atributos personales. En esta sección se examinarán las diferencias que existen entre ellas considerando varias dimensiones que aparecen como relevantes en función de aspectos que serán discutidos inmediatamente, y de los antecedentes con los que se cuenta en la materia.

Prácticamente todos los criterios considerados, que se presentan en el Cuadro 2, definen subconjunto de ocupados con tasas de salida diferentes entre ellos. En particular, se muestra que son amplias las brechas existentes entre las de las categorías ocupacionales, en tanto la proporción correspondiente a los asalariados informales –no registrados– es, en promedio, 2.3 veces la de los formales.[6] La relativamente elevada estabilidad que exhiben estos últimos respecto a los primeros estaría asociada a los costos que deben enfrentar sus empleadores al momento de despedirlos, los que está presente en todas las regulaciones de los países analizados (y que es generalizada en la región). Por el contrario, los gastos de terminar una relación laboral informal son bajos para el empresario. Por tanto, los no registrados resultan atractivos para su contratación en ramas cuya dinámica productiva es fluctuante y/o en puestos de carácter inestables. Se verifica, efectivamente, que, ellos predominan en firmas de pequeña escala que están más frecuentemente afectadas por eventos que las hacen vulnerable y/o son más proclives a permanecer en el mercado durante períodos relativamente breves; esto último, a su vez, resulta facilitado por la escasa dotación

6 Se han clasificado como "formales" a aquellos asalariados que están registrados en el sistema de seguridad social. La identificación empírica de esta característica difiere en cierta medida entre los países. En Paraguay, México y Perú, lo son aquellos inscriptos en un sistema de pensiones. En Argentina, los que indican que sus empleadores pagan contribuciones de seguridad social. En Ecuador, se consideró como formales a los asalariados que informan que reciben contribuciones del seguro social de su empleador. En Brasil, son aquellos que firmaron un contrato de trabajo. A pesar de estas diferencias en la definición empírica de informalidad, la comparabilidad no se ve muy afectada, ya que los criterios elegidos apuntan al núcleo de la noción de informalidad, es decir, el incumplimiento, o la evasión, de las normas laborales y de seguridad social.

de capital. También suele recurrirse al empleo informal cuando se busca contar con un período de prueba más amplio al establecido en las normas. La mayor inestabilidad del trabajador informal obedecería, entonces, a dos razones. Por un lado, a que están sobrerrepresentados en actividades y puestos que demandan prestaciones más fluctuantes; por el otro a que, en igualdad de otras condiciones, los costos desalientan los despidos de trabajadores formales que realiza un empleador.

Las tasas de salida son particularmente reducidas entre los asalariados formales en Argentina y Paraguay, donde aproximadamente el 15% de estos trabajadores dejan el empleo a lo largo de un año. Por el contrario, Perú exhibe la tasa de salida más elevada mientras que asume valores intermedios en los tres restantes países.

Estas diferencias pueden originarse tanto en disímiles composiciones del empleo formal entre los países de acuerdo a otros atributos ocupacionales, como también a variaciones en el grado de flexibilidad implícito en las regulaciones laborales. Este último factor no parece, sin embargo, ser muy relevante al menos en lo que hace a las normas sobre seguridad en el empleo. En todos los países, salvo Brasil, las indemnizaciones por despido resultan aproximadamente equivalentes a una remuneración mensual por cada año de antigüedad; Perú tiene un costo algo mayor –país que precisamente registra la mayor tasa de salida– mientras que, por el contrario, es menor en Paraguay, caso que muestra una reducida rotación. Esa menor estabilidad de Perú parece asociarse a la elevada presencia de empleo temporario ya que la rotación de los ocupados a tiempo indeterminado resulta entre las más reducidas. Por su parte, la baja tasa de salida del empleo formal de Paraguay se derivaría de su escaso peso en la fuerza laboral (véase más adelante) que lleva a que éste concentre las posiciones más estables; en particular es también baja la tasa de salida desde puestos formales permanentes.

Brasil cuenta con un sistema de compensación al despido diferente al de las otras naciones consideradas y está basado en un esquema de cuentas individuales que implica menores costos asociados al evento del despido. También podría estar ejerciendo un papel en la explicación de las brechas en las tasas de salida del empleo formal las diferencias que pueden existir en la capacidad para lograr que las normas se cumplan de manera efectiva. Por ejemplo, Argentina es un país con un elevado nivel de sindicalización que haría que los empleadores enfrenten una resistencia importante al momento de concretar despidos, especialmente los colectivos.

Los trabajadores por cuenta propia también exhiben una tasa de salida elevada. Ella resulta particularmente intensa en Perú, con Brasil registrando el menor valor.

Los asalariados con contratos a tiempo determinado (esto es, a plazo fijo, temporarios o similares) cuentan con mayores probabilidades de salida respecto de quienes lo están a tiempo indeterminado. Aquellos tienen estipulado el momento de la finalización de la relación y son más afectados por disminuciones del nivel de actividad que puedan enfrentar las firmas en las cuales se desempeña. Dado el carácter temporal de esos contratos, reciben por parte de la firma sustancialmente menos capacitación específica que los trabajadores permanentes. Como la inversión en entrenamiento de este tipo es otro factor que eleva el costo del despido, esa diferencia contribuye a explicar la mayor estabilidad de los asalariados a tiempo indeterminado.

Los ocupados que están involuntariamente trabajando a tiempo parcial exhiben niveles de rotación mayores a quienes tienen una jornada laboral completa. En parte, porque una proporción de ellos estarían buscando puestos a tiempo completo. Pero las diferencias en la inversión en capacitación específica también dan cuenta de esa brecha en tanto los primeros acceden a menor entrenamiento ya que los empleadores considerarían que contribuyen en menor medida al desarrollo de las firmas y, fundamentalmente, a los escasos intereses por desplegar una carrera al interior de la empresa.

Como se señaló más arriba, las firmas pequeñas suelen experimentar, con mayor probabilidad que las más grandes, alteraciones en sus niveles de actividad y rentabilidad; a su vez, las oscilaciones son más amplias y sus efectos pueden incluso derivar en el cese de las actividades. Ello obedece, por un lado, al impacto de las fluctuaciones de la demanda dirigida a los bienes y servicios en tanto están frecuentemente ubicadas en sectores con demandas más intermitentes y, por el otro, a las mayores dificultades que enfrentan para morigerar los efectos de los episodios negativos. Más aún, exhiben un desarrollo más inestable aún en momentos donde la demanda no presenta grandes sobresaltos ya que suelen experimentar crónicos problemas idiosincráticos de diferente tipo, por ejemplo, financieros o tecnológicos. Como consecuencia de todo esto, los planteles laborales de las firmas pequeñas resultan menor estables. Precisamente, en el Cuadro 2 se aprecian las marcadamente mayores tasas de salida de las firmas con menos de 40 ocupados. Como producto de las dificultades arriba mencionadas, las empresas pequeñas tienden a proveer menor capacitación específica, aunque esta situación también podría estar en parte asociada a las características de los procesos productivos y/o la dotación de capital. Tecnologías más complejas, más prevalecientes en unidades productivas de mayor tamaño, demandan conocimientos especiales.

Como ya fue dicho, la dimensión "tamaño de establecimiento" interactúa con la categoría ocupacional en tanto aquellos rasgos que caracterizan el desempeño de las firmas pequeñas las hacen más proclives a contratar trabajadores informales, que por sí tienen bajos costos de salida.

El efecto del tamaño del establecimiento es particularmente pequeño en Brasil y muy amplio en Argentina. En este último caso, ello obedece primordialmente a la relativamente más elevada estabilidad de los trabajadores de las unidades más grandes ya que los de las pequeñas exhiben tasas de salida superiores a la de Brasil, Ecuador y similar a la de México.

La tasa de salida resulta mayor entre los empleados del sector público, y es reducida entre quienes se desempeñan en la construcción y el servicio doméstico. Nuevamente, las dimensiones juegan de manera relacionada, ya que la menor rotación del empleo gubernamental, sancionada en muchos casos en la legislación, lleva a que la proporción de empleados formales tienda a ser elevada en este ámbito.

Se aprecia, asimismo, una correlación directa entre el grado de estabilidad y el nivel educativo formal, que refleja la también directa asociación que suele existir entre la capacitación general y la específica. Aquellos más educados tienden a recibir más entrenamiento por parte de las firmas y éstas, por tanto, tratan de mantenerlos en sus planteles durante más tiempo. Los más escolarizados, consecuentemente tienen una elevada presencia entre los trabajadores formales, que son más estables.

Las diferencias que en diversos aspectos de la participación en el mercado de trabajo existe entre géneros es una temática ampliamente estudiada. Es numerosa la evidencia que se dispone respecto a la presencia de brechas en el grado de participación, la estructura sectorial o los ingresos, por ejemplo. El Cuadro 2 permite verificar otra faceta de esas diferencias como es la ya conocida menor estabilidad ocupacional de las mujeres. Una parte de las brechas de género en las tasas de salida obedece a diferencias en el acceso a puestos de calidad y a tiempo completo. Tal situación resultaría, a su vez, de su mayor propensión que aquellas tendrían por ofrecerse en puestos más flexibles, compatibles con las responsabilidades en tareas de cuidado o, en general, extra – económicas, que las pautas culturales adscriben a las mujeres en mayor medida que a los hombres. Pero también puede resultar de características de la demanda de trabajo que refleje comportamientos discriminatorios que limitan el acceso de las mujeres a puestos estables. Los empleadores considerarían que precisamente la intensa participación de las mujeres en esas tareas extra – económicas se reflejaría en un involucramiento más inestable en el empleo por lo que tenderían a ofrecerles puestos informales y/o temporarios y/o a tiempo parcial.

Resulta asimismo negativa la correlación entre tasas de salida y edad; en particular, en el Cuadro 2 se aprecia que, como promedio simple para los seis países, el 60% de los jóvenes (menos de 25 años) dejan su empleo en el curso del año. Varios argumentos pueden plantearse para dar cuenta de las diferencias entre la movilidad de personas de diferentes grupos etarios y, en particular, la baja estabilidad de los jóvenes. Uno de ellos toma en cuenta las preferencias que ellos tendrían por trabajos que si bien son más inestables tendrían otras cualidades que valoran, como posibilidades de aprendizaje y/o contactos. Pero también jugaría en este caso la segregación de los jóvenes hacia puestos inestables al considerar los empleadores que son menos confiables.

Explorando las diferencias en las tasas de salida agregada entre países

Las brechas que existen entre los países en el grado de estabilidad promedio del conjunto de trabajadores, descriptas en la sección 4, puede atribuirse tanto a las distancias en las tasas de salidas específicas de los diferentes grupos de ocupados, o a las existentes en la estructura del empleo según esos grupos.

Como se comentó en la sección 4, Perú registra la mayor movilidad ocupacional promedio entre los seis países considerados. Ello parece estar fundamentalmente asociado a una estructura ocupacional que exhibe elevadas proporciones –mayores que en los otros casos– de varios grupos de trabajadores con alta rotación. Como se muestra en el Cuadro 3 es significativa en este caso la participación de trabajadores independientes, así como de los informales dentro de los asalariados, parte de lo cual está asociado a otro aspecto que sobresale como es la marcada prevalencia del empleo en micro – firmas (hasta 5 trabajadores). Estos altos porcentajes de puestos precarios, que explicarían buena parte de la intensa rotación laboral, resultarían entonces de la particularmente heterogénea estructura productiva del país. Otro factor que contribuye a este resultado es la facilidad que brinda la legislación del país para suscribir contratos a tiempo determinado, lo cual parece dar cuenta de la mayoritaria presencia de puestos temporarios dentro del empleo asalariado formal, los que tienen un alto grado de rotación. Ello es compensado parcialmente por la muy baja rotación de los puestos registrados permanentes.

Este efecto de la estructura ocupacional se ve reforzado por la mayor rotación de los asalariados informales, de los trabajadores a tiempo parcial y de los jóvenes.

Paraguay, país con una tasa de salida promedio que es la mayor entre los casos analizados luego de la de Perú, exhibe similares características. En este caso es más elevada que en Perú la presencia de trabajadores temporarios dentro del conjunto de asalariados registrados, así como la de jóvenes y trabajadores de escasa escolarización, aunque resulta algo menor la proporción de no asalariados. También tiende a reducir la rotación media respecto a Perú las más bajas tasas de salida específicas de los asalariados informales y de los registrados temporarios, aunque es mayor la de los permanentes. A su vez, exhibe tasas de salida elevadas en algunas categorías como los trabajadores a tiempo parcial y quienes trabajan en pequeñas unidades productivas.

Ecuador y México son situaciones intermedias en tanto sus tasas promedios de salida resultan inferiores a las de los dos casos anteriores, pero mayores que las de Brasil y Argentina. Ello obedece a que sus estructuras ocupacionales muestran participaciones más elevadas de asalariados registrados que Perú y México, pero una incidencia del empleo temporario formal superior a la de los otros dos países. En Ecuador, sin embargo, es más significativo el peso del empleo no asalariado y de los trabajadores a tiempo parcial involuntario quienes, por otro lado, muestran una tasa de salida muy elevada, sólo superada por la de Perú.

Se desprende de lo anterior, entonces, que las menores tasas de salida de Brasil y Argentina surge de su "mejor" estructura de puestos. En particular resulta en ellos más elevada que en el resto la participación de asalariados registrados permanentes, especialmente en el primero de esos países. Precisamente en Brasil, tal resultado está ligado al importante peso de la ocupación de firmas de 40 ocupados y más; en sentido similar opera la más baja inestabilidad de los trabajadores de los microestablecimientos. En cambio, la tasa de salida de los trabajadores formales permanentes no sólo es menor en Argentina que en Brasil sino que la de este último país es la más elevada entre todos los considerados. Ello parece reflejar las particularidades del sistema de seguridad en el empleo que aplica a estos trabajadores en este último país comentado más arriba, basado en cuentas individuales, que tiende a generar, a igualdad de otras condiciones, una mayor rotación.

La relativamente reducidas –en el contexto de los países analizados– tasas de salida específica de los asalariados formales en Argentina y de los cuenta propia y jóvenes en Brasil contribuyen a que estos países registren movilidades promedio comparativamente menores.

Dirección de los cambios

En este apartado se analizarán los destinos de aquellos que dejan una ocupación para evaluar en qué medida estas transiciones han tenido un carácter aspecto positivo o negativo de los mercados de trabajo aquí considerados durante el período estudiado.

Como ya se mencionó, se observa un panorama relativamente común en los seis países en cuanto a la intensidad de salidas desde el empleo al desempleo o a la inactividad ya que entre un 4 a 5% de los ocupados en un momento determinado se encuentra en el primero de esos destinos al cabo de doce meses, proporción que se eleva al 8/10% en el caso del segundo. En conjunto, ambos destinos explican una porción significativa de los tránsitos totales: desde un tercio en Perú, 40% en Paraguay y Ecuador hasta 45% en Argentina y Brasil (Gráfico 1).

Gráfico 1. Destinos de las salidas desde una ocupación

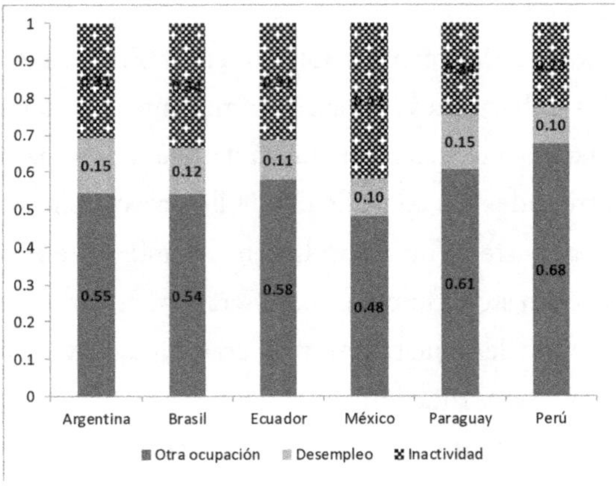

De estos totales, entonces, entre un 10 a un 15% corresponden al desempleo; las diferencias entre países en lo que hace a este flujo no están asociadas a la existencia de seguros de desempleo (Argentina, Brasil y Ecuador son los únicos entre los seis países que cuentan con esta institución). Ello obedecería a que aún en estos casos, la cobertura de los mismos es reducida dado que la mayoría de los que entran a este estado provienen de un puesto informal.

Las proporciones de los distintos destinos a los que arriban quienes dejan una ocupación (otra ocupación, el desempleo o la inactividad) difieren según grupo de trabajadores. Los asalariados formales muestran mayores posibilidades de transitar hacia otro trabajo, y menores de hacerlo a la inactividad, que los informales y los trabajadores por cuenta propia. Igual relación se observa (Cuadro 4) entre los más educados respecto de los que cuentan con baja escolarización. Las mujeres se dirigen hacia la inactividad en una proporción más elevada que los hombres. Si bien ello puede reflejar en parte un efecto composición (en tanto aquellas muestran mayor prevalencia en ocupaciones informales y temporarias) el género aparece como un factor independiente importante que puede obedecer tanto a la presencia de discriminación como al papel central en las tareas de cuidado que la sociedad asigna a las mujeres a través de normas culturales.

En lo que resta de la sección, el análisis se concentrará en el tipo de puestos al que acceden aquellos que dejan una ocupación, pero permanecen empleados que, como se señaló, representa la mayor parte de los movimientos. Dado el objetivo planteado al inicio de la sección, y a efectos de facilitar la discusión, se han clasificado a las ocupaciones de destino entre "buenos empleos" y "malos empleos". El primer conjunto incluye a los asalariados formales, los trabajadores por cuenta propia profesionales y los empleadores mientras que el segundo agrega a los asalariados informales, los trabajadores por cuenta propia no profesionales y los trabajadores familiares no remunerados. No sólo el ingreso de las ocupaciones incluidos en el primero es mayor, sino que tienen cobertura de la seguridad social o generan ingresos que les posibilita acceder a seguros médicos y/o esquema de retiro privados

Es sorprendente que los "malos empleos" constituyen el destino de la mayoría –entre el 60 y el 80%– de las transiciones desde un empleo hacia otro con la única excepción de Brasil (40%) (Cuadro 5).

Si se le suma a este grupo aquellos que salen al desempleo se llega a que una porción muy elevada de trabajadores que dejan un puesto experimenta una transición de tipo "excluyente": 53% en Argentina, 35% en Brasil, 46% en Ecuador, 63% en Paraguay y 56% en Perú. Cabría considerar a estas cifras como una cota mínima en tanto implican que la inactividad no es un destino "excluyente"

Nuevamente, las proporciones de los tipos de empleo a los cuales se dirigen quienes salen de una ocupación difieren entre los grupos de trabajadores aquí considerados. Mientras el 60% y 80% de los asalariados formales que dejan su ocupación se dirige a otra formal o se transforman en cuenta propia profesional o patrón, ese porcentaje es significativamente más bajo en el caso de los informales (Cuadro 5). En particular, en Argentina, Paraguay y Perú menos del 20% de estos trabajadores experimentan una transición de este tipo, un cuarto en Ecuador y 45% en el caso de Brasil. O sea, en todos los países sólo una proporción menor de aquellos trabajadores que se desempeñan inicialmente como asalariados no registrados en la seguridad social logran mejorar su status laboral a través del tránsito hacia otra ocupación.

La mayor frecuencia que experimentan los formales hacia otro puesto de estas características puede obedecer a diferentes razones: en primer lugar, entre los asalariados registrados resulta elevada la presencia de personas más calificadas, las que tienen mayor probabilidad de encontrar otro puesto de tal naturaleza. En segundo lugar, este tipo de trabajadores probablemente reciba una indemnización en el caso de despido lo que permite financiar una búsqueda de empleo más larga y, por ende, mejorar las posibilidades de alcanzar un puesto cubierto por la seguridad social.[7] Asimismo el hecho de provenir de una ocupación de este tipo puede constituir una señal para los empleadores acerca de la capacidad del trabajador de desempeñarse en puestos registrados. Por último, se menciona la existencia de redes creadas a partir de los contactos adquiridos en los puestos de trabajo que facilitarían el tránsito hacia ocupaciones protegidas.

Se desprende de lo recién señalado que un tránsito a un puesto "bueno" también está asociado positivamente al nivel educativo, pero la correlación es menor que la existente entre las categorías ocupacionales. Son asimismo de menor intensidad las diferencias entre géneros.

En conclusión, se pueden identificar dos tipos principales de movimientos laborales en los seis países latinoamericanos analizados: (1) aquellos que son experimentados mayormente por trabajadores que tienen buenos empleos y transitan a otro trabajo de este tipo; y (2) los que prevalecen entre los trabajadores que inicialmente tienen "malos empleos" y se dirigen a otro similar. El segundo tipo de flujo, el más frecuente, probablemente revele la existencia de un círculo vicioso de bajos salarios y falta de ingresos, especialmente teniendo en cuenta el limitado acceso a la protección social en la región.

Conclusiones

La movilidad ocupacional que exhiben los seis países analizados difiere en una medida importante entre ellos. No obstante, podría concluirse que en todos los casos, ella resulta relativamente elevada.

---

7 Atkinson y Micklewright (1991).

Si bien la comparabilidad con otras regiones se dificulta por la falta de fuentes comparables, una investigación que recurre a un enfoque y fuente similares a los aquí adoptados muestra que la tasa de salida promedio es de aproximadamente 6% para Alemania y del 10% para el Reino Unido (Longhi y Brynin 2009). Cabe recordar que las estimaciones aquí realizadas varían entre 24% y 44% (Cuadro 1), lo cual sugeriría una muy elevada rotación en la región. Sin embargo, embargo estos autores no incluyen a trabajadores independientes en su medición y la presencia de asalariados informales sería reducida en esos países; por lo tanto, y atendiendo a los argumentos y evidencia que han sido considerados más arriba, la comparación sería más estricta entre esas cifras de los países europeos y las correspondientes a las tasas de salida desde empleos formales de los seis países que se están considerando y que, como se apreció en el Cuadro 2, se ubican entre el 13% y el 33%. Por consiguiente, aún refinando el contraste, se desprendería que la inestabilidad laboral en América Latina resulta bastante superior que la prevaleciente en esos países industrializados. Por tanto, la elevada rotación que se verifica en los mercados laborales latinoamericanos obedece a la mayor presencia de puestos precarios y no asalariados, pero también reflejaría una mayor inestabilidad de los correspondientes a los asalariados formales.

Los resultados alcanzados también sugieren que las brechas en las tasas de salida que se observa entre países obedecerían, principalmente, a diferencias en sus estructuras ocupacionales. Las existentes en los comportamientos macroeconómicos que pudieron haber experimentado a lo largo del período bajo análisis no parecen relevantes. De la misma manera, no se ha podido identificar una influencia de las características de las regulaciones laborales de cada país. Los únicos casos que cabe enfatizar son, por un lado, la mayor facilidad que la legislación peruana otorga a las posibilidades de contratar trabajadores formales temporarios y que daría cuenta de la alta tasa de salida promedio de los asalariados registrados en este país; por el otro, el menor costo asociado al evento del despido implícito en el sistema de cuentas individuales de Brasil, país con la mayor inestabilidad de los puestos formales permanentes.

Pero además de evaluar la intensidad de la movilidad agregada, y de diferentes conjuntos de trabajadores, se efectuó un examen de los destinos. Se desprende del mismo que, al analizar los flujos de aquellos que permanecen ocupados, son más intensos aquellos hacia puestos de baja calidad. Ello se verifica con particular intensidad entre aquellos que dejan una posición que ya tenía esa característica, o sea, entre los asalariados no registrados, los trabajadores por cuenta propia no profesionales y/o los que cuentan con bajas calificaciones. Se percibe, entonces, que prevalece un círculo vicioso entre posiciones de bajos ingresos, o entre ellas y el no – ingreso.

Esta evidencia no parece consistente con la visión de la informalidad como puerta de entrada al mercado laboral que facilita la acumulación de experiencia, conocimiento y habilidades necesarias en el mundo laboral. De cualquier manera, esa hipótesis requeriría de un examen más pormenorizado que no se ha desarrollado en este documento.

Referencias

ATKINSON, A.; MICKLEWRIGHT, J. Unemployment compensation and labor market transitions. *Journal of Economic Literature*, Nashville, v. 29, n. 4, 1991.

BECCARIA, L. Inestabilidad laboral y de ingresos en Argentina. En: *Estudios del Trabajo*. Buenos Aires, n. 21, jul., 2001.

BECCARIA, L.; MAURIZIO, R. "Movilidad laboral e inestabilidad de ingresos en Argentina", Presentado en la 5° Reunión de la Red de Economía Social, Panamá, 2001.

_______. Inestabilidad laboral en el Gran Buenos Aires. *El Trimestre Económico*, México, v. LXXI, n. 283, julio-septiembre, 2004.

_______. Factors associated to poverty mobility in Breater Buenos Aires. *Journal of Income Distribution*, Toronto, v. 18, n. 2, 2009.

CASTILLO, V.; NOVICK, M.; ROJO S.; YOGUEL G. La movilidad laboral en Argentina desde mediados del decenio de 1990: el difícil camino de regreso al empleo formal. Santiago de Chile, *Revista de la CEPAL*, n. 89, 2006.

KUGLER, A. The Incidence of Job Security Regulations on Labor Market Flexibility and Compliance in Colombia: Evidence from the 1990 Reform. *IDB Research Network* Working Paper 393, 2000.

LONGHI, S.; BRYNIN, M. Occupational Change in Britain and Germany. *ISER* Working Paper Series, n. 2009-10, Essex University, 2009.

MAURIZIO, R. *Inestabilidad en el mercado de trabajo. Un análisis dinámico para Argentina.* La Plata: Editorial de la Universidad de La Plata, 2011.

PAES DE BARROS, R.; LEITE CORSEUIL, C. Labor Market Regulations and the Duration of Employment in Brazil. *IPEA* Texto para discussão, n. 676, 1999.

SAAVEDRA, J.; TORERO, M. Labor Market Reforms and Their Impact on Formal Labor Demand and Job Market Turnover: the case of Peru. *IDB Research Network* Working Paper 394, 2000.

ANEXO

Cuadro 2. Tasas de salida de una ocupación según grupo de ocupados

	ARGENTINA	BRASIL	ECUADOR	MEXICO	PARAGUAY	PERU
Mujeres	31.7	25.8	37.1	35.4	36.9	45.7
Hombres	24.4	23.1	25.6	26.2	33.0	42.8
Menos de 25 años	55.8	46.1	61.2	51.5	57.6	74.0
25-45 años	24.9	21.5	28.9	26.6	29.9	43.9
46-65 años	21.4	18.6	19.9	23.9	24.9	26.1
Menos que secundaria completa	35.9	27.7	30.9	34.3	42.0	43.7
Sec. completa / Terc. Incompleta	27.2	27.1	33.7	32.5	30.0	50.3
Terciaria completa	12.9	14.0	21.4	20.0	12.9	33.3
Formal	13.1	20.7	21.7	19.7	15.4	33.3
Informal	51.4	41.3	44.6	40.8	51.1	64.0
Cuenta propia	33.9	23.3	30.1	32.1	36.0	36.9
Empleador	13.4	9.9	14.1	15.8	12.6	21.0
Fliar. sin remuneración	57.2	37.2	40.9	44.8	53.7	58.4
Permanente	18.5	24.0	20.8	18.0	13.4	6.9
Temporario	57.4	60.7	45.3	40.8	48.7	53.3
Menos de 5 ocupados	38.5	25.4	33.6	35.5	42.0	45.4
6-40 empleador	23.6	26.8	33.8	29.6	34.2	55.5
Mas de 40 empleados	12.5	23.7	22.7	20.8	19.9	33.3
Industria	27.2	26.3	29.0	28.3	32.9	48.7
Construcción	46.0	29.4	29.1	40.0	56.2	58.4
Comercio	31.9	28.5	34.3	34.8	34.5	43.2
Transporte	22.3	21.9	26.9	24.6	31.9	35.4
Serv. Financieros	22.6	24.0	37.6	34.5	35.2	51.8
Serv. Personales	18.1	22.9	28.4	26.9	23.8	53.2
Serv. Doméstico	51.3	27.2	45.8	41.7	57.9	60.4
Sector público	7.3	13.5	13.2	12.4		20.5
Otros sectores	28.6	24.8	35.4	30.8	23.5	55.0
Jornada a tiempo completo	21.9	22.4	25.8	26.3	31.2	37.8
Jornada a tiempo parcial	39.2	32.4	51.7	42.1	45.0	57.6
No jefe de hogar	35.5	29.8	41.7	37.6	39.7	52.8
Jefe de hogar	20.0	18.2	20.2	21.7	26.4	29.9

Cuadro 3. Estructura del empleo

Variables	ARGENTINA	BRASIL	ECUADOR	MEXICO	PARAGUAY	PERU
Ocupados	58.1	62.4	64.1	60.6	67.1	69.7
Desocupados	6.6	5.0	3.9	2.7	6.9	7.0
Inactivos	35.3	32.6	32.0	36.6	26.0	23.3
Total	100	100	100	100	100	100
Workers						
Género						
Mujeres	45.2	48.0	43.8	43.2	44.3	48.3
Hombres	54.8	52.0	56.2	56.8	55.7	51.7
Total	100	100	100	100	100	100
Edad						
Menos de 25 años	13.0	16.4	14.6	17.4	22.6	19.2
25-45 años	52.9	44.4	52.7	54.0	48.6	50.3
46-65 años	34.1	39.2	32.8	28.6	28.8	30.5
Total	100	100	100	100	100	100
Educación						
Menos que secundaria completa	40.6	35.0	43.6	34.4	45.9	32.2
Sec. completa / Terc. Incompleta	38.1	43.0	41.3	42.1	49.6	44.4
Terciaria completa	21.3	22.0	15.1	23.5	4.5	23.4
	100	100	100	100	100	100
Categoria ocupacional						
Formal	48.2	58.2	35.3	37.1	29.0	24.6
Informal	25.8	17.8	25.4	32.8	37.9	28.3
Cuenta propia	20.5	18.6	28.9	20.0	23.1	35.7
Empleador	4.4	4.8	4.9	5.1	6.7	5.1
Fliar. sin remuneración	1.0	0.6	5.6	5.0	3.3	6.3
Total	100	100	100	100	100	100
% informales/ total asalariados	**34.9**	**23.4**	**41.8**	**46.9**	**56.6**	**53.5**
Tipo de contrato (asalariados)						
Pemanente	88.2	95.8	57.3	49.1	37.1	42.1
Temporario	11.8	4.2	42.7	50.9	62.9	57.9
Total	100	100	100	100	100	100
Tamaño del establecimiento						
Menos de 5 ocupados	48.2	34.4	55.4	49.6	52.7	62.6
6-40 empleador	24.4	4.5	16.9	23.6	22.5	15.3
Mas de 40 empleados	27.4	61.0	27.7	26.8	24.9	22.1
Total	100	100	100	100	100	100
Jefatura del hogar						
No jefe de hogar	49.4	53.3	48.6	53.2	62.7	62.5
Jefe de hogar	50.6	46.7	51.4	46.8	37.3	37.5
Total	100	100	100	100	100	100
Sector de actividad						
Industria	13.5	15.4	13.7	17.8	13.6	13.5
Construcción	8.1	6.3	6.8	7.3	7.6	6.5
Comercio	23.1	22.1	32.8	29.7	32.2	33.7
Transporte	6.7	7.3	7.9	5.7	5.2	10.9
Serv. Financieros	9.8	16.7	7.3	6.5	7.5	5.5
Serv. Personales	7.0	6.4	5.4	3.1	24.3	4.6
Serv. Doméstico	9.2	7.2	3.4	4.8	7.5	4.2
Sector público	15.2	11.6	11.6	13.2	-	11.6
Otros sectores	7.4	7.0	11.0	11.9	2.2	9.5
Total	100	100	100	100	100	100
Intensidad de la jornada laboral						
Tiempo completo	87.7	97.4	89.3	98.8	89.8	84.5
Tiempo parcial	12.3	2.6	10.7	1.2	10.2	15.5
Total	100	100	100	100	100	100

Cuadro 4. Destinos de las salidas según grupos de ocupados

Asalariados formales en t

t+1	ARGENTINA	BRASIL	ECUADOR	MEXICO	PARAGUAY	PERU
Otra ocupación	62%	58%	70%	58%	70%	78%
Desocupación	16%	14%	11%	15%	18%	11%
Inactividad	22%	28%	19%	27%	13%	11%
Total	100%	100%	100%	100%	100%	100%

Asalariados informales en t

t+1	ARGENTINA	BRASIL	ECUADOR	MEXICO	PARAGUAY	PERU
Otra ocupación	56%	56%	63%	53%	68%	71%
Desocupación	14%	12%	13%	10%	14%	9%
Inactividad	30%	31%	24%	37%	18%	19%
Total	100%	100%	100%	100%	100%	100%

No asalariados en t

t+1	ARGENTINA	BRASIL	ECUADOR	MEXICO	PARAGUAY	PERU
Otra ocupación	48%	42%	47%	35%	44%	59%
Desocupación	15%	7%	9%	7%	15%	10%
Inactividad	37%	50%	44%	58%	41%	31%
Total	100%	100%	100%	100%	100%	100%

Menos que Secund. Completa en t

t+1	ARGENTINA	BRASIL	ECUADOR	MEXICO	PARAGUAY	PERU
Otra ocupación	55%	50%	56%	46%	57%	66%
Desocupación	14%	11%	10%	9%	15%	10%
Inactividad	31%	39%	34%	45%	28%	24%
Total	100%	100%	100%	100%	100%	100%

Sec. Completa / Terc. Incom. en t

t+1	ARGENTINA	BRASIL	ECUADOR	MEXICO	PARAGUAY	PERU
Otra ocupación	53%	57%	58%	50%	65%	67%
Desocupación	16%	13%	12%	11%	15%	10%
Inactividad	31%	30%	31%	39%	21%	23%
Total	100%	100%	100%	100%	100%	100%

Terciaria completa

t+1	ARGENTINA	BRASIL	ECUADOR	MEXICO	PARAGUAY	PERU
Otra ocupación	61%	58%	66%	48%	65%	74%
Desocupación	12%	11%	13%	13%	19%	8%
Inactividad	27%	31%	21%	39%	16%	18%
Total	100%	100%	100%	100%	100%	100%

Hombres

t+1	ARGENTINA	BRASIL	ECUADOR	MEXICO	PARAGUAY	PERU
Otra ocupación	67%	61%	73%	64%	70%	77%
Desocupación	18%	13%	13%	14%	16%	9%
Inactividad	15%	25%	14%	22%	14%	14%
Total	100%	100%	100%	100%	100%	100%

Mujeres

t+1	ARGENTINA	BRASIL	ECUADOR	MEXICO	PARAGUAY	PERU
Otra ocupación	53%	61%	58%	52%	61%	64%
Desocupación	18%	15%	12%	11%	14%	10%
Inactividad	29%	24%	30%	38%	25%	25%
Total	100%	100%	100%	100%	100%	100%

Cuadro 5. Proporción de salida hacia "buenos" y "malos" empleos

	ARGENTINA			BRASIL			ECUADOR		
Ocupación en t	**"Buenos"**	**"Malos"**	TOTAL	**"Buenos"**	**"Malos"**	TOTAL	**"Buenos"**	**"Malos"**	TOTAL
Formal	60.8	39.2	100	76.4	23.6	100	73.5	26.5	100
Informal	19.8	80.2	100	45.8	54.2	100	25.9	74.1	100
Cuenta propia prof.	56.1	43.9	100	77.7	22.3	100	57.1	42.9	100
Cuenta propia no prof.	16.1	83.9	100	35.7	64.3	100	14.7	85.3	100
Empleadores	39.0	61.0	100	59.0	41.0	100	46.5	53.5	100
Familiares sin rem.	17.4	82.6	100	39.8	60.2	100	19.3	80.7	100
Total	30.8	**69.2**	100	61.6	**38.4**	100	38.6	**61.4**	100

	MEXICO			PARAGUAY			PERU		
Ocupación en t	**"Buenos"**	**"Malos"**	TOTAL	**"Buenos"**	**"Malos"**	TOTAL	**"Buenos"**	**"Malos"**	TOTAL
Formal	57.9	42.1	100	59.2	40.8	100	77.8	22.2	100
Informal	22.1	77.9	100	13.8	86.2	100	17.1	82.9	100
Cuenta propia prof.	56.7	43.3	100	54.7	45.3	100	65.6	34.4	100
Cuenta propia no prof.	14.1	85.9	100	11.1	88.9	100	15.1	84.9	100
Empleadores	30.3	69.7	100	19.8	80.2	100	55.2	44.8	100
Familiares sin rem.	21.6	78.4	100	17.7	82.3	100	10.0	90.0	100
Total	32.4	**67.6**	100	20.6	**79.4**	100	32.0	**68.0**	100

La reforma laboral en Brasil y el fin de los derechos sociales: ¿volver a los años 90?

Jacob Carlos Lima[1]

Cuando oímos las discusiones acerca de la reforma laboral, para los que vivieron la década de 1990, queda una sensación de *déjà vu*. En efecto, estas discusiones formaron parte del debate político de aquella década, en un período marcado por el discurso único del neoliberalismo y de la globalización. No existían opciones, los mercados exigían la eliminación de los gastos sociales incluidos en la relación salarial como forma de reducir los costos de producción. El muro de Berlín había caído, la Unión Soviética se deshizo, y el socialismo se transformó en una propuesta obsoleta en un cuadro de rápidas innovaciones tecnológicas. El Estado fue señalado como gran villano de la crisis de rentabilidad del capitalismo con sus políticas de mediación de las relaciones capital-trabajo.

La historia mostró que no fue así. El período fue marcado por continuas crisis económicas, sociales y políticas, derivadas de la imposición de modelos de ajustes para responder a las demandas del mercado financiero en su afán de valorización del capital. Las privatizaciones y/o el desmantelamiento de servicios públicos resultaron contraproducentes y se han revertido en algunos casos. Su

1 Departamento de Sociologia. UFSCar – Universidade Federal de São Carlos. Laboratório Misto Internacional – *Social activities, gender, markets and mobilities from below (Latin America)* – LMI-SAGEMM.

principal herencia fue el aumento sin precedentes del desempleo, de la precarización de las relaciones de trabajo, el fin de experiencias desarrollistas y de las perspectivas de un futuro con sociedades más justas e igualitarias, lo que llevó a guerras económicas y guerras de hecho, con el desplazamiento de miles de personas que hasta hoy deambulan por el mundo en busca de un lugar en el que sobrevivir.

En la década siguiente, con los fracasos de las reformas neoliberales, principalmente en la periferia del capitalismo (aunque no exclusivamente) y de forma ilustrativa en América Latina, el Estado retomó un papel propositivo, en términos de políticas de desarrollo económico y de políticas sociales, en una suerte un "social-liberalismo". Esto significa que ese movimiento no significó un retorno a la situación anterior, de búsqueda de la universalización de derechos sociales, sino una corrección de rumbo, bajo la batuta del capital financiero, que promovió respiros y perspectivas de reducción de la desigualdad y que ahora vemos desmoronarse. Al final, el neoliberalismo no se resume a una política económica o a una ideología sino a una racionalidad, un sistema normativo que extiende la lógica del capital a todas las relaciones sociales y esferas de la vida (Lavall, Dardot 2016: 7). Y esto es particularmente evidente cuando se analizan los cambios en el mundo del trabajo en estas últimas décadas.

En el caso brasileño, la furia de las reformas implementadas por el gobierno resultante del golpe parlamentario de 2016, que destituyó a la presidenta electa, buscó allanar el terreno, propiciando la seguridad jurídica para los negocios, asumiendo explícitamente los intereses empresariales y de la alta burocracia estatal. Ese gobierno ignoró cualquier presión popular y el avance de las luchas sociales registrado en décadas anteriores, que desembocó en no pocas conquistas tendientes al mejoramiento de las condiciones de vida y de trabajo de la población. Éste se convirtió en un obstáculo que debe ser eliminado, y el gobierno, abarcando sus tres poderes y niveles gubernamentales, funciona al unísono para aprobar todas las reformas rápido, antes de que la sociedad civil se reorganice o resista. Lo que no planteó ningún problema, dada la estrategia implementada por la judicatura y por grupos empresariales de comunicación, que destruyó la ahora oposición a través del discurso anticorrupción dirigido sólo a un partido político, el Partido de los Trabajadores y a las empresas nacionales, a través del mecanismo de delaciones premiadas, en el cual los acusados denunciaban selectivamente, pagan una multa, mantienen sus bienes y luego de dos años son liberados. Su carácter de clase es explícito y la democracia participativa se ha convertido en un decorado. Nuestros representantes, representan sus intereses privados e intereses de clase, nada más. Cuando los procesos judiciales alcanzaron también otros partidos, el desprestigio de la política fue absoluto, aunque pocos han sido encarcelados y se mantuvo el histórico control de las élites políticas, con la eliminación sólo de los representantes populares. Como resultado, las elecciones de 2018 favorecieron el crecimiento de la extrema derecha que, utilizando técnicas de psicología de masa ahora basadas en aplicaciones y tecnologías informacionales, logró la mayoría de los votos sin discutir ningún argumento o presentar cualquier propuesta de organización política y social, a no ser "deshacer todo", privatizar todo y consignas moralistas y religiosas, que la población apoyó a través de grupos de whatsapp.

La reforma laboral implementada abrió el camino para el actual gobierno (elegido en 2018 para el período 2019-2022) que tuvo como único cambio ministerial el fin del Ministerio de trabajo y promesas de radicalizar la reforma de 2017. Además del retroceso político del que forma parte, ¿cuál es el contenido efectivo de esa reforma?

Este texto se propone discutir estas cuestiones a partir de un recorte específico: ¿de qué manera las transformaciones en la producción y en el trabajo de las últimas décadas plantearon nuevas cuestiones en relación con la forma en que el trabajo es pensado y realizado? Considerando la centralidad del trabajo en la vida de las personas, en el sentido de su supervivencia material y espiritual, en la construcción de las identidades individuales y colectivas que estructuran la sociedad, hablar de esas transformaciones es hablar de nuestra propia vida, de nuestro cotidiano, de nuestras perspectivas de futuro. Discutir la regulación de las relaciones capital-trabajo en las últimas décadas permite identificar los avances del período en términos de inclusión social y derechos mínimos de ciudadanía. Entender las transformaciones actuales es entender lo que sucede en el país hoy, la crisis que vivimos, cómo actúan los actores sociales y nuestra perplejidad, en un momento en que considerábamos que el país finalmente se estaba instalando en un nivel de conquistas que ya no permitían retrocesos.

Esas transformaciones tienen un marco temporal definido, la década de 1970, en la cual un conjunto de factores marcó lo que vamos a llamar reestructuración económica, productiva, posmodernidad, globalización, neoliberalismo, financiarización y un conjunto de conceptos que buscan explicar el surgimiento de un nuevo orden capitalista. Ese orden extrapola la relación salarial que marcó las conquistas sociales de 1945-1970 en los países avanzados, creando un devenir de derechos, que las presiones de ideas socialistas y su amenaza constante para el orden capitalista propiciaron arreglos sociales y políticos en el sentido de un Estado de bienestar social, un capitalismo "civilizado", dentro de un orden cada vez más democrático.

Con este objetivo[2] discutimos los elementos principales de esa reforma, contextualizándola a partir de las transformaciones en la producción y en el trabajo en las últimas décadas y las tentativas de flexibilización de las relaciones del trabajo de los años 1990 hasta ahora. Considero que los cambios actuales retoman el discurso de aquel período, eliminando las resistencias que encontró en el camino para su implementación, resistencias representadas por los gobiernos de izquierda en el período 2003-2016. En otros términos, un retorno, pero en un contexto en el que la democracia se ha convertido en un adjetivo, que prácticamente no es necesario en la justificación ideológica de los cambios.

El trabajo en el capitalismo, su regulación y centralidad en la vida social

Comenzamos con una rápida contextualización de las transformaciones capitalistas y los cambios en los últimos 40 años, en los que la fábrica dejó de ser el lugar por excelencia del trabajo, organizado o no. Los cambios económicos, políticos y tecnológicos, llevaron a una creciente expansión de los servicios, la desconcentración industrial y su desespacialización y reespacialización, reconfiguran lo que entendíamos como lucha de clases en su manifestación más icónica: la fábrica como concentración de capital y trabajo, como espacio de los conflictos de clase y formadora de conciencias e

---

2 Una versión inicial de este texto fue presentada en el Seminario Internacional "Dinámicas del mundo del trabajo en Argentina y Brasil: transiciones, movilidades, desplazamientos", organizado por el Laboratorio Mixto Internacional "Social activities, gender, markets and mobilities from below (Latin America)" y Grupo de Estudios del Trabajo, Universidad Nacional de General Sarmiento. Buenos Aires, 12-13 de octubre, 2017.

identidades colectivas, de la lucha ideológica, del socialismo como propuesta de emancipación.

Estas luchas fueron acompañadas por el surgimiento de las teorías administrativas, racionalizadoras, con la disciplinarización de la fuerza de trabajo, de la profundización de la separación trabajo manual-trabajo intelectual, de la separación gerencia-ejecución, en un reconocimiento que el poder está en el conocimiento de la actividad y que el capital es necesario controlarlo.

El surgimiento del "fordismo", entre otras cosas, fue la constatación por el capital de la necesidad de garantizar mínimamente la reproducción social para aumentar la productividad de los trabajadores y disminuir su resistencia a las formas de racionalización del trabajo. La línea de montaje, la sustitución de la fuerza física por la atención significó mayor intensificación del trabajo, exigiendo la movilización de habilidades que presuponen una vida más controlada, o sea, un tiempo libre "adecuadamente" utilizado, atención, estructuración psicológica, motivación entre otras habilidades que podemos llamar subjetivas.

La revolución rusa y su amenaza potencial con las políticas colectivistas dirigidas a los trabajadores, tuvo la contrapartida occidental en la expansión del fordismo a través del keneysianismo con la intervención del Estado en la regulación de las relaciones capital-trabajo, el *welfare state,* post Segunda Guerra Mundial como resultado final que marcó el escenario del trabajo y la movilización de los trabajadores por mayores logros hasta la década de 1970.

A partir de la década de 1970, un nuevo arreglo espacio-temporal en el trabajo se configura. Este arreglo integra la llamada reestructuración económica, que altera profundamente los procesos productivos, la organización del trabajo, la estructura de las empresas y el papel del Estado con la progresiva (o tentativas de) desregulación de las relaciones capital-trabajo, la innovación tecnológica de base electrónica, moldeado por el ideario neoliberal (Baumgarten y Holzmann, 2011, p. 315).

Esta reestructuración respondió a un contexto de crisis capitalista, cuyas causas se remontan a la crisis capitalista del período, apuntadas por Harvey (1993): política monetaria floja, con exceso de fondos y pocas áreas productivas para inversión, fuerte inflación; crisis inmobiliarias y financieras derivadas de los intentos de frenar la inflación; crisis energética desencadenada por la OPEP al aumentar los precios del petróleo y el embargo árabe a Occidente durante la guerra árabe-israelí de 1973; aumento de los insumos de energía y la búsqueda de cambios tecnológicos y organizativos para reducir costos; deflación en el período 1973-1975 evidenciando el fuerte compromiso de las finanzas de los Estados, con la consiguiente crisis fiscal y de legitimación; exceso de capacidad excedente de las grandes empresas en un contexto de intensificación de la competencia internacional; dispersión geográfica de la producción hacia regiones con trabajo no organizado; la caída de la productividad y la imposibilidad de recuperarla e incrementarla; el estancamiento del consumo. En este contexto, nuevas experiencias de organización de la producción y del trabajo, así como de la vida política y social, dieron origen a un nuevo régimen de acumulación que el autor denomina "flexible" (1993, p. 136-140).

La amenaza al capitalismo, sin embargo, no vino del este europeo, sino del extremo oriente: el modelo japonés de organización de la producción y del trabajo. Adaptado a Occidente, era una reorientación del control de los tiempos y movimientos sobre el cuerpo de los trabajadores por el taylorismo-fordismo, sin embargo, sin descartarlo. En este modelo, la línea de montaje es sustituida por el trabajo en equipo. La participación del trabajador pasa a ser valorada con políticas de participación y responsabilización, un reconocimiento de que quien trabaja efectivamente domina el proceso. Se reducen jerarquías, se forman células y equipos, la especialización da lugar a la valorización de la plurifuncionalidad y la polivalencia. Se adoptan conceptos y prácticas como *just-in-time, lean production, downsizing,* programas de calidad total, flexibilidad. La creciente competitividad japonesa amenaza a las empresas occidentales que incorporan parte de sus propuestas, descartando otras como el trabajo vitalicio. La orientación de la producción o la empresa tiene su corolario en el *downsizing* con la eliminación de "grasas", es decir, el despido masivo.

Se acelera el proceso de internacionalización de la producción con la relocalización industrial hacia regiones sin tradición de trabajo organizado, atraído por incentivos fiscales y viabilizados por las nuevas tecnologías informacionales, de transportes entre otras, que permiten el control en tiempo real de unidades productivas distribuidas por el globo (Coriat, 1994; Castells, 1999; Harvey, 1994). La transferencia de fábricas, empresas y de actividades de servicios a regiones en las que las condiciones son más favorables al capital se intensifica. Los salarios más bajos, una clase trabajadora nueva y sin tradición de organización y luchas, controlada por gobiernos autoritarios, son atractivos a las empresas, a fin de obtener ventajas en un mercado cada vez más competitivo a nivel mundial. Los derechos vinculados a la relación salarial son considerados como un aumento de costos para las empresas, sectores y países, con la consecuente pérdida de competitividad en el mercado.

La gran fábrica es sustituida por unidades menores por medio de los procesos de tercerización, en los cuales la empresa se enfoca en su producto principal, su actividad final, externalizando actividades secundarias de apoyo, o se convierten en montadoras o empresas virtuales, cuidando sólo la creación de productos y servicios sin producir nada, actuando en cadena, difundiendo la marca, vendiendo los productos. El discurso neoliberal da sentido a esos cambios. En todo el mundo, se discute la internacionalización y desregulación de mercados y de las relaciones de trabajo, la privatización de empresas estatales, el retiro del Estado de la economía y de la reproducción social. La externalización se difunde a través de las redes empresariales, se convierte en un recurso para que las empresas reduzcan los costos económicos (enfocándose en el producto principal) y los costos políticos, al liberarse de la carga de la gestión de la fuerza de trabajo.

La regulación del trabajo en Brasil

En Brasil, la CLT –conjunto de leyes que regulan las relaciones de trabajo–, dictada en 1943, significó el reconocimiento, por el Estado, del trabajador como actor social: tener la libreta del trabajo firmada, es decir, tener un contrato de trabajo, se ha convertido en símbolo de inclusión social. Este es el caso principalmente de los trabajadores urbanos, y el inicio de una cultura salarial y de una ciudadanía laboral que, aunque nunca haya alcanzado a más del 50% de los trabajadores, se instaló en el imaginario social. Ser trabajador se ha convertido en condición de ciudadanía, en signo de ser una persona "de bien", de estar integrado en la sociedad.

La CLT siempre fue cuestionada en Brasil. Cualquier conquista de los trabajadores era considerada por la gran prensa, en la misma perspectiva del empresariado (que poco ha cambiado desde entonces en su conservadurismo político-social y económico), como una amenaza al desarrollo de la industria y los negocios. Hoy esas leyes se consideran anacrónicas, por su origen en los años 40 y por su inspiración en la "carta de el *lavoro* fascista". Sin embargo, están inspiradas en una suma de diversas experiencias internacionales, y se actualizaron constantemente desde entonces, con la ampliación e incorporación de nuevos contingentes de trabajadores (rurales en 1995, empleadas domésticas en 2015) (Galvão et al, 2017).

El discurso que pasa a ser dominante a partir de los años 1990 denunciaba la rigidez de la regulación del mercado de trabajo (CLT), que impedía la competitividad internacional de la industria brasileña. Este discurso se impone aún considerando el salario mínimo irrisorio del período que no alcanzaba los 100 dólares mensuales. Sin embargo, según Camargo (1996), el mercado de trabajo en Brasil siempre fue flexible, no habiendo restricciones al despido de los trabajadores por parte de los empleadores, al contrario, podría decirse que existe cierto incentivo a la permanencia en el empleo de corta duración para los trabajadores, por el acceso a ventajas pecuniarias como el beneficio de seguro de desempleo y parte del FGTS. A estos elementos se suma, además del incumplimiento de la propia CLT que, en muchos casos, es más interesante para el empleador.

El gobierno Fernando Henrique Cardoso (FHC) buscó "actualizar" la CLT, aunque sin mucho éxito. Una de las diferencias de los años 1990, en comparación con los días actuales, se sitúa en la existencia de una izquierda relativamente organizada a través del PT, que junto con el movimiento sindical y otros movimientos sociales mantenían un gran protagonismo en la resistencia al desempleo y la creciente informalización del empleo resultante de los procesos de reestructuración económica y la imposición del ideario neoliberal, a través de la apertura de los mercados a las importaciones, desnacionalizando una parte significativa de la industria nacional, el Estado mínimo y la privatización de las empresas estatales.

Así, los intentos de reformas o flexibilización chocaron con una fuerte oposición en el congreso y en las calles. Sin embargo, el gobierno logró algunas victorias en el sentido de la flexibilización tanto en relación con los despidos, como en la contratación de trabajadores, reduciendo los costos de las empresas. No hubo cambios constitucionales, sino un conjunto de decretos y decisiones judiciales en ese sentido. Esta situación cambió en parte a partir de los años 2000, ya en los gobiernos petistas.

Algunas acciones del gobierno FHC en la dirección de la flexibilización:

El gobierno FHC en los años 1990, se caracterizó, por un lado, por la estabilización económica, con control de la inflación y el cambio de la moneda nacional al Real con paridad al dólar. Por otro, por la apertura de los mercados nacionales a las importaciones destinadas a hacer la industria nacional "competitiva" globalmente. El resultado fue un conjunto de privatizaciones de empresas públicas y la desnacionalización de sectores de la industria. En el mundo del trabajo, como se dijo anteriormente, se buscó flexibilizar las relaciones laborales, dentro del proceso de reestructuración económica en curso, marcado por la pérdida de puestos de trabajo, desempleo y fuerte crecimiento de la informalidad.

A pesar de la resistencia de la oposición política, de los movimientos sociales y sindicales, algunos cambios fueron implementados. Entre ellos:

> a) restricción de la liberación de trabajadores para mandatos sindicales
>
> b) aplicación de multas a los sindicatos en función de huelgas
>
> c) Ley 9.601/98, que instituyó el trabajo temporario y el banco de horas, permitiendo la contratación con reducción de derechos y cargas laborales por un período de dos años, además de la compensación de jornada, por un período de un año;
>
> d) Ley 9.608/98, autorizó el trabajo voluntario o gratuito, sin vínculo laboral ni obligaciones de naturale-

> za laboral y previsional, en las instituciones públicas o privadas sin fines de lucro, que actúen con objetivos cívicos, educativos, científicos, recreativos o de asistencia social
>
> e) la Medida Provisional 1952-22/2000, instituyendo el trabajo parcial y el despido temporal, autorizando la reducción de jornada y de salario, la reducción de vacaciones, además de la suspensión del contrato de trabajo para participación en programas de calificación o recalificación, mediante el pago de una beca con recursos del Fondo de Amparo al Trabajador - FAT;
>
> f) la Medida Provisional 1982-69/2000, instituyendo la participación en los beneficios y autorizando el trabajo los domingos.
>
> g) Decreto 2.100, de diciembre de 1996. Eliminó del derecho brasileño la norma que limitaba el despido inmotivado.
>
> h) Ley 9.601, de diciembre de 1998. Creó el contrato por tiempo determinado, aumentó la carga horaria de los trabajadores a más de 44 horas instituidas constitucionalmente, sin pago de horas extras.

En este conjunto de cambios, vale destacar la suspensión del contrato de trabajo para participación en programas de calificación y recalificación profesional. Esta medida, acompañó la reestructuración productiva de las empresas con la adopción de cambios tecnológicos y organizativos del período. El *downsizing,* los despidos en masa, el fin de algunas calificaciones, caracterizó un desempleo tecnológico y de trabajadores estables, lo que resultó en intentos de recalificación de esos trabajadores.

La autorización del trabajo los domingos liberó la apertura del comercio, afectando a trabajadores de supermercados, centros comerciales y otras actividades que pasaron a funcionar durante toda la semana.

La tercerización fue otro intento sin el éxito esperado, aunque se ha ampliado. Hasta entonces existía una ley de 1974 que autorizaba el trabajo temporal por un máximo de 90 días, justificado por las necesidades estacionales de las empresas. El informe 331 del TST (Tribunal Superior de Trabajo) y la Ley 6.019/94 permitía la tercerización aplicada a las actividades medias como servicios de vigilancia, limpieza y conservación y otros especializados que estuvieran fuera de la actividad empresarial principal; prohibía la contratación de trabajadores a través de empresas de intermediación de mano de obra; establecía que la contratación de servicios no formaba vínculo de empleo con el contratista; y creaba la responsabilidad subsidiaria entre el empleador y el tomador de servicios.

La limitación de la tercerización fue acompañada de intentos variados de eludirla por parte de empresas. De esta forma, en la década de 1990 se multiplicaron cooperativas de trabajo que buscaban la tercerización industrial y otras formas de contratación fuera de la regulación salarial. Estas fueron combatidas por el Ministerio Público del Trabajo y cerradas y/o regularizadas. En general, se convirtieron en filiales de empresas que se desplazaron a regiones del país con oferta abundante de mano de obra barata y trabajo poco organizado, en sectores como calzados y confecciones (Lima, 2002).

Los cambios en los gobiernos del Partido de los Trabajadores

Con Lula y el PT podemos decir que se ha desacelerado el proceso de flexibilización, pero éste continuó, dado que el nuevo gobierno de coalición mantuvo políticas macroeconómicas de orientación neoliberal. Sin embargo, hubo avances y cambios de ruta aprovechando un escenario económico internacional favorable. Se produjo un aumento de la formalización del trabajo, la valorización del salario mínimo, en torno al 54% en los dos gobiernos Lula, y la aplicación de políticas sociales focalizadas dirigidas a la eliminación de la miseria, lo que fue un avance sin igual en la historia brasileña impactando, hasta 2013, sobre casi 14 millones de familias.

Podemos destacar el *Catastro Único* creado en 2003, que se ha convertido en un importante instrumento de caracterización de políticas sociales implementadas por el gobierno, orientado a la inclusión de familias de bajos ingresos, como condición para el acceso a los beneficios. Este registro unificado permitió la inclusión de la población en los programas sociales que se implementaron como el *Programa Bolsa Familia,* de renta mínima, la *Tarifa Social de Energía Eléctrica* a poblaciones vulnerables, el *Programa Mi Casa Mi Vida,* de vivienda popular, la *Estrategia Salud de la Familia* para la atención a la salud básica, el *Programa de Economía Solidaria* orientado a la auto-organización a través de la generación de ingresos dirigidos a trabajadores excluidos del mercado de trabajo, entre otros. En 2010 se integraron en el *Programa Brasil sin Miseria,* del gobierno Dilma Roussef, a través del Ministerio de Desarrollo Social. Este conjunto de programas a su vez poseían diversas condicionalidades vinculadas a la educación y salud pública. Sus efectos positivos son incuestionables, pero su mantenimiento dependió de acuerdos políticos en un marco de crecimiento económico que no resistieron la crisis económica iniciada a finales de 2013 y la crisis política que siguió.

El crecimiento del empleo, en el período de los gobiernos *petistas,* se dio en actividades de baja calificación, en empresas tercerizadas, con altos niveles de precariedad, en relación con las condiciones de trabajo, con los bajos salarios y rotación laboral. Según Dedecca (2014), la estructura productiva y el mercado de trabajo brasileño sigue caracterizándose por la baja incorporación tecnológica, la baja calificación productiva y ocupacional y la baja productividad, rasgos que dificultan la compatibilización del crecimiento económico, generación de empleo y reducción de desigualdades. Se mantuvo el proceso de desindustrialización y la comodificación de la economía que dependió cada vez más de la exportación de productos como petróleo, minería de hierro y soja.

Como ejemplo podemos citar el agronegocio, que se ha convertido en una importante fuente de divisas a través de las exportaciones, la pérdida continúa de la competitividad de la industria brasileña, el *telemarketing* que se ha convertido en el mayor empleador de trabajadores urbanos de baja calificación. La tercerización de actividades en empresas públicas y privadas, en servicios como vigilancia y limpieza.

Los niveles de informalidad urbana se redujeron en ese período, llegando a 37% de la población ocupada en 2013, contra 47,7% en 1999 (Leite e Sallas, 2014; Cardoso, 2016), como resultado del crecimiento económico y de programas de formalización del mercado de trabajo, tales como el "Micro emprendedor individual", la organización del comercio de calle en galerías y centros comerciales populares (Rangel, 2019; Lima e Soares, 2002). Estos programas tuvieron como fundamentación el emprendedorismo individual, que desde los años 1990 se volvió central en el discurso empresarial y gubernamental, frente a las propuestas de desregulación de las relaciones de trabajo.

Algunas conquistas pueden ser enumeradas, en el sentido contrario a la desregulación del período anterior a los gobiernos petistas:

> a) valorización del mercado interno, disminución del desempleo y expansión del empleo formal (en el sector privado y en la administración federal), mayor facilidad de crédito y distribución de la renta
>
> b) la eliminación del proyecto de flexibilización de la CLT y del veto a la llamada "Enmienda 3", que forzaba

al empleado a transformarse en persona jurídica, con la consiguiente eliminación de los derechos laborales.

c) ampliación de la licencia por maternidad de cuatro a seis meses;

d) legalización de las centrales sindicales;

e) promulgación del Convenio 151 de la OIT sobre sindicalización en el empleo público

f) establecimiento del piso salarial de los docentes de escuelas primarias y secundarias;

g) la política de aumento real del salario mínimo;

h) la ampliación del preaviso de despido de treinta a noventa días;

i) el reconocimiento del teletrabajo;

j) la creación del Programa Nacional de Acceso a la Enseñanza Técnica y al Empleo (Pronatec);

l) la eliminación del Proyecto de Ley 4330/2004 que aumentaba el alcance de la tercerización en todas las ramas de los sectores productivos y de servicios, y autorizaba la tercerización, sin restricciones de las actividades fines, en las empresas o la administración pública. Ese proyecto fue retirado por el gobierno de Lula y aprobado en la reforma laboral de 2017;

m) la incorporación de las trabajadoras domésticas en el mismo estatuto que rige para los demás trabajadores;

n) la ampliación del seguro de desempleo,

o) la creación de incentivos para asegurar el acceso a la seguridad social a los autónomos - el programa micro-emprendedor individual, amas de casa y pescadores

apoyo a la economía solidaria.

Estas medidas no fueron implementadas en su conjunto. Hubo resistencias e interpretaciones jurídicas variadas que hicieron que algunas medidas rápidamente fueran ignoradas o incluso modificadas con los cambios políticos que siguieron, como veremos a continuación. Por ejemplo, el establecimiento de un piso salarial para los docentes de escuelas primarias y secundarias no fue implementado, dadas las resistencias de las municipalidades que alegaron no disponer de fondos para ello. La incorporación de las trabajadoras domésticas en el mismo estatuto que rige para los demás trabajadores fue limitada, dado que la tendencia fue a un retorno a la informalidad en esta categoría de trabajadoras.

Flexibilizacíon en los gobiernos de Lula y Dilma

A pesar de las medidas de contención de la flexibilización listadas arriba y de la incorporación de nuevos derechos sociales a grupos de trabajadores, según Krein (2014, p.6) "la agenda de la flexibilización –introducida en los años 1990– no se revirtió y el nivel de avance de la regulación del trabajo fue muy tímido en comparación con otros países de América Latina. En algunos aspectos, el proceso de flexibilización continuó avanzando, como en el caso de la tercerización, de las múltiples formas de contratación, de la remuneración variable y de las jornadas flexibles".

Algunos ejemplos:

> a) cobro del INSS en el caso de jubilados y pensionistas que redujo las jubilaciones;
>
> b) previsión social complementaria para los funcionarios públicos;
>
> c) nueva Ley de quiebra y recuperación de empresas: reducción del crédito del trabajador con carácter privilegiado; no hay sucesión laboral para quien adquiere la empresa en quiebra.

d) extensión de la figura de la Persona Jurídica (PJ). El aumento de la PJ fue significativo. En estos casos, las empresas obligan a los trabajadores a crear una empresa y los contratan como empresas. Se trata de la relación de trabajo, sustituida por una relación comercial de compra y venta de servicios.

El gobierno Temer y la reforma laboral de 2017: prevalencia de lo negociado sobre lo legislado

Durante la segunda mitad de la década de 2010 se registra el retorno a gobiernos neoliberales y a propuestas de flexibilización de las relaciones capital-trabajo, con resultados desfavorables para los trabajadores, como nos muestran los casos de Francia, España y Grecia.

En Brasil, la principal medida del gobierno que resulta del golpe parlamentario de 2016 fue la reforma laboral, sancionada rápidamente, sin consulta o discusión con los gremios y centrales sindicales. Esta reforma fue clara y sin subterfugios, orientada a responder a las demandas empresariales. En el borrador del texto de la reforma, era posible verificar el origen de las propuestas, en general las entidades empresariales.

El desmantelamiento de los derechos de los trabajadores se fundamentó en la prevalencia de lo negociado sobre lo legislado. En otros términos, la negociación entre el trabajador y la empresa se superpone a la legislación laboral. En la vieja lógica del mercado, como si los actores dispusieran del mismo poder de negociación. Los elementos de la reforma, que enumeramos abajo, son claros en sus objetivos. Lo que no pudo lograrse en los años 1990, se materializa a través de un gobierno ilegítimo, sin ningún respaldo popular, pero apoyado por las entidades empresariales, por los medios y por los tribunales, en nombre de la salvación del capitalismo:

a) flexibilidad de contratación y despido – liberación de la tercerización; ampliación de contratos temporales, parciales e intermitentes; teletrabajo; PJ (persona jurídica); reducción de gastos de indemnización (preaviso, FGTS, seguro de desempleo);

b) flexibilización de la jornada de trabajo – Banco de Horas; compensación individual; extensión jornada de trabajo 12x36 a todas las categorías; reducción de horario de almuerzo;

c) no pago de las horas "en tránsito"; no pago de horas extras en *home office*;

d) pago de horas efectivamente trabajadas;

e) contrato cero hora

f) negociación de pausa de lactancia;

g) flexibilización de la remuneración

h) remuneración variable;

i) negociación de reducción de salarios;

j) formas no salariales de pago;

l) parcelamiento de pagos;

m) parcelamiento de vacaciones;

n) flexibilización de normas / insalubridad; uniformes -limpieza

En la organización sindical, se buscó debilitar las instituciones públicas de mediación del conflicto capital y trabajo a través de la eliminación del impuesto sindical. Aunque polémico, este impuesto garantizaba el funcionamiento de las entidades que ahora tiene que reestructurarse para seguir existiendo:

Las nuevas medidas son:

a) mecanismos de solución privada de los conflictos;

b) negociación directa de despidos

c) costos periciales de acción al licitador

d) limitación de la capacidad del TST (Tribunal Superior del Trabajo) para crear jurisprudencia

e) limitación de la supervisión del trabajo

f) reglamentación de la representación sindical en el lugar de trabajo

g) fin de las contribuciones sindicales obligatorias o resultantes de la negociación colectiva

h) la homologación deja de ser asistida por el sindicato

i) a negociación individual prevalece sobre la ley y los contratos colectivos (con ingresos superiores a U $ 3.000,00)

j) la generalización de la tercerización

Conclusión

La revisión del conjunto de estas reformas aceleradas, obliga a relativizar el argumento de un regreso al pasado, aunque se puedan identificar muchas semejanzas. No hubo un desmantelamiento de las políticas sociales, pero sí recortes presupuestarios y un esfuerza de deslegitimación de estas políticas. Los resultados de las reformas, a un año de su implementación, todavía son matizados. Las empresas implementan algunas medidas con incertidumbre, ya que las interpretaciones de los tribunales del trabajo son divergentes. Se constata un aumento de la informalidad y del trabajo intermitente, pero las estadísticas todavía exigen mayor consolidación. El desempleo crece de forma alarmante, cuestionando las expectativas oficiales de que la reforma multiplicaría los empleos. El próximo paso es la reforma de la seguridad social, considerada como solución a los desajustes de las cuentas públicas, pero los datos que lo demostrarían no son accesibles para el debate público.

La flexibilización de la CLT apunta a una precarización aún mayor del ya precario mercado de trabajo brasileño. Las reacciones todavía son tímidas y la perplejidad parece predominar en la sociedad brasileña y en la izquierda. El hecho de que el gobierno haya tenido sólo un 3% de aprobación no parece ser problema para los grandes medios, que hasta entonces vociferaban contra los hecho de corrupción, y que hoy ve estos hechos como naturales en el proceso político, con eventuales ataques moralistas. Los movimientos sociales buscan rearmarse, al lado de una izquierda que aún tiene dificultades para construir un discurso que movilice a los trabajadores. Los discursos autoritarios y salvadores de la patria encuentran terreno fértil en una sociedad marcada por el desprestigio de la política y los políticos y un poder judicial sin control y sin límites de acción, que se beneficia de la espectacularización mediática.

El gobierno brasileño se apresuró a presentar las reformas a inversores norteamericanos. Según la prensa, estos quedaron decepcionados por la timidez de sus alcances. Preguntaron si no podían despedir y reducir salarios sin limitaciones. La reforma no llegó a ese punto, pero está cerca.

Se trata de un proceso abierto, en curso. La extrema derecha ganó las elecciones con un fuerte llamamiento popular, confirmando una tendencia que se repite en numerosas regiones del mundo. Con técnicas de la psicología de masas aplicada a las nuevas tecnologías informacionales, articuló la insatisfacción respecto de la corrupción, la crisis económica, cuestiones culturales, fundamentalismo religioso, en un caldo de cultivo en el que los argumentos poco interesan.

En lo que respecta al tema que aquí nos ocupa, el trabajo, el nuevo gobierno declaró que la reforma de 2017 fue demasiado tímida y que era necesario seguir avanzando en esa dirección. Según declaraciones del actual presidente, es muy difícil ser empresario en Brasil, y las leyes laborales deben aproximarse cada vez más a la informalidad (sic). Ésta se convirtió en el tipo ideal de lo que se espera del mercado de trabajo brasilero.

La máxima presidencial utilizada en la campaña electoral "empleos o derechos" alcanza fuertemente una parte significativa de los trabajadores, que nunca tuvo acceso a esos derechos. La informalidad en Brasil raramente fue menor del 50% de la población económicamente activa. Los sindicatos, a su vez, nunca pudieron incorporar la representación de los trabajadores informales, preocupados por su base corporativa. Esto puede explicar, en parte, el apoyo de parte de los trabajadores a una propuesta política explícitamente dirigida a la eliminación de los derechos laborales. Tiempos difíciles se anuncian.

Referencias bibliográficas

BAUMGARTEN, M.; HOLZMANN, L. Reestruturação Produtiva. In: CATTANI, A. D.; HOLZMANN, L. (orgs). *Dicionário de Trabalho e Tecnologia*, 2011.

CAMARGO, J. M. Flexibilidade e produtividade do mercado de trabalho brasileiro. In: *Flexibilidade do mercado de trabalho brasileiro.* Rio de Janeiro: FGV Editora, 1996.

CARDOSO, A. Informality and public policies to overcome it. The case of Brazil. *Sociologia & Antropologia*, Rio de Janeiro, v. 6, n. 2, p. 321-349, mai/ago, 2016.

CASTELLS, M. *A sociedade em rede*. Rio de Janeiro: Paz e Terra, 1999.

CORIAT, B. *Pensar pelo avesso. O modelo japonês de trabalho e organização*. Rio de Janeiro: Editora da UFRJ/Revan, 1994.

DEDECCA, C. Foco no mundo do trabalho como superação da agenda da produtividade e do consumo (entrevista). *IHU* [on line], ano 15(441), 28/04/2014 Governos Lula e Dilma. O mundo do trabalho 12 anos depois.

GALVÃO, A.; KREIN, J. D.; BIAVASCHI, M. B.; TEIXEIRA, M. O. (orgs). *Contribuição Crítica à Reforma Trabalhista*. Campinas: GT Reforma Trabalhista CESIT/IE/UNICAMP, 2017.

HARVEY, D. *Condição pós-moderna*. São Paulo: Loyola, Coriat, 1994.

KREIN, J. D. O desmonte dos direitos, as novas configurações do trabalho e esvaziamento da ação coletiva. In: GALVÃO, A.; KREIN, J. D.; BIAVASCHI, M. B.; TEIXEIRA, M. O. (orgs). *Contribuição Crítica à Reforma Trabalhista*. Campinas: GT Reforma Trabalhista CESIT/IE/UNICAMP, 2017.

LEITE, M. de P.; SALLAS, C. Trabalho e desigualdades sob um novo modelo de desenvolvimento. *Tempo Social, Revista de sociologia da USP*, v. 26, n. 1, p. 87-100, junho, 2014.

LIMA, J. C. *As artimanhas da flexibilização: o trabalho terceirizado em cooperativas de produção*. São Paulo: Terceiramargem, 2002.

_______; SOARES, M. J. B. Trabalho flexível e o novo informal. *Caderno CRH*, Salvador, n. 37, p. 163-180, jul./dez., 2002.

QUEIROZ, A. A. de. *Reforma Trabalhista no Governo FHC*. Abril 2000. Disponível em: http://www.diap.org.br/index.php/noticias/artigos/6120-reforma-trabalhista-no-governo-fhc.

_______. Relações de trabalho nos dez anos de governo do PT. *Teoria e Debate* 108, 15 de janeiro de 2013. Disponível em:

http://www.teoriaedebate.org.br/colunas/cafe-no-congresso/relacoes-de-trabalho-nos-dez-anos-de-governo-do-pt.

RANGEL, F. *Do camelô informal ao microempreendedor: o desencantamento da relação salarial.* FAPESP, Relatório Científico Final, 2019.

Tres neoliberalismos y una sola estrategia para habilitar las mismas políticas

Osvaldo Battistini[1]

Introducción

Tras la dictadura militar argentina, el peronismo perdía, por primera vez en la historia, una elección presidencial nacional. En octubre de 1983, la Unión Cívica Radical (UCR), que llevaba como candidato a Raúl Alfonsín, triunfaba con el 51,75% de los votos contra el 40% del candidato Justicialista (Italo Luder). Alfonsín, líder de la renovación radical, enfrentado con la corriente conservadora del mismo partido, era el encargado de llevar adelante el primer gobierno de la transición democrática y, por lo tanto, su tarea principal era la reinstalación de una cultura institucional que neutralice cualquier posibilidad de vuelta a experiencias de gobiernos dictatoriales. Si bien, el nuevo gobierno pudo instalar y otorgar legitimidad a dichas instituciones, no logró controlar las principales variables económicas que, finalmente, iban a derivar en una crisis que terminó tempranamente con su mandato. Luego de sucesivos intentos sin poder controlar definitivamente la inflación y sostener acuerdos estables con los principales factores de poder, en 1989, la hiperinflación apuraba la salida de Alfonsín de la presidencia. Junto a la crisis económica, la conflictividad emergente de la misma y

1 CONICET, UNGS-ICI.

el concomitante debilitamiento del gobierno abrieron las puertas para el retorno del peronismo al poder.

Carlos Menem, hasta entonces gobernador de la provincia de La Rioja, ganaba, en mayo de 1989,[2] las elecciones nacionales para presidente. El caudillo riojano de gran carisma y ascendencia popular llegó al poder luego de una campaña en la que no dio grandes precisiones sobre su política económica. Su discurso, plagado de ambigüedades, se asentaba en dos consignas como ejes principales de lo que prometía para su gobierno: la "revolución productiva" y el "salariazo". Sin dudas, la incertidumbre económica reinante y el temor a la violencia que parecía derivar de ella impusieron a este candidato como la única solución posible. Por otra parte, el candidato radical, Eduardo Angeloz, daba a entender que, de alcanzar el poder, su plan de gobierno seguiría las premisas liberales y sus políticas iban a estar signadas por severos ajustes económicos. Ante esta posibilidad, la mayor parte de la población optó por votar al partido que, tradicionalmente, representaba los intereses de los trabajadores y que, seguramente, resguardaría principalmente sus intereses. Pero, el retorno del peronismo no iba a responder a estas esperanzas. Muy por el contrario, poco a poco, el nuevo presidente adoptaría, sin ningún prurito, todo el andamiaje neoliberal.

Los tiempos de la economía y de la política mundial habían cambiado, el Estado de Bienestar Keynesiano se había agotado y tanto Margaret Thatcher en Inglaterra como Ronald Reagan en Estados Unidos inauguraban la era neoliberal en el mundo. En Argentina, el nuevo peronismo parecía adaptarse a esos nuevos tiempos, planteando la necesidad de modernizar la economía y el Estado vía esas políticas. Si, emulando las políticas keynesianas,

2 Estas elecciones debían haber sido en octubre, pero la situación económica y política del país obligó a su adelantamiento para el mes de mayo.

casi al unísono con lo que sucedía a mediados de los años cuarenta en los países desarrollados, el peronismo intervenía fuertemente la economía y adoptaba una política de neto corte redistribucionista, ahora, el nuevo peronismo adoptaba como propias y sin ruborizarse políticas totalmente contrarias a las que lo caracterizaron desde su nacimiento. Claro que, si bien dichas políticas contaron con el beneplácito de una parte importante de la población, no habían sido parte de un programa gubernamental planteado de antemano. Tal como dijimos, durante la campaña que lo encaramó a la presidencia, Menem no había hecho mención alguna a medidas de tipo neoliberal. Una vez en el poder, poco a poco las mismas comenzaron a ponerse en marcha y, transcurridos dos años de gobierno, el cumplimiento a rajatabla de los preceptos dictados por el Consenso de Washington, iba a colocar a la Argentina en el podio de los países que implementaban reformas neoliberales.

Tras dos mandatos, Menem es sucedido por una alianza entre parte del peronismo y el radicalismo, denominada como la Alianza para el Trabajo, la Justicia y la Educación, que, a pesar de manifestarse en contra de algunas de las políticas menemistas, continúa y profundiza algunas de ellas, derivando finalmente en la crisis económica y política más grave de la historia de nuestro país, que, en diciembre de 2001, luego de una masiva y contundente manifestación popular, termina con ese gobierno. La crisis externa y las limitaciones de un modelo dependiente de la economía mundial había comenzado a jaquear al neoliberalismo autóctono a mediados de los años noventa, pero el menemismo pudo llegar sin sobresaltos al final del mandato. Con mucho menos legitimidad popular y con mayores restricciones económicas, la Alianza no logró sobrellevar esa situación y sus medidas de ajuste terminaron con la población en las calles repudiando a los gobernantes. Primero el ministro de economía, Domingo Cavallo (mentor del modelo de la convertibilidad de la moneda) y luego el propio presidente (Fernando de la Rúa) fueron prácticamente expulsados de sus respectivos sillones en el poder por la población manifestándose durante dos días (19 y 20 de diciembre de 2001) frente al Congreso Nacional y la Casa de Gobierno.

Este hecho parecía dar por tierra definitivamente con este tipo de experiencias y el neoliberalismo aparentaba constituirse en una mala palabra para los argentinos. El repudio generalizado a toda la clase dirigente, al grito de "que se vayan todos", derivaba del conjunto de políticas de ese signo que culminaron llevando a la población a una situación en la cual el desempleo superaba el 18% y ascendería al año siguiente al 21,5%, la población por debajo de la línea de la pobreza alcanzaba al 35,4% y en 2002 superaría el 54% y la indigencia era del 12,2%, pero al año siguiente ya se acercaba al 25% de la población. Sin dudas, una situación dramática y el pueblo en las calles, manifestando su descontento, era el resultado casi lógico de la misma. Pero, también es de destacar que, entre las medidas de ajuste para salvar a la convertibilidad, el ministro de economía había dispuesto restricciones al circulante de dinero y medidas que limitaban el acceso al mismo de la población. Las clases medias, aún las no politizadas, ahora también amenazadas por la crisis y con sus ahorros en los bancos también salieron a las calles a repudiar a un gobierno que persistía con políticas neoliberales.

Sin embargo, 14 años después, la historia parece repetirse, "el neoliberalismo ataca de nuevo", pero ahora ejecutado por los beneficiarios directos de sus medidas: principalmente el gran capital financiero, los mayores exportadores agrarios y los holdings internacionales. Las empresas que, hasta entonces, con distintos gobiernos se planteaba solamente como prescindentes de la política, ahora pusieron a sus propios cuadros en distintos puestos clave del gobierno. Sin dudas, esta impronta hace que esta experiencia, tanto por la constitución de un partido de derecha que llega al gobierno por la vía eleccionaria para aplicar políticas liberales, como por la impronta empresaria en los principales espacios ministeriales obligan a pensar en la emergencia de lo que se denominó como "la nueva derecha democrática".[3] En este capítulo,[4] más allá de compartir la idea de lo novedoso de esta experiencia de un partido político de derecha, analizaremos los elementos que hacen que no necesariamente se trate totalmente de una novedad. Veremos cómo, en cada una de las oportunidades en que el neoliberalismo llegó al poder, la primera de ellas con la dictadura cívico militar, luego a partir del gobierno de Menem[5] y finalmente en esta última, requirió de una crisis previa que sirvió como paraguas disciplinador de la población. Al mismo tiempo, en cada uno de los casos, los distintos gobiernos se encargaron de construir dispositivos, destinados a profundizar ese disciplinamiento, asentados en las mismas premisas, con el objetivo de terminar aplicando las mismas políticas.

Para realizar este análisis estableceremos una comparación entre los tres gobiernos neoliberales, estudiando bajo qué condiciones arriban al poder, como justifican la necesidad de sus políticas, sobre qué factores se monta el discurso neoliberal y como logra generar ex-

3 "La nueva derecha en América Latina". José Natanson. Le monde diplomatique. Noviembre 2014 /185. https://www.eldiplo.org/185-el-empleo-en-peligro/la-nueva-derecha-en-america-latina/

4 Este trabajo es producto del análisis teórico y empírico sobre las políticas desarrolladas en Argentina por distintos gobiernos de corte neoliberal, en el marco de las investigaciones llevadas adelante por el Grupo de Estudios del Trabajo (GET), perteneciente al Instituto de Ciencias de la Universidad Nacional de General Sarmiento (UNGS).

5 Según A. Ferrer (2012, p. 99): "La experiencia fundamental del Estado neoliberal en la Argentina abarca el período de la dictadura (1976-1983) y bajo un gobierno constitucional, los años comprendidos entre fines de 1989 y la crisis final del 2001".

pectativas positivas en la población. Para ello, en primera instancia, caracterizaré los dispositivos disciplinadores utilizados por el neoliberalismo para alcanzar el poder y desarrollar sus esquemas económicos y políticos y luego recorreré cada una de las tres experiencias gubernamentales de ese tipo para ver cómo construyeron dichos dispositivos y les otorgaron sentido en función de dichos esquemas.

Prólogo general para la producción del contexto

Tal como sostiene Weber, todo poder requiere ser legitimado (Weber, 1984) y, cuando un grupo político trata de llegar a él busca esa legitimidad, relacionando sus propuestas con expectativas, esperanzas, deseos y representaciones existentes en la sociedad que pretende gobernar. Es decir, el ejercicio del poder político requiere "justificar" eso que promete o aquello que va a llevar adelante cuando arribe a la conducción de un país.

Pero, hay ocasiones en que los deseos, las esperanzas y las representaciones que los pueblos tienen no son suficientes para alimentar esa justificación o no responden a las premisas que sustentarían las políticas que pretende encarar una determinada organización partidaria. En este caso, cualquier apuesta eleccionaria de un partido puede conducirlo a alcanzar un número de votos muy reducido y, por lo tanto, al fracaso de la misma. A lo largo de la historia, muchas organizaciones partidarias sostuvieron consignas y propuestas que fracasaron en sus reiterados intentos eleccionarios, sin embargo, dichos fracasos no hicieron que modifiquen sus ideas ni sus dispositivos propagandísticos en futuros intentos. Esta fue y sigue siendo una práctica corriente de los partidos de izquierda, pero también, durante mucho tiempo, fue experimentada por organizaciones políticas de la derecha conservadora, cuyo arribo al poder se producía únicamente vía golpes de Estado y con la fachada de gobiernos militares que venían a imponer, por la fuerza, un determinado orden en sociedades que, supuestamente, vivían momentos de profundo desorden político y social. Pero, la experiencia del menemismo, durante los años noventa, produjo un cambio rotundo en este esquema de acceso y sostenimiento en el poder político de la derecha conservadora, ya que, en esa oportunidad, la fachada fue un partido de raigambre popular, a partir del cual la clase trabajadora había concretado la mayor parte de sus derechos. Desde entonces, la derecha comprendió que, aún cuando las condiciones no estuvieran dadas para su arribo al poder en democracia, éstas pueden ser creadas, pero para ello se requiere un paso previo, la "preparación del terreno", es decir, el establecimiento de condiciones económicas y políticas que provoquen necesidades o urgencias en la población, a partir de las cuales acepten o demanden la llegada de un "salvador". Resulta imprescindible que la sociedad "compre el producto" político ofrecido antes de llegar al gobierno. Pero, esa compra debe estar muy fuertemente condicionada, de modo que, aun cuando, una vez entregado dicho producto o ejecutada la política que lo iba a efectivizar y el resultado no sea exactamente el mismo que el prometido, la fidelidad generada por la promesa o por la condición con que se la hizo sea tan coaccionante que el costo a pagar por la ruptura de dicha fidelidad sea tan alto que los individuos decidan prorrogar la misma hasta el momento en que ésta sea prácticamente insostenible.

Muchos factores se concatenan en una elección nacional para que un determinado partido llegue al poder, pero uno de ellos, quizás esencial, es la existencia de representaciones comunes sobre determinados acontecimientos sociales. En Argentina, una de las representaciones que quedó anclada en la memoria individual y colectiva del país es la relacionada con la dupla orden-desorden. Hasta mediados de los setenta, la idea de desorden nacional era primero difundida por comunicadores sociales o intelectuales liberales para luego convertirse en excusa de determinados grupos de poder para impulsar un golpe de estado. Los militares tomaban la posta y ejecutaban el supuesto mandato social, autoadjudicándose la moral para resolver, por la fuerza, el desorden que los gobiernos civiles habían hecho reinar en la sociedad. Desde que la derecha encontró los mecanismos necesarios para llegar al poder en democracia, su estrategia es ahora plantear que en sus filas se cuenta con un grupo de "expertos" (técnicos) dispuestos a solucionar los problemas generados por inexpertos que nunca deberían haber llegado al poder. La coincidencia entre las dictaduras y las democracias ordenadoras es que, en ninguno de los casos hay una definición precisa y en forma taxativa del orden final al que se arribaría con sus políticas.

Una vez que el neoliberalismo logra inducir la idea de desorden y colocarse como único y excepcional ordenador, comienza la desvalorización de todo lo hecho por el gobierno anterior. Esto esconde también una pretensión permanente del liberalismo autóctono, terminar con las creencias y los valores que gran parte de la población puede tener y que sirvieron de fundamento para el arribo de gobiernos populares. Tampoco se trata de una novedad, ya que fue la misma idea transmitida, por los gobernantes, tras el golpe de estado que, en 1955, derrocó al peronismo. En todos los casos, la invalidación de lo existente se asentó en la existencia de "una crisis terminal", como ya dijimos, nunca definida en forma precisa, como tampoco se definen las políticas que luego van a aplicar de la mano de supuestos "expertos" en el ejercicio de la economía y la racionalización de la política. Mientras este ocultamiento ocurre, el discurso proselitista se arma a partir de una fraseología vaga y con determinadas ideas comunes: "nos han dejado en una situación de caos", "llevaron el país a la ruina", "fueron años de desmanejo económico y político" "hay que recuperar la democracia (o la República o las instituciones)", "nos han alejado del mundo", "tenemos que volver al mundo" y las más usuales y repetidas: "hay que acabar con la corrupción" "hay que actuar rápidamente, no se puede esperar más tiempo para realizar los cambios que el país necesita".[6] Es decir, el grupo que desordenó el país debe dejar paso a quienes realmente "saben" como manejar el gobierno y fundamentalmente la economía.

Pero, dos elementos iban a ser sutilmente utilizados para lograr disciplinar a la población y que, en el futuro, se acepten las verdaderas políticas a aplicar para solucionar el problema: el temor y la culpa. Si todo el caos había sucedido, si se había llegado a eso había culpables. Si bien se focaliza en el o los gobiernos anteriores y, por lo tanto, en los funcionarios en el poder, veladamente se hace una sutil referencia a todos quienes permitieron o habilitaron el supuesto desquicio económico y político que condujo a tal situación. Es decir, quienes le permitieron a ese gobierno hacer lo que hizo, los que lo habilitaron y legitimaron. En principio, todos los electores o votantes y, aún, a quienes se beneficiaron, aunque sea circunstancialmente de la política generada por ese gobierno.

En este sentido, para reforzar la idea de que la causa de todos los males fue el haber apoyado a gobiernos o políticos que condujeron a la crisis, tanto los políticos como los expertos y periodistas partidarios del neoliberalismo, pueden repetir, en forma sistemática las mismas ideas o consignas. Lo que constantemente trata de presentarse a la población es que la perspectiva política y económica que propugna la intervención del mercado en la economía es errada. El dogma liberal asegura que la intervención del Estado en el mercado es absolutamente perniciosa para la economía nacional, ya que la misma es la productora de crisis económicas que producen fuertes recesiones. Cuando se interviene en el mercado se afecta a la

6 En algún caso, esta frase idea era parafraseada al decir "hay que operar rápidamente, aún sin anestesia".

propiedad privada y, por lo tanto, se producen distorsiones que generan baja productividad, costos elevados para la producción, falta de competitividad, inflación, desocupación y pobreza. Se argumenta, en función de estas premisas, que, si los gobiernos populares generaron o dieron lugar a momentos de relativo bienestar para los trabajadores y para los más empobrecidos, fue sólo un espejismo, una suerte de "engaño colectivo" que motivó un fuerte déficit fiscal que, seguramente, es la causa de la inflación y la crisis económica que el liberalismo vendrá a subsanar.

La culpabilización a los productores de la crisis comienza por los espacios u organizaciones que impulsaron o forzaron la intervención estatal y con ella la generación de las distorsiones económicas. Entonces, la receta sigue con la recomendación o la acción directa para limitar o restringir las posibilidades de intervención de estos grupos u organizaciones, generando mecanismos disuasivos (en algunos casos represivos), juzgamientos morales y legales a sus miembros, disolución de espacios de acción, etc.

Ahora bien, la culpabilización siempre va acompañada de alguna amenaza o mecanismo productor de temor. Como la definición del error que motiva la culpa es muy amplia y no existen precisiones en la determinación de los culpables, los miedos se multiplican y diversifican en toda la sociedad. Miedos que, durante la dictadura fueron a la desaparición o a la muerte, en todos los tiempos neoliberales pueden ser: al conflicto, al caos, al desempleo, a la pobreza, a perder lo acumulado o a caerse desde el lugar social o económico alcanzado.

En algunos casos, la condición de culpabilidad y la difusión y extensión de una supuesta moral "sana" y de "sanación" encarnada en un grupo supuestamente poderoso e inteligente y con el suficiente poder como para ejercer un castigo ejemplificador, puede generar cierta identificación de la víctima con éste último. En el neoliberalismo, la identificación con el poderoso, representado en las clases superiores, obliga al distanciamiento respecto de "los de abajo", de los sectores populares. Pero, esta obligación no es más que el resultado de la necesidad de evitar la pertenencia al grupo de los eternos culpables. Este distanciamiento, en algunos casos, no es más que expiación de la culpa y, en otros, directamente la declaración de no pertenencia y, al mismo tiempo, la cercanía cultural e ideológica con el que domina.

Se trata, asimismo, del establecimiento de mecanismos que tienden a desgranar lo colectivo y, por lo tanto, debilitar al máximo su acción. La fragmentación de las estructuras políticas y sindicales de los sectores populares también requiere la incorporación de dispositivos técnico-ideológicos que apelan directamente a supuestas potencias individuales escindibles de toda acción colectiva. Dos formas de lo colectivo entran en tensión, una inválida o desvalorizante y otra válida u otorgadora de valores positivos a los individuos. La primera de ellas se refiere directamente a cualquier forma de organización social o política de tipo reivindicativo, cuya acción pueda entorpecer lo que el liberalismo piensa como eje fundamental del desarrollo capitalista: la libertad de mercado. En la segunda forma, lo colectivo válido es amplio y difuso, sin constituir reivindicaciones específicas de un grupo social particular y apelando a valores que pueden o "deben" ser parte esencial de la población en su conjunto, como las ideas de nación, patria, república. Contraposición que se refuerza argumentando que la primera forma de lo acción impone divisiones que perjudicarían a la sociedad en su conjunto, mientras que la segunda representa la unión de todos, sin diferencias y en función del bien común, sin especificar, en este caso, como se llegaría a lograr esa unión y ese bienestar general. Esta tentativa de diluir lo colectivo o su referencia en términos globales y la fuerza adjudicada al mercado como única y valedera fuente de organización social, implica, como contracara, una fuerte valorización del individuo, como fuente de talento y creación. Es decir, lo colectivo (genéricamente designada como "la política") es fuente de corrupción, incentivo al no trabajo y limitación de todo impulso individual virtuoso.

Es decir, finalmente, la contracara del "insano", del que nunca cumple con lo que se debe, del que termina generando daños irreversibles a la sociedad y del que hay que distanciarse, es la del "sano", que lleva un buen comportamiento, que cumple con lo que la moral adecuada indica y que es, en definitiva, el ejemplo a seguir.

En función de estas premisas recorreremos ahora cada uno de los períodos neoliberales en Argentina, con el objetivo de analizar cómo, en cada uno de ellos, fueron construidos y articulados los distintos dispositivos disciplinadores: desorden-crisis; temor-culpa, buen comportamiento-separación del otro. Cada uno de estos dispositivos representa una dupla sinérgica con polos no necesariamente antitéticos, que son construidos simbólicamente por el neoliberalismo en cada una de sus experiencias, como factores necesarios para su puesta en marcha y desarrollo de sus políticas.

La dictadura como introducción neoliberal

Aunque durante la última dictadura cívico militar, de mediados de los años setenta, no se aplicaron todas las políticas que luego constituirían en andamiaje completo del modelo neoliberal, ese gobierno conformó el marco propicio para el desarrollo posterior de dicho modelo. De cualquier modo, con el tiempo y observando gobiernos posteriores, del mismo signo ideológico, podemos apreciar que la filosofía en que se enmarcan sus políticas es similar y, al mismo tiempo, muchos de sus funcionarios y asesores ocuparon luego espacios ministeriales o técnicos en las dos experiencias neoliberales siguientes.

Luego de la muerte de Perón, en julio de 1974, el gobierno justicialista vivía una serie de tensiones internas que parecían no poder resolverse. Desde el inicio del gobierno, el año anterior, tres grupos contradictorios disputaban espacios en el poder o presionaban para garantizar que el líder conduciera al país según sus respectivos intereses: la izquierda peronista, con centro en la organización revolucionaria Montoneros; la burocracia sindical, liderada por el secretario general de la UOM, Lorenzo Miguel; y la ultraderecha peronista, con José López Rega (Ministro de bienestar social) a la cabeza. Al mismo tiempo, esas mismas tensiones se traducían en cambios en la conducción económica del gobierno que derivaron, en 1975, bajo la gestión de Celestino Rodrigo en el Ministerio de economía, en la crisis que dio por tierra con el régimen de acumulación de la Industrialización por sustitución de importaciones (ICI) y constituyó la versión autóctona del agotamiento del Estado Bienestarista que también se agotaba en los países centrales. Entonces, el desorden que sirvió de excusa a los grupos de poder económico y a los militares para asaltar el poder político e instaurar la dictadura militar más sanguinaria de nuestra historia, tenía dos ejes: el económico y el político. La situación de ingobernabilidad, a la que aportaban los mismos grupos económicos, que luego apoyarían el golpe de estado, se fundamentaba en las tensiones que generaban las disputas entre las distintas líneas internas del peronismo, a lo que se adicionaba la guerrilla de izquierda. Al mismo tiempo, la crisis económica había producido incertidumbres en los mercados que no podían ser subsanadas sin cambiar severamente el rumbo.

De la dupla desorden-crisis surgía un enemigo interno que había que controlar o directamente eliminar: la izquierda en todas sus expresiones posibles (organizaciones revolucionarias, grupos sindicales, grupos estudiantiles, organizaciones eclesiásticas de base). Como los mecanismos de eliminación se fundamentaron en el terror, la dupla temor-culpa no tardó en dar sus tempranos frutos. Entonces, la militancia en estos espacios o la simple participación en acciones reinvidicativas desde alguno de ellos pasaba a ser una señal de culpabilidad por el supuesto "desorden" que, desde ellas se causaba. Las desapariciones continuas de jóvenes militantes políticos y sociales era la señal que reproducía el temor y afianzaba la idea de que cualquier acción contraria al poder podía colocar a quien participe de ellas del lado de los culpables. Esto fomentó la idea de separación o desidentificación respecto al otro, al culpable, al que no hace lo que hay que hacer. Cuando la definición de la culpabilidad incorporó todo expresión de reivindicación colectiva, la separación individual terminaba con cualquier forma de organización política posible. Es decir, el objetivo era la fragmentación individual y la generación de una moral resistente a la organización colectiva de la sociedad. El miedo al otro se localizó en la idea de la no identificación con algún supuesto "culpable" y la separación inmediata de los espacios desde donde podía surgir dicha calificación. Lo que se intentaba con estos mecanismos era debilitar toda posibilidad de acción colectiva y aislar a los grupos contrarios al régimen dictatorial. Cuando la política desapareciese, los grupos de poder tendrían las manos libres para generar, desde el gobierno, mecanismos destinados a reducir o directamente eliminar los derechos conquistados anteriormente por los trabajadores, a abrir la economía y favorecer los intereses de la especulación financiera o la importación de productos en desmedro del capital nacional, disponer mecanismos para impulsar un fuerte endeudamiento externo, etc.[7]

7 Un análisis detallado de estas políticas y de la conjunción de las mismas con el papel del endeudamiento vía el FMI es el realizado por M. Rapoport (2009, p. 646-679).

La nueva moral que se intentaba difundir en la sociedad, y que iba a trascender al gobierno militar para impregnar cualquier forma de gobierno posterior, al mismo tiempo que aconsejaba la separación de ese otro "insano" preconizaba la generación de un individuo adaptado, de buen comportamiento y fiel a las premisas de dicha moral. Es decir, un "buen ciudadano" que, mientras no deseaba ser como ese otro despreciable y condenado por la moral vigente, se adaptaba no sólo a las premisas impuestas por la dictadura sino también a sus preceptos ideológicos.

El segundo neoliberalismo

En el interregno entre el primer y el segundo neoliberalismo, los primeros años del gobierno de Alfonsín parecieron alentar una recuperación de la acción política como fuente esencial para la reconfiguración económica y social del país, atrayendo hacia ella a una parte importante de la población, sobre todo en el caso de los más jóvenes. El acercamiento y la afiliación de miles de personas a los principales partidos políticos, la participación masiva de la población en distintas manifestaciones o expresiones populares y la legitimidad temprana que lograban las instituciones democráticas eran las principales demostraciones de ello. Pero los condicionantes de la deuda externa, las tensiones entre distintas fracciones empresarias (disputándose la futura hegemonía del régimen de acumulación venidero) y de ellas frente al gobierno, las contradicciones y el conflicto irresoluble con los sindicatos, y el fracaso de diferentes planes estabilizadores de la economía, terminaron en una fuerte eclosión social en medio de un proceso hiperinflacionario de dimensiones inusitadas.

La crisis hiperinflacionaria fue el tiempo de "desorden" social perfecto. La excusa ideal, para que el neoliberalismo, nuevamente, pueda plantear su plan de reordenamiento. A pesar que el país ya estaba habituado, desde la dictadura militar, a tasas muy elevadas de inflación anual,[8] el estallido de la "hiper" no sólo significó la debacle de la economía argentina sino también la producción de un contexto de desorganización social y política que el gobierno de Raúl Alfonsín no pudo controlar. Con tasas tan elevadas de hiperinflación la moneda nacional dejó de ser el parámetro de regulación central del mercado y las transacciones que en él se desarrollaron quedaron directamente sujetas a la violencia (Aglietta y Orlean, 1990). En medio de estos episodios y bajo la presión política del peronismo, Alfonsín se vio obligado a adelantar las elecciones, que terminó finalmente ganando este último partido, con Carlos Menem como candidato.

Ya en el gobierno, el primer acercamiento de Menem con los grupos de poder concentrado demostraba sus verdaderas intenciones, que se manifestaron con el impulso de normas que, en el mediano plazo, iban a favorecer sus propósitos (como la Ley de Emergencia Económica y de Reforma del Estado). De todos modos, con un segundo estallido hiperinflacionario, en 1990, las distintas fracciones del capital que no participaban del primer acuerdo con el gobierno[9] demostraban de esta forma su inconformismo. Esto obligó al gobierno a inclinarse definitivamente a favor de lo que, en definitiva, sería la expresión más fiel de la puesta en funcionamiento de un esquema económico y político de características neoliberales.

La hiperinflación adquirió, desde entonces, efecto de demostración y fuerza ejemplificadora de toda la sociedad. El discurso gubernamental no tardó en adjudicar, a ese momento, el

8 En 1975, el sistema entró en crisis, y el "rodrigazo" marcó el inicio de un período de tres lustros en el que la tasa de inflación se mantuvo sistemáticamente en los tres dígitos (llegando inclusive hasta cuatro) anuales hasta convertirse en el fenómeno central de la economía (Schvarzer, 1998).

9 Menem había cedido el Ministerio de economía a representantes de la cerealera más importante del país, el grupo Bunge & Born.

carácter del caos menos deseado por la sociedad y a significarlo como un punto de desorganización social cercano a la lucha de todos contra todos. Situación que, por tal carácter, requería soluciones urgentes y drásticas. Es decir, la aplicación del neoliberalismo sin dilaciones. El mal mayor de la sociedad requería una cura urgente y con las mejores herramientas (propiedad que el gobierno y los economistas del establishment otorgaban a la economía de mercado). El mismo presidente de la nación argumentaba que lo que se hizo fue "aplicar cirugía mayor sin anestesia", sin permitir ningún tipo de claudicación, porque en ello se jugaba el destino del país (Fair, 2016, p. 89-90). A partir de entonces, el gobierno tuvo las manos relativamente libres para poner en funcionamiento todas las políticas sugeridas por el Consenso de Washington. El propio Menem, en la jornada inaugural de una reunión del Fondo Monetario Internacional (FMI) y el Banco Mundial (BM) en Washington, se autodenominaba como "el mejor alumno del FMI".[10]

Así, una vez construida la idea de crisis-desorden, la amenaza que daba lugar al temor adquiría su primera dimensión en la posibilidad de la "vuelta al pasado". Si no se hacía lo que el gobierno pre-

10 "Menem afirma que la ayuda del FMI a Brasil está garantizada", Carlos Ares, Diario *El País*, 8 de octubre de 1998. https://elpais.com/diario/1998/10/08/internacional/907797613_850215.html. A. Ferrer (2012, p. 99) argumenta que la construcción de un Estado neoliberal "tiene como condición necesaria, eliminar la libertad de acción del Estado nacional. Es decir, crear restricciones tales que, la libertad de maniobra de las políticas públicas quede severamente recortada. Como el objetivo político del neoliberalismo es permitir el despliegue de las fuerzas del mercado y consolidar los intereses hegemónicos establecidos es imprescindible maniatar el Estado. Para tales fines, es preciso realizar reformas internas y crear compromisos externos que condicionen las políticas públicas. En este último aspecto, un ejemplo clásico son las condicionalidades de los acuerdos para conseguir el apoyo del FMI".

tendía hacer, si no se aplicaban las políticas económicas que indicaban los organismos internacionales, si no se respetaba la "voluntad del mercado" sobrevendría nuevamente una situación crítica. A lo largo de los dos mandatos, el presidente se presentaba con la figura de "yo o el caos", ese "yo" tenía el significado de cada una de las medidas neoliberales que sirvieron como paraguas a una de las mayores transferencias de capital, de la historia del país, desde los trabajadores a los sectores más concentrados de la economía. El caos era el conflicto, la lucha en las calles, la protesta por los derechos, lo cual generaba directamente la figura del "enemigo", a quien no había que parecerse, el que debía ser alejado o estigmatizado como el que podía llevarnos nuevamente al caos.

La segunda dimensión de la dupla temor-culpa, fue generada por la filosofía que enmarcaba el mismo modelo, en términos de los preceptos que se indicaban para que los individuos se constituyan en parte ejemplar del modelo y puedan servirse de sus beneficios. Ese individuo ejemplar era el que se adaptaba a las "nuevas" premisas del mercado, el que se esforzaba en su trabajo, el que se adaptaba a las necesidades de la producción, el que se mostraba proactivo frente a nuevos desafíos en el trabajo y las nuevas tecnologías, el que competía frente a otros por los mejores lugares, en definitiva, el individuo que aspiraba permanentemente al éxito a partir de posicionarse en forma activa frente a las exigencias cotidianas de lo que se propagandizaba como "sociedad moderna". Así, esta adaptación respondía a las premisas que establecían el conjunto de políticas neoliberales: la reducción del aparato estatal, la eliminación de las regulaciones del mercado, la flexibilización laboral, los cambios en la organización productiva, la privatización de las empresas estatales, la privatización de la seguridad social, etc. El "buen comportamiento" individual iba a ser premiado con el éxito, casi inmediato, tal como lo establecía la nueva moral liberal. Por el contrario, el que no respondiera a los nuevos retos o pruebas a que lo sometía la economía moderna era directamente culpabilizado y dejado de lado. Un temor nuevo se instalaba en la lógica de la competencia, "estoy sólo frente a otro" y "ese otro puede quitarme el lugar, enviándome fuera del mercado". Es decir, las consecuencias de esa disputa podían ser: la desocupación, la precarización laboral, la pobreza o la indigencia. Como vemos, la contracara espantosa del "buen comportamiento" obligaba a separarse, a distinguirse de este otro y a seguir los pasos que el modelo imponía. Este, finalmente, era el lugar temido, donde no se debía caer.[11]

El tercer neoliberalismo

Por tercera vez, en su forma aparentemente remozada, el neoliberalismo[12] dice tener que encargarse de solucionar los supuestos

11 E. Basualdo desarrolla un estudio pormenorizado del conjunto de políticas que desarrolla el menemismo y que, más tarde, en el gobierno de la Alianza conducirán a la crisis de 2001-2002.

12 G. Delgado y A. Gradin (2017, p. 17-18) denominan a esta etapa, que se despliega no sólo en Argentina sino en varios países latinoamericanos, como de "neoliberalismo tardío", ya que, si bien esta corriente ideológica se expresa nuevamente a partir de la regresión en la distribución de la riqueza (baja de salarios, devaluación de la moneda, alta inflación, aumento de tarifas, quita de subsidios, etc.), un fuerte proceso de endeudamiento externo, apertura de la economía y desindustrialización, la irrupción actual de la derecha se produce bajo particularidades de cada contexto interno nacional (acceso democrático en Argentina, llegada al poder mediante la utilización de mecanismos extralegales en Brasil), un escenario económico global y regional signado por el aumento de la desigualdad en la distribución de la riqueza y un escenario geopolítico de ascenso de D. Trump en Estados Unidos, en conflicto con los principales países de las BRICS, el avance de la derecha en Europa y el conflicto de medio oriente. Asimismo, otra novedad es la aparición de los CEOs

problemas generados por anteriores experiencias políticas no liberales o intervencionistas en la economía.

Esta vez, la nueva experiencia neoliberal aparece en Argentina ya no de la mano de un golpe militar ni enmascarada en un partido popular, sino como expresión genuina del mismo poder económico. Con un representante de una de las familias más acaudaladas del país, de empresarios ligados a la obra pública desde sus orígenes, ligados a las privatizaciones del neoliberalismo menemista, un nuevo partido político de la derecha liberal hacía su estreno en la competencia por el Estado nacional. Si bien el mismo partido (denominado como Propuesta Republicana – PRO) gobernaba la Ciudad de Buenos Aires, ahora iba a tener a su cargo el gobierno nacional y, por lo tanto, las decisiones más trascendentes sobre la organización política, económica y social del país. A partir una alianza del PRO con la Unión Cívica Radical (denominada Cambiemos) Mauricio Macri llega a la presidencia a fines de 2015.

Como sucedió con los neoliberalismos anteriores, el tercero de ellos requería de su propia crisis previa para poder llevar adelante sus principales políticas. Tras los primeros momentos de campaña política, en que algunos de los posibles funcionarios y hasta algún candidato daba ciertos indicios acerca de las pretensiones económicas y políticas de la alianza que luego ganaría las elecciones, las necesidades de campaña obligaron a morigerar el discurso y enmascarar o directamente anular cualquier referencia explícita a lo que se iba a

---

de grandes empresas en la gestión pública, conformando parte de los nuevos elencos gubernamentales, la utilización de las nuevas tecnologías y las redes sociales, el uso constante del marketing como mecanismo de propaganda, la apelación a la idea de una nueva forma de hacer política y al "emprendedurismo" como el tipo ideal de comportamiento económico moderno y racional.

hacer. Pero, una vez en el poder, tal como sucedió con el gobierno de Menem, no sólo cambió el discurso, sino que las acciones gubernamentales fueron totalmente contradictorias respecto a lo que se había propagandizado anteriormente. La ambigüedad anterior tornó en hechos contundentes, en términos de política neoliberal. Pero, uno de los aspectos más notorios de la comunicación gubernamental fue la presentación de la realidad económica como si se estuviera a las puertas de una crisis de magnitudes similares a la de 2001.

Acá radicó la principal novedad del tercer neoliberalismo, ya que lo que se hizo, desde el momento de asunción en adelante, fue gestar discursivamente una crisis. Si la crisis aún no existía había que presagiarla y eso hicieron los funcionarios gubernamentales, pero no sólo ellos, sino también los economistas del establishment y hasta los periodistas relacionados de medios con intereses económicos e ideología emparentados con el partido en el poder. Es decir, la crisis era lo que se avecinaba, el gobierno anterior había dejado un desorden económico y político que devendría ineluctablemente en ella y el nuevo gobierno contaba con las herramientas necesarias para evitarlo. Entonces, según el discurso neoliberal, en esta oportunidad, lo que existía era el desorden que precedía seguramente a la crisis y ellos habían llegado para evitarla. Ahora bien, ese desorden era causado por distintas políticas que aseguraban cierto bienestar a los sectores populares y a las clases medias (subsidios directos a los más necesitados; incremento del salario mínimo; incrementos salariales por medio de la negociación colectiva, que superaban o igualaban la inflación; leyes que protegían los derechos laborales o previsionales; aumento de los presupuestos de educación, ciencia y técnica; aumento del presupuesto en salud, etc.). Entonces, el orden debía modificar la situación existente, eliminando, en lo que fuera posible, las causas de la distorsión que lo generaba, esto es, los derechos que, hasta entonces, habían obtenido los trabajadores y los sectores de menos recursos.

Entonces, una primera fuente de temor era la crisis que se puede avecinar si no se hace lo correcto y lo único correcto son políticas que invierten las subvenciones. Es decir, se restringen o anulan las transferencias de dinero a los sectores populares y se generan fuertes reducciones de impuestos y beneficios adicionales a los grupos empresarios más poderosos. Según el discurso neoliberal, la causa principal de la inflación y la pobreza es, paradójicamente, el gasto fiscal. Esto es, principalmente lo que se utiliza, desde el Estado para financiar subsidios a los sectores de menores recursos y a las clases medias, así como los gastos en educación, ciencia y técnica, salud, infraestructura, etc. De esta forma, los culpables de la situación que puede derivar en una crisis son quienes, desde el gobierno anterior, fomentaron estas políticas. Pero, también, la culpa puede extenderse a quienes las apoyaron, como los simpatizantes y votantes de esos gobiernos, las organizaciones sindicales y sociales, cuyos representados se vieron favorecidos por ellas, etc. Cuando la culpa se extiende de tal manera, el número de culpables resulta indefinido, lo cual implica que cualquiera puede ser culpabilizado.

El tercer neoliberalismo vuelve a dividir a la sociedad entre quienes tienen un buen comportamiento, quienes "hacen las cosas bien" y quienes no lo hacen, los que incumplen las nuevas normas morales que tratan de regimentar a toda la sociedad. Si hay alguna idea de bienestar posible, este no será necesariamente distribuido en forma colectiva, sólo llegarán a él los que se "adapten" a la nueva realidad, los que demuestren esfuerzo individual, los "talentos", los que demuestren ser buenos emprendedores, quienes hagan "méritos" suficientes para alcanzar el mejor lugar. Pero, lo que se oculta es que no todos alcanzarán este lugar, que no es posible para todos llegar a la posición deseada, dado que tampoco se indica cual es el nivel de mérito y cuáles son los talentos aceptables y no aceptables. Todo el discurso oficial se organiza para fortalecer estas ideas, se elogia al que se adapta y se estigmatiza o culpabiliza al que no lo hace. Luego, el que, por alguna razón pueda ser culpabilizado trata de salir de ese lugar, adaptándose, y una forma de hacerlo es incorporándose ideológicamente a la moral dominante. Se separa de los "inadaptados" intentando parecerse a los que se adaptan y, para ello, adopta gran parte del discurso dominante. El temor a ser culpabilizado genera una adaptación forzada, pero que, en definitiva, no garantiza, a quienes adoptan esa posición, un lugar en los beneficios distribuidos por el sistema.

En algunos casos, las dupla culpa-temor impulsa a los mismos dirigentes de organizaciones que representan los intereses de los trabajadores a caer en el discurso adaptativo. En octubre de 2017, en oportunidad de la reunión periódica de una importante organización ligada al empresariado, el Instituto para el Desarrollo Empresarial de la Argentina (IDEA), en referencia a una posible reforma laboral, un alto dirigente sindical decía: "cada gremio sabe lo que puede poner a la hora de la reforma laboral. Pero esto tiene que darse por actividad, por sector. Yo sé en mi gremio lo que puedo poner, los camioneros saben lo que pueden poner o los ferroviarios lo mismo. Cuando nos sentemos con los empresarios metalúrgicos, bueno ahí discutiremos qué es lo que necesitan y qué buscamos nosotros. Vamos a poner algo, pero ellos también tienen que poner algo. Tienen que invertir en maquinarias", en el mismo sentido, otro dirigente sindical decía: "la reforma laboral es un desafío que hay que observar junto con la marcha de la economía. Hay que ver cómo se va resolviendo después de las elecciones".[13] Es decir, am-

13 "Con la IDEA fija en la flexibilización laboral", Javier Lewkowicz, Diario *Página 12*, 12 de octubre de 2017. https://www.pagina12.com.ar/68740-con-la-idea-fija-en-la-flexibilizacion-laboral.

bos representantes gremiales no negaron la posibilidad de la flexibilización de las normas laborales, por el contrario, la incorporan como posibilidad, sólo poniendo algún condicionante en términos de negociación de aspectos específicos.

De esta forma, el discurso dominante logra paulatinamente lo que se propone en los hechos y, en definitiva, al incorporar a la discusión sus premisas y valores puede terminar generando el "cambio cultural" que anhela, la moral común que termine justificando las políticas liberales como única fuente de organización social.

Conclusiones

En cada una de sus experiencias en el poder el neoliberalismo adopta un comportamiento paradójico, que se manifiesta desde distintas dimensiones. En primer lugar, este esquema ideológico, fundamentalmente asentado en premisas técnico-económicas, requiere una justificación para su acceso al poder, pero la misma no puede ser obtenida a partir de la concreta explicitación de las políticas que va a llevar adelante una vez en el gobierno, dado que las mismas van a actuar en contra de los intereses de sus posibles votantes. Entonces, la única posibilidad de ser gobierno pasa primero por hacer necesaria la presencia de un saber científico superior. Pero, además, ese saber debe solucionar un problema de significativa gravedad. Es decir, el problema hace necesaria la solución que, por el estado de deterioro de la situación y la urgencia consiguiente necesita de soluciones sólo posibles mediante dicho conocimiento. Sin embargo, una vez puestas en marcha las políticas resultantes de éste último, existe la posibilidad que la justificación o la legitimación del poder neoliberal entre en crisis. Entonces, es necesario crear otros mecanismos que refuercen esa necesidad o justifiquen su continuidad en el gobierno.

Así, en todos los casos, fue imprescindible producir algún culpable, lugar que pudo ser ocupado tanto por los generadores del desorden anterior como por quienes no se adapten a las nuevas normas morales que despliega el neoliberalismo desde el poder. Ese culpable es estigmatizado, denostado y, en el mejor de los casos, hasta odiado. Alesina y Glaeser dicen que, el odio contra toda otra persona o un grupo humano puede ser generado exagerando sus malos comportamientos pasados e insinuando que preparan otros. Es de esta forma que se puede crear la animosidad contra una personalidad política, o contra intereses particulares anónimos que apoyan al adversario (2004: 267). Este odio generado puede ser de tal magnitud que cualquier parecido a la figura del odiado puede dar lugar a un castigo, entonces, lo mejor para evitar dicho castigo es la composición en su propia individualidad de una figura totalmente contraria a esa, al mismo tiempo que se asimilan los preceptos e ideología del rector o guardián de la moral dominante. El temor a ser como el otro dispara inmediatamente una imagen contraria, ligada al comportamiento que hace falta para ser premiado, en el que se demuestra adaptación a las buenas normas sociales. Como el miedo no puede ser legitimador en última instancia es necesario crear una figura que termine satisfaciendo el deseo del sujeto legitimante. Este último ya no siente que sólo se alejó del insano, del culpable, se siente uno totalmente distinto a él, a partir de lo cual va a ser premiado, no sólo por diferenciarse sino también por hacer lo que es bien visto por la sociedad. En esa asimilación a la figura que el dominante crea, como emblema de la moral que pretende instaurar, se funda la legitimidad que el dominado otorga o que el mismo dominante obtiene.

Como vemos, el neoliberalismo se renueva, pero nunca es totalmente nuevo. Sus políticas siempre terminan siguiendo la misma lógica y sus estrategias para alcanzar el poder y sostenerse en él por un tiempo son, también, siempre las mismas. En realidad, lo novedoso del neoliberalismo es la repetición de su éxito en el ejercicio del convencimiento a la misma población que terminó perjudicando en cada una de las experiencias anteriores.

Bibliografía

AGLIETTA, M.; ORLÉAN, A. *La violencia de la moneda*. México: Ed. Siglo XXI, 1990.

ALESINA, A.; GLAESER, E. *Combattre les inégalités et la pauvreté. Les États-Unis face l'Europe*. Paris: Flammarion, 2004.

BASUALDO, E. *Sistema político y modelo de acumulación en la Argentina*. Buenos Aires: Flacso, UNQ, Idep, 2001.

FAIR, H. La construcción y articulación de la hegemonía menemista frente al campo empresarial y el establishment internacional en los años 90. En: *Revista Espiral, Estudios sobre Estado y Sociedad*, v. XXIII, n. 66, mayo/agosto, 2016.

FERRER, A. La construcción del Estado neoliberal en la Argentina. En: *Revista de Trabajo*, Año 8, n. 10, julio/diciembre, 2012.

GARCÍA DELGADO, D.; GRADIN, A. Neoliberalismo tardío: Entre la hegemonía y la inviabilidad. El cambio de ciclo en la Argentina. En: *El neoliberalismo tardío. Teoría y Praxis. FLACSO*. Documento de Trabajo, n. 5, 2007.

RAPOPORT, M. *Historia económica, política y social de la Argentina (1880-2003)*. Buenos Aires: Emecé, 2009.

SCHVARZER, J. *Implantación de un modelo económico. La experiencia argentina entre 1975 y el 2000*. Buenos Aires: Ed. AZ, 1998.

WEBER, M. *Economía y Sociedad*. México: Fondo de Cultura Económica, 1984.

Derechos económico-sociales: orientaciones y consecuencias de las políticas del gobierno de Macri

Silvio Feldman[1]

Postular la valorización financiera, el capital, las empresas, las garantías para sus negocios y la maximización de su rentabilidad como valor y objetivo central de la sociedad o, por el contrario, asumir que las personas y las condiciones para el desarrollo de su vida constituyen el fundamento y objetivo primordial de la vida social, se configura como un núcleo decisivo de los conflictos y las luchas del presente.

La dimensión económica es muy importante para la reproducción de las condiciones de vida. Esto no está en cuestión. Lo que se confronta es si su valoración requiere considerar como cuestión decisiva su incidencia y posibles contribuciones a la vida social, lo que incluye el medio ambiente y el desarrollo de condiciones de vida dignas para el conjunto de las personas así como de la sociedad de la que son parte; de la vida, la salud y las condiciones para que la contribución de todos pueda ser facilitada y alentada, al mismo tiempo que valorada como cuestión clave para el desarrollo social, del bien común y los bienes públicos. O, por el contrario, si se pretende considerar como objetivos centrales, claves: la mercantilización y privatización de los más diversos aspectos de la vida social; que se privilegie la lógica de la maximización de las ganancias

1 Instituto de Ciencias. Universidad Nacional de General Sarmiento.

como el mejor ordenador de la dinámica societal, de sus valores, orientaciones, objetivos estratégicos, prioridades y, de allí, que se pretenda otorgar garantías para la maximización de las ganancias, incluidas las especulativas y de características extraordinarias, aun cuando afecten los derechos de las personas y el bien social.

Es decir, el no reconocimiento de la centralidad de preservar el bien común y el respeto de los derechos humanos. Me importa destacar que ello involucra, compromete, se proyecta sobre la condición de las personas como integrantes de la sociedad, la vigencia y densidad de la ciudadanía y de la democracia como sistema político.

Me interesa considerar en qué términos estas orientaciones y conflictos están presentes en las políticas públicas implementadas en la Argentina post crisis del 2001, es decir durante los periodos de gobierno del kirchnerismo (mayo 2003 a diciembre 2015) y del macrismo (desde diciembre 2015 hasta la actualidad)[2]. Este texto, por una cuestión de espacio, en particular, está centrado en las políticas públicas que impulsa el actual gobierno, en relación con el trabajo y la seguridad social.[3]

---

2 Aspectos e hipótesis centrales que se presentan en este capítulo fueron expuestas en dos seminarios en los que intervinieron integrantes de los equipos que participan de este libro, a saber: Seminario Internacional 'Dinámicas del mundo del trabajo en Argentina y Brasil: transiciones, movilidades, desplazamientos', organizado por el Laboratorio Mixto Internacional "Social activities, gender, markets and mobilities from below (Latin America)" (LMI SAGEMM) y el Grupo de Estudios del Trabajo, Universidad Nacional de General Sarmiento, Buenos Aires, 12 y 13 de octubre de 2017; y Seminario Internacional: Dinámicas del mundo del trabajo en los países del Cono Sur: movilidades, coyunturas, territorios, Sesión 1: Territorialidades y escenarios actuales del mundo del trabajo, Silvio Feldman: "Derechos económicos sociales: orientaciones y consecuencias de las políticas macrista", Buenos Aires, 17 y 18 de Setiembre de 2018.

3 Durante el período de gobiernos kirchneristas, con todas las variaciones a lo largo del mismo-sus matices y contrastes-, en el marco de una reva-

En otras palabras, se trata de poner el foco en analizar las tendencias actualmente predominantes en la Argentina – que se inscriben en orientaciones prevalecientes a nivel internacional – a la exclusión, a los procesos de incremento de la desigualdad económica, a la subutilización de la fuerza de trabajo, al desempleo, a las crecientes limitaciones para el acceso a condiciones de vida dignas; con lo que se afectan procesos y dinámicas claves de la vida social. En una perspectiva o enfoque que da atención al modo en que las políticas públicas inciden o bien se proponen incidir sobre la vida social, sobre los procesos de constitución y desarrollo de los sujetos individuales y colectivos.

Ello incluye considerar las políticas que buscan impulsar y asegurar las lógicas hoy predominantes-la ganancia especulativa, la valorización financiera, las condiciones y garantías que los grandes operadores de las finanzas y las empresas de mayor envergadura demanden para incrementar así como asegurar altísimos beneficios-, y que se pretende justificar argumentando que se trataría de evitar que los costos de considerar las necesidades de las personas y sus derechos pudiesen comprometer la sustentabilidad del funcionamiento económico, así concebido.

El gobierno de Macri postula que la clave para impulsar la actividad económica y el crecimiento, así como el incremento del

---

lorización del papel del Estado y de la política como una condición para ello, hubo un importante desarrollo en el reconocimiento, legitimación, ampliación e institucionalización de derechos de las personas y de derechos sociales. Las políticas en relación con: los juicios por crímenes de lesa humanidad, así como las diferentes medidas reparatorias a las víctimas y a la sociedad en su conjunto bajo la posición ético-política de Verdad, Memoria y Justicia; los derechos de género, el establecimiento del matrimonio igualitario; los derechos de los migrantes; el derecho a la educación; entre otras, que ampliaron considerablemente los derechos, no serán entonces abordadas en este trabajo.

empleo, es reducir los costos. Con tal propósito se concentra en dos planos: los costos impositivos, para lo cual entiende decisivo reducir los componentes dirigidos a solventar el gasto social del presupuesto público, y los laborales. Al mismo tiempo que, mediante la mercantilización y privatización de recursos de distinto tipo y actividades en los más diversos sectores, se genere un clima de negocios y oportunidades de ganancias y apropiación de excedentes en base a amplias prerrogativas y sin contrapartidas para las empresas, al menos en relación con la sustentabilidad socio-económica y el crecimiento con inclusión.

Las políticas laborales

Durante la larga década de gobiernos kirchneristas se avanzó en relación con los derechos laborales: incrementos sistemáticos del salario mínimo que lo elevó considerablemente en términos reales; política activa en relación con la negociación colectiva, que tendió a impulsarla y fortalecerla; política persistente para reducir el trabajo no registrado; nuevo "Régimen de Trabajo Agrario" y nuevo "Régimen especial de contrato de trabajo para el personal de casas particulares", que revierten en ambos casos regulaciones que establecían condiciones de precariedad laboral, condiciones marcadamente más desventajosas que las instituidas para la mayor parte de los trabajadores que las regulan por la Ley de contrato de trabajo, entre otros avances (Feldman, 2014). En el marco de un patrón de crecimiento y un aumento sostenido del empleo, con una fuerte baja del desempleo que facilitó que los trabajadores impulsen mejoras en sus ingresos y en otros aspectos de sus condiciones de trabajo en un contexto más favorable.

Hasta ahora, el gobierno del presidente Macrí no logró avanzar con una reforma laboral, en términos de cambios legislativos que modifiquen aspectos relevantes de la normativa que regula el contrato individual de trabajo o de las relaciones colectivas de trabajo; sin embargo impulsó e implementó distintas iniciativas que lograron cambiar el escenario, las condiciones y expectativas, de los empleadores y los trabajadores en las relaciones colectivas e individuales de trabajo, y que contribuyeron a modificar el deterioro de las condiciones de empleo y de vida de los trabajadores, y dieron lugar a incrementos significativos en la precarización del trabajo.

Hay entonces una primera cuestión a esclarecer: ¿cuáles son los principales instrumentos y recursos utilizados por la política laboral y de la seguridad social, así como su proyección sobre las políticas sociales? ¿Las modificaciones normativas han sido significativas como parte de la política laboral? ¿Cuáles son los principales cambios e impactos a los que unos y otros han dado lugar?

La primera iniciativa que implementó el gobierno fueron los despidos sistemáticos en el sector público: cerca de 20 mil personas. Cabe resaltar, además, que fue muy impactante por la forma en que se realizaron. La modalidad consistió, en muchos casos, en no dejar entrar al personal despedido, o a quienes se desvincula luego de años de sostener su relación laboral como contratados, sin informar de manera personal ni formalmente a quienes se despide, ni anticiparles lo decidido mediante comunicaciones de otro tipo: en general, se programó que los trabajadores se enterasen al momento de verse impedidos de ingresar al trabajo.

El argumento esgrimido fue que los despedidos constituían "la grasa militante",[4] utilizando una serie de caracterizaciones que

4 El entonces Ministro de Hacienda Prat Gay dijo al poco tiempo de asumir: "Encontramos un Estado lleno de militantes, que no le sobre la grasa de la militancia". Por su parte, el ministro Hernán Lombardi dijo: "Es un proceso de sanación de este cuerpo que está tan infectado por la mala ideología". Ver NODAL. "Las promesas y los resultados al cumplir un año

los descalificaban como trabajadores, centralmente atribuyendo que no desarrollaban las actividades propias de la función y su adhesión a las políticas del gobierno anterior, al mismo tiempo que descalificaban a éste por sus políticas y la acusación de haber incorporado adherentes, incrementando la cantidad de personal más allá de lo necesario para la gestión. En contraste, los sindicatos y trabajadores informaron que una parte del personal despedido o desvinculado trabajaba desde antes de 2003 o al menos desde hacía largo tiempo, y que en general desarrollaba regularmente las tareas sustantivas de las áreas en las que se desempeñaba.

El gobierno adoptó una política marcadamente discrecional y agresiva en la desvinculación de personal. Por una parte, para imponer una impronta fuertemente disciplinadora del personal del Estado, en relación con las nuevas orientaciones de políticas, así como para ampliar las posibilidades de incorporar personal afín aumentando el nivel y la retribución de sus cargos.

Así se generalizó el temor entre los trabajadores estatales acerca de quiénes podrían ser los próximos. Pero también para dar una fuerte señal, una política ejemplificadora hacia las empresas, de la forma de proceder en relación con potenciar la receptividad, la disponibilidad de sus trabajadores ante los aumentos en la intensidad del trabajo requerido y en general los requerimientos del empleador. En el uso del tiempo a disposición de la empresa, de los ritmos e intensidad del trabajo, y en la disminución de las retribuciones reales y los alcances de la protección del trabajo.

---

el gobierno de Mauricio Macri", 12 de diciembre de 2016, *NODAL: Noticias de América Latina y el Caribe*. Disponible en: https://www.nodal.am/2016/12/las-promesas-y-los-resultados-al-cumplir-un-ano-el-gobierno-de-macri/. Acceso en: 14 de mayo de 2019.

Hay que tener presente que, con la devaluación, la eliminación de retenciones, el fuerte aumento de precios, la amplia apertura comercial, todo ello dio lugar a una sensible disminución de la capacidad adquisitiva del salario, y en diversos sectores se redujo el nivel de actividad, dando lugar a suspensiones y despidos.

Al mismo tiempo, el gobierno reorientó el uso – tipo de intervención, intensidad – de los dispositivos y programas que durante los gobiernos kirchneristas fueron potenciados y utilizados activamente, así como en articulación con otras políticas públicas, para limitar los efectos de los ajustes y reestructuraciones en términos de despidos colectivos de trabajadores.

Viene bien recordar que, en la Argentina, el marco normativo establece que antes de disponer despidos colectivos se debe hacer una comunicación ante el Ministerio de Trabajo, ahora Secretaría, dando lugar al Procedimiento Preventivo de Crisis, comunicación que también puede realizar la organización sindical, de modo que se pueda convocar a ambas partes para la búsqueda de opciones que posibiliten evitar o minimizar los despidos, y, si fuera conveniente, movilizar acciones o políticas públicas para facilitar la sustentabilidad de la empresa en crisis (Ley 24013 de 1990, artículos 98 y subsiguientes).

Con el propósito de desarrollar instrumentos que puedan ser utilizados para enfrentar la problemática del empleo por situaciones de crisis de actividades y territorios, mediante la Resolución del Ministerio de Empleo, Trabajo y Seguridad Social 481/2002 se había creado el "Programa de Recuperación Productiva" ("REPRO"), que preveía la posibilidad de comprometer el pago de parte de los salarios para contribuir a limitar los efectos sobre los trabajadores de las crisis que experimentan las empresas. Se trata de evitar en lo posible que las crisis que experimentan las empresas afecten la cantidad y calidad del empleo y de compensar sus efectos y contribuir a su recuperación.

Este dispositivo fue utilizado activamente durante los gobiernos del presidente Kirchner y la presidenta Fernández de Kirchner.

Lo que hizo el gobierno del presidente Macri, fue reorientar su aplicación, el sentido de la intervención del Ministerio, ahora Secretaría de Trabajo. En una primera etapa, asumiendo un papel menos activo en relación con los Procedimientos Preventivos de Crisis, en el sentido de la búsqueda de evitar los despidos y de contribuir a la sustentabilidad de las empresas, así como a movilizar acciones y políticas públicas apropiadas a ese fin. Se dio continuidad normativa al REPRO, pero se desestimuló y aminoró su uso. En tanto, se desarrolló otro instrumento: por medio de la Resolución Conjunta N° 1 del Ministerio de la Producción y del MTEySS, del 10 de noviembre de 2016, se crea el "Programa Nacional de Transformación Productiva", en cuyo marco el MTEySS se compromete a otorgar a las empresas que encaren procesos de transformación productiva apoyos para estimular la desvinculación de trabajadores, su capacitación o perfeccionamiento profesional y eventualmente subsidiar su reinserción en otras. Y se establecieron, para empresas dinámicas, en desarrollo, apoyos de diverso tipo.

En síntesis, el gobierno en parte minimizó y reconvirtió el uso de los instrumentos que tenía el Estado, a través del Procedimiento Preventivo de Crisis, el *Repro,* y las líneas de intervención que se había desarrollado para promover la formación profesional y los trabajos de calidad, en relación con los despidos colectivos, a fin de contribuir en la búsqueda de evitarlos y al mismo tiempo de colaborar con los procesos de mejora y sostenimiento de la actividad productiva y de las empresas.

En cambio, como lo señaló L. Castillo Marín, desde 2016 el gobierno hizo un uso privilegiado, como instrumento de la política de empleo, de la reducción en el pago de las contribuciones empresarias, de modo de reducir su costo laboral (Castillo Marín, 2017).[5]

Corresponde señalar que la reducción de las contribuciones empresariales como instrumento clave de baja de los costos laborales e incentivo a la inversión, al incremento del empleo y el registro de las relaciones de trabajo, ya probó su fracaso durante los años 90, dando lugar a un aumento notable del desempleo y del trabajo no registrado o "en negro"; además del desarrollo de otras formas de trabajo precario.

En efecto, en los años 90 la Argentina redujo sustancialmente las contribuciones empresariales. Se argumentó que si las contribuciones fueran significativamente más bajas los empleadores se verían alentados a invertir, así como a registrar los trabajadores y cumplir con el pago de las contribuciones patronales. Y que, al mismo tiempo, si los trabajadores tuvieran cuentas personales de jubilación y posibilidad de elegir para gestionar la inversión de los montos acumulados en ellas a las instituciones que – reforma previsional y creación de las AFJP mediante– les ofrecieran las mejores perspectivas de capitalización, se verían alentados a promover el registro de la relación laboral y los montos reales de sus remuneraciones, así como la mejor administración e inversión de sus aportes. Es decir, se argumentaba que de este modo se promovería el empleo y al mismo tiempo los empleadores y trabajadores tendrían facilidades y estímulos para el registro de las relaciones laborales y el pago de las contribuciones correspondientes.

La experiencia mostró que nada de ello ocurrió; por el contrario, como lo puso en evidencia P. Galin no sólo no se fortaleció el empleo, sino que se incrementó notablemente el desempleo y su-

5 Castillo Marín analiza en el texto citado el alcance de dichas políticas y programas hasta 2015 y cómo se cambian a partir de 2016.

bempleo (del 6,0% y el 7,9% en octubre de 1991, a 18,3% y 16,3% en octubre de 2001, es decir que, respectivamente, se triplicó y duplicó), así como aumentó el trabajo no registrado (que ascendió en el total de asalariados de 30,6 en octubre de 1991 a 38,1% en octubre de 2001 (Galín, 2006, p. 6-7).

En definitiva, el gobierno, en estos dos años, aplica como instrumento privilegiado de las políticas de promoción del empleo la reducción de las contribuciones empresariales. Me importa indicar que las reducciones puntuales de las contribuciones como uno de los instrumentos complementarios en relación con objetivos y contextos específicos podría constituir una herramienta útil. Pero su uso de un modo tan amplio como recurrente, en este caso como herramienta clave, privilegiada, constituye una orientación de política decisivamente diferente, cuyo principal efecto será contribuir al desfinanciamiento del sistema de seguridad social.

En octubre de 2017 se realizó en Argentina un Congreso de IDEA, institución empresarial, que convoca a empresarios, expertos, técnicos, funcionarios y políticos, al debate sobre distintos temas que consideran relevantes, e incluyó en la agenda una discusión respecto de las reformas que se promueven. En su marco, hubo intervenciones también de dirigentes sindicales invitados. En ese contexto, se dijo explícitamente: "El sentido de la reforma que tenemos que hacer en la Argentina es el mismo que Brasil, pero los modos son diferentes".[6] Expresiones que son realizadas después que se puso de manifiesto la necesidad de secuenciar las iniciativas y propuestas que

6 LA NACIÓN. "Coloquio de IDEA 2017: un punto de inflexión para el empresariado", Diario La Nación, 15 de octubre de 2017. Disponible en: https://www.lanacion.com.ar/economia/coloquio-de-idea-2017-un-punto-de-inflexion-para-el-empresariado-nid2072231. Acceso en: 14 de mayo de 2019.

estaban en consideración, para que sea posible su incorporación en la Argentina, al nivel de oposición y movilizaciones sociales contrarias a ellas y la existencia de una considerable resistencia a nivel parlamentario, y que, así como se explicita en este marco, se discute en foros institucionales y se menciona en los diarios.

Me refiero a las razones por las cuales hasta el tercer trimestre inclusive de 2017 no se había presentado un proyecto o proyectos gubernamentales con iniciativas de reforma laboral que introduzcan modificaciones sustantivas en la regulación del contrato individual de trabajo o del sistema de relaciones colectivas de trabajo. Es cierto que hubo una modificación legislativa relevante, en relación con el sistema de cobertura frente a los accidentes de trabajo, pero se procesó de un modo puntual. La modificación apuntó a restablecer la intervención obligatoria de una instancia médica administrativa, una Comisión Médica, para que los trabajadores puedan iniciar un recurso legal. Es decir que la evaluación de la Comisión Médica constituye un requisito indispensable, sin el cual el trabajador afectado no está habilitado para iniciar una demanda legal. La intervención previa de la Comisión Médica estaba prevista en la ley de Riegos del Trabajo que introdujo las ART en 1995, pero dicha obligatoriedad fue declarada inconstitucional y los tribunales habilitaban la doble vía para los resarcimientos, la establecida por la ley de Riesgos del Trabajo y la del derecho civil. En 2012, en la Ley 26773 se instituyó que los afectados o sus derechohabientes podrán optar por encarar instancias y demandas exclusivamente por una de las vías o sistemas de responsabilidad.

El gobierno de Macri –el presidente de manera asidua– critica la cantidad de juicios por accidentes de trabajo y enfermedades profesionales, y lo atribuye a razones impropias, a una judicialización excesiva, estimulada por los abogados. En esa perspectiva, impulsó la iniciativa de restituir el carácter obligatorio de la instancia médica administrativa, las Comisiones Médicas previstas en la Ley de Riesgos del Trabajo de 1995, ahora con el requerimiento de la adhesión de las jurisdicciones provinciales con el propósito de evitar el cuestionamiento de inconstitucionalidad. En contraste, desde otras perspectivas, el nivel de litigiosidad está relacionado con problemas del régimen de protección: no contemplar apropiadamente la prevención y la seguridad en el trabajo, las restricciones que impone el limitado listado de enfermedades que se considera, las bajas reparaciones ofrecidas, entre otros.[7]

La iniciativa fue aprobada por el Senado, pero ante las dificultades que se preveía para su aprobación por la Cámara de Diputados, durante el mes de enero el presidente Macri estableció la modificación normativa mediante un Decreto de Necesidad y Urgencia. Sin embargo, frente a la debilidad que ello generaba en relación con esta norma, impulsó su tratamiento y aprobación por Diputados, promulgándola y reglamentándola a fines de febrero de 2017.[8] Pero fuera de este cambio, no hubo modificaciones sistemáticas, de leyes laborales claves.

Hacia fines de octubre de 2017 se conoció el contenido de la iniciativa gubernamental, en relación con la cual los funcionarios ya habían realizado negociaciones con el "triunvirato" que dirigía

7 Cfr. crónica del debate realizado en la sede de la Universidad Metropolitana de los Trabajadores (UMET), coordinado por Julio Neffa, con la participación de académicos, abogados laboralistas, jueces, representantes gremiales. *Página 12*. "Los perdedores son los accidentados", Diario Página 12, 13 de febrero de 2017. Disponible en: https://www.pagina12.com.ar/19887-los-perdedores-son-los-accidentados. Acceso en: 14 de mayo de 2019.

8 Ley 27348 – Complementaria de la Ley de Riesgos del Trabajo, 24 de febrero de 2017, Disponible en: http://servicios.infoleg.gob.ar/infolegInternet/verNorma.do?id=272119. Acceso en: 14 de mayo de 2019.

la CGT. Al parecer, los lineamientos de dicha iniciativa ya habían sido acordados, lo que permitió desactivar el paro, que era reclamado activamente por importantes nucleamientos y grupos sindicales (Corriente Federal de Trabajadores, y diversos dirigentes al interior de la CGT, liderados por Moyano, líder del sindicato de camioneros). De acuerdo con los trascendidos y las referencias no públicas de algunos dirigentes sindicales, las negociaciones o acuerdos contemplaban que las iniciativas de reforma laboral se enfocaran en tres cuestiones, que se refieren más adelante. Señalando al mismo tiempo que las mismas no proponían modificar la ley de contrato de trabajo, ni las leyes de sindicalización y negociación colectiva. Por otro lado, se dejaba trascender que el gobierno contemplaba propiciar cambios que pretendía impulsar como parte de la reforma laboral sobre la base de acuerdos negociados por sector. Sin embargo, la iniciativa gubernamental que poco tiempo después presentó el gobierno nacional contemplaba cambios relevantes a la ley de contrato de trabajo.

El rechazo al impulso a las tres reformas, pero en especial la laboral y la previsional – en los términos que fue presentada al legislativo– dio lugar a la segunda huelga general convocada por la CGT con el apoyo de otras centrales sindicales. Finalmente, como ya se anticipó el gobierno no avanzó con la discusión parlamentaria de la reforma laboral.

En realidad, la política de impulsar la reforma laboral en base a una estrategia que combina la política laboral implementada por la administración del trabajo a través de sus líneas de acción sistemática, iniciativas legislativas puntuales, y la negociación de acuerdos sectoriales, ha sido el enfoque de su política laboral desde que asumió.

Asimismo, los procesos de negociación, los textos y disposiciones negociadas en los pocos casos en los que hubo acuerdo, permiten saber lo que implican estas negociaciones por sector, los contenidos negociados. "Acuerdos de este tipo necesitamos en todo el país en todos los sectores", afirmó Macri luego de concretar el convenio pionero en Vaca Muerta.[9] Según comentarios periodísticos, un dirigente metalúrgico de la UOM sostuvo: "Todos vamos a tener que ceder. Los empresarios pondrán estas cuestiones y nosotros pondremos, por ejemplo, la necesidad de inversión en maquinaria, etcétera, que no es solamente un tema de jornada, de aumento de los tiempos, de la intensidad". Luego, acuerdos de este tipo se extendieron o intentaron extender a otros sectores: como al yacimiento petrolero de Cerro Dragón en Chubut,[10] automotriz,[11] la construcción,[12] los trabajadores metalúrgicos de Tierra del Fuego, la industria láctea.[13] Con posterioridad surgirán otros acuerdos y

9 Ver TELAM. "Macri propone replicar el acuerdo de Vaca Muerta", 10 de enero de 2017. Disponible en: http://www.telam.com.ar/notas/201701/176166-reforma-sistema-laboral-macri-pidio-replicar-el-acuerdo-de-vaca-muerta.html. Acceso en: 14 de mayo.

10 LA NACIÓN. "Negocian un nuevo marco laboral para Cerro Dragón", Diario La Nación, 16 de enero de 2017. Disponible en: https://www.lanacion.com.ar/economia/negocian-un-nuevo-marco-laboral-para-cerro-dragon-nid1976162. Acceso en: 14 de mayo de 2019.

11 Ver MINISTERIO DE PRODUCCIÓN Y TRABAJO. "Acuerdo Automotriz", Disponible en: https://www.produccion.gob.ar/comunicados/2017/03/14/acuerdoautomotriz-60629. Acceso en: 14 de mayo de 2019.

12 Ver EL CRONISTA. "Cuáles son los principales puntos del Acuerdo para la construcción", Diario El Cronista, 3 de abril de 2017. Disponible en: https://www.cronista.com/economiapolitica/Cuales-son-los-principales-puntos-del-Acuerdo-para-la-Construccion-20170403-0081.html. Acceso en: 14 de mayo de 2018.

13 Ver EDAIRYNEWS. "Convenio marco sectorial industria láctea", 5 de mayo de 2017. Disponible en: https://edairynews.com/es/esta-es-el--acta-acuerdo-93329/. Acceso en: 14 de mayo de 2019.

negociaciones que más adelante en este texto mencionaremos en el apartado de los análisis de los acuerdos, tales como el acuerdo para el sector de hidrocarburos en Mendoza, así como las convocatorias al sector metalúrgico y al textil.

El primero de los acuerdos se negoció con el sindicato en el que se nuclean los trabajadores petroleros de Neuquén, en relación con las actividades en Vaca Muerta y otros ámbitos, y se incluyeron cláusulas que modifican aspectos de lo pactado en el CCT, mediante una 'Adenda' al mismo. Entre ellos: dejar de pagar los tiempos de traslado como tiempo de trabajo, un tema muy significativo para los petroleros, que tienen que trasladarse muchos kilómetros para ir y regresar, respectivamente, a y desde los yacimientos; modificar el criterio de un día de descanso por cada día de trabajo (1x1) a un día de descanso por cada dos días de trabajo (2x1); contemplar que con la instalación de equipos de luz artificial se podrá realizar maniobras nocturnas, para evitar los tiempos muertos; reducir la dotación mínima para los planteles de *fracking;* así como otros aspectos que hacen a la jornada y el pago de adicionales.[14]

---

14 Una seguidilla de accidentes de trabajo en una semana que culminó con la muerte de un trabajador en marzo de 2019, con el cual ya son seis los accidentes fatales en el término de poco más de un año en Vaca Muerta, originó un fuerte malestar entre los trabajadores y la reacción de los dirigentes del Sindicato de Petróleo y Gas Privado de las Provincias de Rio Negro, Neuquén y La Pampa, que convocaron a un paro de 24 hs. para el 4 de abril y motivó la primera reunión de una Comisión de Seguimiento del Acuerdo. Los dirigentes sindicales aprecian que el significativo nivel de accidentes y de accidentes mortales se origina en algunas de las modificaciones firmadas como parte del acuerdo sectorial , por lo cual están requiriendo su modificación, entre ellas el número de integrantes de los planteles mínimos en el *fracking* y algunos aspectos de la jornada de trabajo y descansos, así como en la debilidad de los cuidados para garantizar condiciones apropiadas que permitan mejorar la seguridad y el medio ambiente de trabajo, según se re-

Asimismo, se hizo un acuerdo en relación con los trabajadores metalúrgicos de Tierra del Fuego, otro en el sector lechero, vinculado con Sancor, que es una empresa en crisis; también se realizó un acuerdo en relación con el sector automotriz y fueron hechos acuerdos parciales con respecto a los trabajadores de empresas automotrices – no como acuerdo sectorial, al menos hasta ahora.

En realidad, en buena medida el modo en que se avanzó progresivamente en las "negociaciones y acuerdos sectoriales", en el marco estratégico de la política laboral, es congruente con la manera en que se contempla su papel: como un instrumento clave para el avance de la reforma laboral, en combinación con reformas normativas puntuales también claves.

¿En qué sentidos "en combinación"? Se espera que en la negociación sectorial se puedan acordar aspectos que no podrían ser impuestos por ley –no se conseguiría mayoría legislativa para su aprobación. Interesa destacar que se contemplan "negociaciones sectoriales", a veces focalizadas o referidas a ámbitos acotados correspondientes a empresas o regiones en situación de crisis, y que por ello no se desarrollan ni se encuadran en el marco de la revisión de una unidad de negociación del o de los convenio/s colectivo/s concernido/s, es decir con el ámbito de negociación colectiva regular

---

fiere en *Iprofesional*. "El ´convenio modelo de Macri para atraer inversiones peligra por accidentes en Vaca Muerta". Disponible en: https://www.iprofesional.com/economia/288947-petroleros-sindicato-riesgos-de-trabajo--En-Vaca-Muerta-peligra-convenio-laboral-para-atraer-dolares. Acceso en: 14 de mayo de 2019.

En los primeros días de mayo murieron dos trabajadores más en otro accidente, llevando la cifra de accidentes fatales en aproximadamente un año y medio a ocho. Ver PREMICI, S. "Vaca Muerte", Pagina 12, p. 18 y 19, Buenos Aires, 12 de mayo de 2019. Disponible en: https://www.pagina12.com.ar/193232-vaca-muerte. Acceso en: 20 de mayo de 2019.

en relación con los trabajadores involucrados, ni en su dinámica (por ejemplo, por el papel, el protagonismo que asumen en diversos aspectos los funcionarios estatales – incluso en su convocatoria y en el tenor de las iniciativas y propuestas a considerar). Porque es muy probable que tampoco fuera posible conseguir su aprobación en el marco de la negociación de un convenio colectivo de trabajo sectorial. De hecho el número de CCT homologados disminuyó fuertemente durante estos años en relación al año 2015 y previos, ya que los sindicatos evitan renegociar CCT en condiciones mucho más desfavorables, al tiempo que disminuyó significativamente la cantidad de acuerdos – básicamente de actualización salarial–, pero en estos casos la caída fue mucho menor.[15] El gobierno también contempla la posibilidad de impulsar negociaciones y lograr acuerdos que establezcan re-regulaciones de las condiciones de empleo en otro ámbito institucional enmarcado en situaciones de crisis: los Procedimientos Preventivos de (PPAs), es decir frente a las presentaciones de las empresas que plantean la necesidad de despidos colectivos de una parte significativa de su personal.

Esto es muy importante porque el sindicalismo en ciertos contextos puede tener una fortaleza relativa que le permita rechazar iniciativas que afecten significativamente las condiciones de empleo de sus afiliados, pero la situación se plantea de un modo diferente en un contexto en que los sindicatos ven limitada su ca-

15 Mientras en 2015 fueron homologados 104 CCT –la mayor parte de empresa–, su número se redujo a 54 en 2016, 29 en 2017 y 21 en 2018 –6 de sector y 21 de empresa. Los acuerdos cayeron de 1840 en 2015 a 1641 en 2016, 955 en 2017 y 1067 en 2018 -376 de sector y 691 de empresa. Cf. Observatorio de derecho social de la CTA autónoma. "Corriendo tras la inflación: conflictividad y negociación colectiva en el año del retorno a los brazos del FMI. Informe anual 2018", marzo de 2019. Disponible en: http://www.obderechosocial.org.ar/. Acceso en: 14 de mayo de 2019.

pacidad de acción, en particular en situaciones de crisis, en las que además resulta decisiva la incidencia de las determinaciones de la política pública en diversos planos. Es el caso de la actividad petrolífera (producción petrolera – petróleo y/o gas), en particular en la producción petrolífera no tradicional, *fracking*, por ejemplo, Vaca Muerta, con el posible debilitamiento y aún caída de la inversión en la provincia de Neuquén, para la que es clave la política pública en relación con el sector y ámbito concernido – condiciones de inversión y producción, destino-mercado y condiciones de venta de lo producido, inclusive estimulo mediante subsidios. O se trata de una importante crisis sectorial y regional, como en la producción de productos electrodomésticos e informáticos en Tierra del Fuego, en relación con la cual también son muy decisivas las políticas públicas que regulan la importación – incluido el nivel de los aranceles de importación. O como en el caso de Sancor, en el que se registra una situación de crisis sectorial que se combina con una crisis estructural de la empresa.

En este tipo de contextos, la capacidad de negociación de los trabajadores y de los sindicatos en los que se organizan y los representan suele encontrarse significativamente debilitada. En ellos, esa capacidad puede verse aún más condicionada por la intervención de la administración del trabajo y las políticas gubernamentales de distinto carácter que inciden sensiblemente sobre la actividad involucrada.

Además, en la Argentina, en virtud de la normativa que rige la sindicalización y la negociación colectiva, la capacidad de incidencia de la administración del trabajo es clave. Los convenios colectivos adquieren fuerza de ley, que se aplica a todos los trabajadores del ámbito de aplicación personal, sectorial y/o territorial correspondiente, sindicalizados y no sindicalizados, en tanto sean homologados por la autoridad administrativa del trabajo – el Ministerio de Trabajo, ahora Secretaría de Trabajo, que para ello ejerce control de legalidad y oportunidad.

La experiencia histórica al respecto es ilustrativa. Durante los años noventa hubo periodos en los que se estableció que los convenios o acuerdos debían contemplar negociaciones por productividad y el control de su cumplimiento, de la inclusión de las determinaciones al respecto, era condición para su homologación o registro. En contraste, no se controlaba con igual atención que los convenios o acuerdos resultantes de esas negociaciones – que contemplaban la productividad–, no transgredieran regulaciones que constituían normas de orden público La experiencia histórica al respecto es ilustrativa. Durante los años noventa hubo periodos en los que se estableció que los convenios o acuerdos debían contemplar negociaciones por productividad y el control de su cumplimiento, de la inclusión de las determinaciones al respecto, era condición para su homologación o registro. En contraste, no se controlaba con igual atención que los convenios, o acuerdos resultantes de esas negociaciones -que contemplaban la productividad-, no transgredieran regulaciones que constituían normas de orden público, es decir de normas que no estaba a disposición de las partes incumplir. Dichas transgresiones, sin embargo, no eran observadas en el control de legalidad. Esta dinámica se vio facilitada por un marco institucional y de orientaciones de la política pública que de hecho alentaba este tipo de negociaciones y acuerdos. Ocurre, que interviene en todo ello el Ministerio (hoy Secretaría) de Trabajo, que al mismo tiempo que promueve dichos objetivos y orientaciones tiene la responsabilidad del control de oportunidad y legalidad. Es claro el tipo de situación que se configura.

Los proyectos legislativos incluidos en la reforma laboral que el gobierno impulsó y consensuó con el triunvirato que tenía a su cargo la dirección de la CGT en 2017 fueron tres. Un proyecto de

Ley que incluía el blanqueo de empleo no registrado y se presenta como modo de evitarlo, cuando en realidad tiende a lubricarlo. Es obvio, por lo antes descripto, cuál es el instrumento que se pretende legitimará y establecerá como herramienta clave con el propósito esgrimido de promover la inversión, la actividad y el empleo: la reducción de las contribuciones patronales y del pago de las deudas por la evasión resultante de no haber registrado relaciones laborales, así como la garantía de evitar demandas y sanciones al respecto.

El segundo proyecto de Ley está vinculado con la intervención del movimiento sindical, en relación con los recursos del sistema de salud y el financiamiento de las obras sociales. El gobierno tiene el propósito de fortalecer su capacidad de presión y acuerdo con la CGT y los sindicatos, así como de instituir que parte de los recursos de las obras sociales sindicales y del sector estatal contribuyan al financiamiento de un sistema que se presenta como de universalización de la cobertura de salud, pero cuya configuración, así como beneficiarios, son objeto de debate entre los sanitaristas, ya que beneficiará en buena medida al sector privado de la salud.

Luego de la fuerte oposición y desgaste que supuso en particular la aprobación de las modificaciones al sistema jubilatorio en los últimos días del 2017, el gobierno optó por no impulsar durante fines de 2017 ni durante 2018 la discusión y aprobación de cambios normativos relevantes en la regulación de la ley de Contrato de Trabajo y/o de Negociación Colectiva y reafirmó que algunas iniciativas que consideraba relevantes las trataría de acordar como parte de "Negociaciones sectoriales", a las que ya se aludiera.

El propósito era al menos tratar de evitar la participación de la CGT en nuevos paros generales y acciones de protesta en contra de la política económico-social y laboral, en cuya necesidad coincidían nucleamientos al interior de la CGT, como la Corriente Federal, camioneros y gremios afines, así como ambas CTAs.

Las dos iniciativas que el gobierno ahora consideraba clave incluir en las "Negociaciones sectoriales" eran la creación de un "Fondo de cese laboral", en base al aporte de los trabajadores y en reemplazo de la indemnización por despido, y el "Banco de horas" para facilitar que los empleadores puedan regular con amplias prerrogativas el tiempo de trabajo requerido – la jornada diaria, semanal, y mensual– evitando pagar horas extras y eludiendo o minimizando compensaciones o pagos por reducción de la jornada o suspensiones.

Es decir, se trata ahora de volver a impulsar "Acuerdos sectoriales" del tipo que ya realizaron previamente, en relación con los trabajadores petroleros de Vaca Muerta, los trabajadores metalúrgicos de Tierra del Fuego, los trabajadores de Sancor, impulsando en esta instancia la inclusión a nivel de las negociaciones sectoriales o de empresa dichas iniciativas de reforma que intentaron sin éxito impulsar legislativamente como parte de la reforma laboral que presentó en 2017, y que luego, frente al contexto de rechazo, decidió no impulsar.

Al momento de cerrar este texto, a inicios de 2019, el gobierno ya impulsó y logró la firma de un acuerdo para el sector de hidrocarburos de Mendoza, promovió la convocatoria para negociar en el sector del transporte aéreo, y realizó convocatorias para negociar acuerdos sectoriales en la actividad textil y en relación con los trabajadores metalúrgicos. Esos dos últimos fracasaron porque la representación sindical no concurrió.[16]

---

16 LUKIN, Tomás. "La pata gremial metalúrgica faltó a la cita El segundo capítulo de la flexibilización laboral por sector también fracasó", *Pagina12,* ECONOMÍA, 1 de febrero de 2019, Buenos Aires. Allí se menciona que "El Gobierno sigue sin encontrar eco en los gremios industriales para su intento de reforma laboral por sector. Pero insiste en convocar a reuniones donde queda desairado. Ayer, fue con los metalúrgicos. Antes habían sido los textiles".

Al mismo tiempo, en este contexto de fuerte retracción de la actividad económica y en particular productiva, incremento del desempleo y subempleo, el gobierno alienta que las empresas presenten Procedimientos Preventivos de Crisis y en su marco se promuevan acuerdos que impongan condiciones más desfavorables para los trabajadores que las establecidas en los CCT cuyas cláusulas están vigentes, predominantemente debido a la ultraactividad de estas. Mientras antes, como se refirió, desalentaba la posibilidad de que estos dispositivos pudiesen constituir un ámbito de interés en el que desarrollar una intervención activa y alentar ciertas iniciativas, en el contexto de un cambio previo de orientación en relación con los mismos asumido durante fines de 2016 e inicios de 2017.[17]

Por lo pronto, es importante compartir algunos datos acerca de la evolución del empleo en el marco de estas políticas, que, pese a lo argumentado no dio lugar a más inversiones, ni empleos, ni más empleos registrados. Por el contrario, la caída del PBI en el último trimestre de 2018 alcanzó al 6,2%, mientras que su caída

17 La evolución de su número desde 2016 fue: 55 en 2016, 83 en 2017 y 108 en 2018. Salerno, N., Sacco, E., Paz E.; Ciurleo, E. y Strada, J. (2019) consignan que a partir de 2018 comienza a homologarse los PPCs. Un caso muy significativo fue el de Carrefour. El secretario general de Empleados de Comercio, Armando Cavallieri negoció un acuerdo que se firmó con la empresa, en la quinta de Olivos en presencia del presidente de la Nación Mauricio Macri. "El acuerdo arribado permitió bajar costos para la cadena de supermercados, abrir retiros voluntarios y flexibilizar ítems del convenio colectivo. Otro de los procesos preventivos de crisis aprobados por el Ministerio de Trabajo en 2018, involucró a la aerolínea Avianca. En palabras del CEO de la empresa en Argentina, Carlos Colunga, "la empresa queda eximida de pagar cargas sociales al Estado y podemos ir conversando con los pilotos para ver quienes arreglan su desvinculación mediante un retiro voluntario o acordar de qué manera podemos enfrentar la situación, pero seguir así es imposible".

anual el 2,5%; con lo cual durante el gobierno del presidente Macri, se registró una caída en términos anuales acumulativos, del -0,3 %. También según el informe de coyuntura de CIFRA la tasa de desempleo aumentó del 7,2% en el último trimestre de 2017 al 9,1% del último trimestre de 2018, el registro más alto de los cuartos trimestres desde 2005. Este aumento en la desocupación se explica fundamentalmente por la caída en la tasa de empleo que se redujo de 43,0% a 42,2% sobre la población total. Al mismo tiempo entre los últimos trimestres del 2017 y del 2018 el subempleo demandante de trabajo aumentó del 7,2% al 8,7% y el empleo asalariado no registrado del 34,3 al 35,3% (Barrera, González y Manzanelli, 2019).

Las reformas en la seguridad social

Llamativamente, en los primeros meses del gobierno de Macri fueron impulsadas dos iniciativas concernientes al establecimiento de ciertos beneficios, aunque ya entonces inscriptos y con la pretensión de contribuir en una muy otra orientación a aquella de ampliación de derechos, de promover procesos de igualdad. Una, en relación con el sistema previsional, la creación de la Pensión Universal para el Adulto Mayor (PUAM); otra incorporando a los hijos/as de los monotributistas desde la categoría 'A' hasta la 'H' inclusive a la cobertura del sistema de asignaciones familiares contributivas concernientes a los niños y niñas, los beneficios de la asignación por hijo, la asignación prenatal, y la asignación familiar por ayuda escolar anual.

Cabe señalar que los gobiernos de Néstor Kirchner y Cristina Fernández de Kirchner, al tiempo que dieron centralidad al trabajo y al carácter protectorio de su regulación, como elemento clave para fortalecer los modos de inclusión social y los lazos sociales, al papel del Estado en relación con éste y otras campos de la vida social y las relaciones sociales, también desarrolló una transformación en la

Seguridad Social, en particular en relación con el sistema jubilatorio y con el establecimiento de la Asignación Universal por Hijo. Se trató de un proceso de reforma del sistema de seguridad social, de cambios decisivos en sentidos y con características contrarias a las que fueron impuestas durante los años en los que prevalecieron las orientaciones neoliberales. Cambios en los que entre 2003 y 2015 se avanzó de modo progresivo, no programado, mediante iniciativas que se fueron elaborando en el marco del propio proceso socio histórico

En relación con el sistema previsional los gobiernos kirchneristas avanzaron a través de medidas e iniciativas puntuales. Por una parte, con dos iniciativas de incorporación previsional de personas que tenían la edad para jubilarse, pero no tenían los años requeridos de contribuciones al sistema. Estas iniciativas, "Plan de Inclusión Previsional", de 2005,[18] y una ampliación del Plan que se denominó "Segunda Etapa de Inclusión Previsional" en 2014,[19] implementadas con el propósito de incluir a quienes por sus trayectorias laborables y contributivas quedaron imposibilitados de acceder a la jubilación, permitieron llevar la cobertura del sistema previsional bien por arriba del 90 % de las personas en edad de jubilarse. Por otra parte, una serie de diversas medidas tendientes a incrementar los haberes previsionales, que finalmente incorpora un mecanismo sistemático de movilidad previsional con una fórmula para su actuali-

---

18 Mediante el Decreto del Poder Ejecutivo Nacional 1454/2005. "Jubilaciones y Pensiones", 25 de noviembre de 2005. Disponible en: http://servicios.infoleg.gob.ar/infolegInternet/verNorma.do?id=111942. Acceso en: 14 de mayo 2019.

19 Establecida por Ley Nº 26970/2014, "Sistema Integrado de Jubilaciones y Pensiones. Régimen de Regularización", 27 de agosto de 2014. Disponible en: http://servicios.infoleg.gob.ar/infolegInternet/verNorma.do?id=234847. Acceso en: 14 de mayo 2019.

zación, con ajustes previstos dos veces por año, aprobado en 2008.[20] Al mismo tiempo, primero impulsó una modificación parcial del régimen previsional, y poco tiempo después, también en el año 2008, promovió y aprobó la Ley que creó el Sistema Integrado Previsional Argentino (SIPA), como sistema estatal de reparto, es decir se elimina el régimen de capitalización y la participación privada.[21] El estudio de A. Beccaria y C. Danani (2011) brinda un análisis muy sistemático del proceso de transformaciones del sistema previsional, al que las autoras denominan proceso de "contrarreforma", de su sistema institucional y aspectos culturales, de la importancia de los cambios en la cobertura como en relación con la evolución de los haberes, de la estructura de estos y de su valor real.

Cabe subrayar la importancia de esta transformación: ningún otro país de América Latina, que había hecho avances en la "reforma" de su sistema previsional adoptando un sistema de capitalización y la participación protagónica de organizaciones privadas, lo transformó nuevamente para establecer un sistema de reparto, de carácter estatal, con la eliminación de la participación privada.

Ello implicó no sólo transformar el carácter, la estructura, del sistema previsional, de cambios en las relaciones sociales y en la subjetividad, singular y colectiva que promueve; sino que también contribuyó a reconfigurar el financiamiento de la seguridad social, en términos de sus fuentes y el tipo de beneficios cubiertos,

20 Por medio de la Ley 26417/2008. "Movilidad de las Prestaciones del Régimen Previsional Público", 15 de octubre de 2008. Disponible en: http://servicios.infoleg.gob.ar/infolegInternet/anexos/145000-149999/145867/norma.htm. Acceso en: 14 de mayo de 2019.

21 Mediante Ley 26425/2008. "Régimen Previsional Público. Unificación", 4 de diciembre de 2008. Disponible en: http://servicios.infoleg.gob.ar/infolegInternet/anexos/145000-149999/148141/norma.htm. Acceso en: 14 de mayo de 2019.

incluyendo el financiamiento de la Asignación Universal por Hijo (AUH), que se establece como un beneficio que extiende la cobertura de las asignaciones familiares a sectores no cubiertos con una impronta de alcance universal, aunque imperfecta, así como diversos programas.[22] Además, la AUH, conlleva una necesaria articulación, con otros ámbitos de la política pública, al menos con el sistema educativo y con el de salud, por la condicionalidad de escolarización y la vacunación. Responsabiliza a los padres, pero al mismo tiempo que el Estado y la política gubernamental asumen su propia responsabilidad en facilitar y promover las condiciones para ello. En relación con la educación, la política pública avanzó con la extensión de la educación preescolar y la obligatoriedad de la escuela media, al mismo tiempo que asumió el compromiso de destinar recursos por al menos 6% del producto a la educación, y también estableció un amplio plan nacional de vacunación (se incrementó de 6 a 16 las vacunas incluidas accesibles en forma gratuita) e impulsó a la atención primaria en salud.

Cabe destacar que los impactos de los cambios en la seguridad social, en particular en el sistema previsional, en la situación fiscal y los procesos de endeudamiento o desarrollos de Fondos de los sistemas públicos, suelen tener una importancia mayor.

Para el caso, hay estudios que ponen de relieve que una parte significativa del crecimiento de la deuda externa de Argentina a partir de los años 90 se vio impulsada por la privatización del sistema previsional (Roca, 2001). En todo caso, la incidencia combinada de reducir drásticamente las contribuciones empresariales para el sistema previsional y el conjunto de las correspondientes a la segu-

22 En relación con las transformaciones en las lógicas sociales, en las condiciones que se configuran para el desarrollo de la subjetividad individual y colectiva, ver Feldman (2014) e Feldman (2013).

ridad social; eliminar como fuente de financiamiento de ANSES los aportes y contribuciones previsionales, que con el establecimiento del sistema de capitalización y la participación privada se derivaron a las cuentas individuales del sistema de capitalización, administradas por las AFJPs; al mismo tiempo que la ANSES se hacía cargo, de los otros componentes que compensaban aportes en periodos previos o sistemas de solidaridad que tenían horizontes de cobertura acotados o parciales, fue clave en la configuración de los desafíos para el financiamiento estatal: se asumió como deuda pública un compromiso que, en el sistema de reparto, se financia por medio de la solidaridad intergeneracional en la que se basa su funcionamiento.

La orientación de los cambios que impulsó el gobierno de Macri en relación con la seguridad social establecen una marcada distinción en los compromisos que se adquirió con quienes han cumplido oportunamente con los requisitos contributivos que requería o requiere el sistema, de los que tienen quienes acceden a beneficios o coberturas otorgadas por no poder acceder a aquellas del modo regular previsto, o por acceder a otros beneficios. En tanto, promueve incrementar los requisitos para los beneficios contributivos y perfila el carácter asistencial de los beneficios no contributivos.

Al mismo tiempo, impulsa activamente la reducción de los compromisos del Estado y su incidencia en el gasto público en relación con el sostenimiento de unos y otros. En congruencia con la centralidad e importancia que le otorga a la reducción de la incidencia impositiva y del gasto público como objetivo de las políticas que implementa. A lo que se suma (en lo que resta o detrae) el uso amplio y generalizado de la reducción de las contribuciones a la seguridad social, como instrumento clave, decisivo, de la política laboral.

En relación con la relevancia que adquiere la distinción entre los sistemas y beneficios contributivos y no contributivos en las transformaciones de las seguridad social implementadas por el gobierno de Macri es muy esclarecedor el aporte de A. Beccaria, Claudia Danani y S. Rottenschweiler (2018), quienes en razón de la significación que supone tal transformación en relación con el sistema de seguridad social, considerando particularmente las coberturas para los adultos mayores por una parte (que consideran una nueva reforma del sistema previsional) y la destinada a los niños, niñas y adolescentes por otra, por la extensión de la cobertura de las asignaciones familiares, la caracterizan como nueva reforma algo más amplia, y caracterizan a dicho proceso como un cambio estructural, que afecta la cobertura horizontal, la cobertura vertical y los contenidos político culturales de los dos componentes referidos.

En junio del año 2016 impulsó y se sancionó la Ley N°27.260, que establece el "Programa Nacional de Reparación Histórica", y crea la PUAN, a la que ya hicimos referencia. Por medio del Programa propone un esquema de acuerdos, a celebrar dentro de un periodo de tres años, entre la ANSES (y el Estado) y cada beneficiario, para resolver los litigios y los incrementos de los haberes de quienes estarían en condiciones de litigar. Acuerdos que contemplan su homologación judicial. La PUAN constituye una pensión que beneficia a quienes tienen 65 años y no están en condiciones de acceder a la jubilación por carecer de contribuciones suficientes al sistema previsional y no reciben ningún otro beneficio o transferencia de la política pública. No se puede acumular con una pensión, ni prevé que a la muerte del beneficiario pueda generar algún beneficio para un derecho habiente. La edad requerida supone un incremento respecto a la vigente para las mujeres para acceder a la jubilación, al tiempo que es menor a la que se requiere para las pensiones no contributivas para hombres y mujeres. El beneficio se calcula como el 80% de la jubilación mínima. Habilita a trabajar hasta completar los requisitos para la jubilación, habilitación que quedó eliminada a partir del 4 de diciembre de 2018 por una modificación establecida en la Ley de Presupuesto Nacional 2019.[23] En tal sentido, la PUAN brinda un beneficio bien inferior que el que se concede a través del Plan de Inclusión Previsional, y que una vez que el beneficiario completa el pago en cuotas de la moratoria – que se detraían de su haber –, cobran el haber mínimo. Asimismo, hay que puntualizar que quienes acceden a la jubilación por el Plan de inclusión previsional pueden sumar el beneficio de la pensión en el caso de muerte del cónyuge, o los cónyuges la pensión a la muerte de aquel.

Por otro lado, en relación con el sistema de asignaciones familiares contributivas, a inicios del 2016, amplió los topes de ingresos que permiten recibirlas, y meses más tarde se incorporó a los monotributistas hasta la categoría H a la cobertura del sistema de asignaciones familiares contributivas, pero sólo para algunos de sus beneficios: la asignación por hijo, la asignación prenatal, y la asignación familiar por ayuda escolar anual.

En diciembre sancionó la Ley de Reforma Previsional, que estableció una nueva fórmula para el cálculo de la movilidad previsional, y su cobro en forma trimestral, que implicó un sistema de actualización menor que el sistema vigente hasta entonces.[24]

23 Por Ley 27.467, "Presupuesto Nacional 2019", 15 de noviembre de 2018, se modifica el artículo 16 de la ley 27260, determinando que el goce de la PUAM será incompatible con el desempeño de cualquier actividad en relación de dependencia o por cuenta propia, excluyendo en este último caso a los contribuyentes adheridos al Régimen Simplificado para Pequeños Contribuyentes que estén inscriptos en el Registro Nacional de Efectores de Desarrollo Local. Por la misma ley también se introduce un aspecto adicional tendiente a acotar el acceso a la PUAM: se incorpora en el último párrafo del artículo 13 de la ley 27260 la realización de una evaluación socioeconómica y patrimonial en forma previa a su otorgamiento.

24 En el trabajo de Beccaría et al, referido en la nota anterior se ofrece el cálculo de la disminución de los haberes en relación con la actualización que hubiera correspondido con lo establecido con la fórmula de movilidad previa.

Asimismo incorpora dos disposiciones que establecen diferencias en los beneficios entre los que accedieron a la jubilación por el Plan de inclusión previsional, de quienes lo hicieron por cumplimentar con los requisitos contributivos: quienes accedieron por el Plan de inclusión no están alcanzados de la garantía de que su haber no puede ser menor al 82% del Salario Mínimo, Vital y Móvil y recibieron un bono compensatorio por la diferencia en la actualización, del 50% del que se otorgó a los jubilados que no accedieron por el Plan.

Por otra parte, estimaciones del impacto de las modificaciones en la disminución de las contribuciones empresariales a la seguridad social, incluidas en la Ley 27430 del 2017 de Reforma Fiscal realizadas por el Instituto Pensamiento y Políticas Públicas (IPyPP) en base a diferentes posibilidades de especificación y aplicación de las disposiciones del proyecto de ley, permiten apreciar que su impacto en la reducción del financiamiento de la seguridad social será creciente con su progresiva aplicación y en cualquier caso, el más amplio que se ha implementado luego de la reducción a la mitad de las previamente existente que realizó Domingo Cavallo en los años 1990 (Lozano y Rameri, 2017).

A modo de cierre

Una síntesis de cierre: el gobierno de Macri lleva más de tres años de gestión de su mandato de cuatro. El gobierno optó en una primera etapa por no promover inicialmente leyes de reformas laborales y de la seguridad social, en tanto apreciaba que no tenía condiciones para lograr la aprobación del tipo de iniciativas que le interesa sancionar. Además, actualmente enfrenta un movimiento sindical y social en el que existe una fuerte oposición a reformas como las que intenta promover. Sin embargo, tiene diálogo y relaciones con dirigentes sindicales proclives a negociar y acordar, o sensibles a presiones en ese sentido, que le permiten promover activamente acuerdos del tipo de los mencionados, que incorporen cláusulas puntuales que van en la dirección que contempla la reforma que considera conveniente.

En otras palabras, generar nuevos hechos consumados, alcanzados en contextos o condiciones tales que avanza impulsando las reglas que quiere imponer, y además estableciendo prácticas que en su perspectiva no sea fácil de revertir. Aprecio que varias de estas normas y acuerdos laborales no son imposibles de revisar y modificar en un contexto diferente, centralmente por el hecho de ser normas y acuerdos establecidos en el marco de nuestro sistema jurídico. Pero, efectivamente, los compromisos y normas en relación con el endeudamiento, así como las normas vinculadas con la política fiscal son más difíciles de modificar, al menos en las cuestiones especialmente claves. Más aún cuando se establecieron acuerdos con el FMI al respecto. En caso de que la negociación para formar parte de la Organización para la Cooperación y el Desarrollo Económicos (OCDE en español, OECD en inglés) avance y se acuerde, haría aún más compleja su revisión.

Ello va a comprometer los alcances del financiamiento de la seguridad social y de la política social. Por lo tanto, comprometerá una parte significativa de los recursos que demandan los apoyos a los sistemas de derechos, incluyendo por ejemplo la seguridad social – incluyendo el sistema previsional, las asignaciones familiares la AUH –, las políticas de género, contra la violencia hacia las mujeres, la educación sexual integral, en relación con los niños/as y adolescentes, con la educación, la salud, la vivienda y otras, relacionadas con el acceso a la cobertura de diversas necesidades básicas.

Lo que se pueda regular después va a quedar comprometido por lo que ahora se define sin la discusión informada de sus implicancias. En tal sentido, los aspectos que me interesó considerar en este texto incluyen las cuestiones vinculadas con dimensiones en relación con el trabajo, los ingresos y otros aspectos de las condiciones de vida que inciden o se proponen incidir sobre los procesos de constitución y desarrollo de los sujetos individuales y colectivos en Argentina, en los años recientes. Considero que estas cuestiones son de la mayor importancia por su incidencia en los procesos de igualdad / desigualdad, sobre la condición de las personas como integrantes de la sociedad, las densidades de la ciudadanía y la democracia.

Ello incluye considerar las políticas que buscan impulsar y asegurar las lógicas hoy predominantes – la ganancia especulativa, la valorización financiera, las condiciones y garantías que éstas demanden para incrementar, así como asegurar altísimos beneficios–, y que se pretende justificar argumentando que se trataría de evitar que los costos de considerar las necesidades de las personas y sus derechos pudiesen comprometer la sustentabilidad del funcionamiento económico, así concebido.

Una cuestión central es analizar los cambios que todo ello implica en relación con las orientaciones y políticas impulsadas durante la larga década de los gobiernos kirchneristas. En dicha perspectiva, me propuse considerar un aspecto relevante que según el estudio realizado caracteriza los cambios producidos en las políticas públicas con el gobierno del presidente Macri, en contraste con las implementadas durante los gobiernos del presidente Kirchner y de la presidenta Fernández de Kirchner: mientras en éstos se avanzó de manera importante en la ampliación – reconocimiento, legitimación e institucionalización – de derechos de las personas y de derechos colectivos, en una orientación que promovía la ampliación de los espacios y procesos de igualdad; en el gobierno del macrismo se cambia decisivamente esta orientación y se da centralidad a la promoción de lógicas mercantilistas, a una perspectiva meritocrática asociada a un individualismo exacerbado, que desconoce la densidad y el entramado de los procesos sociales, así como a privilegiar y jerarquizar los derechos de las empresas y del capital, por encima de cualquier marco regulatorio que contemple de manera sustantiva derechos de las personas y societales en general

En tal sentido, en contraste con lo que se afirmó en los discursos electorales del macrismo y la alianza *Cambiemos*, que se iba a sostener y perfeccionar aquellas políticas socio-laborales tendientes a la mejora del bienestar de la población, con lo que se lograría erradicar la pobreza, su gobierno impulsó transformaciones que, tal como se analizó, las modificaron de modos decisivos, y afectaron la posibilidad de sostenerlas y más aún de enriquecerlas en dichos sentidos. Por el contrario, de un modo sistemático el gobierno del presidente Macri promovió orientaciones e implementó acciones regresivas en términos de derechos, que implicaron el desfinanciamiento de aquellas políticas públicas, imponiendo lógicas y procesos que con su devenir dieran lugar a condiciones que facilitaran que se pudiese justificar, legitimar y promover el debilitamiento de las mismas, y en general de las políticas públicas con una orientación que fortaleciese los espacios de igualdad, el bien común y los bienes públicos. En particular, en tres campos claves: la política laboral, la política de la seguridad social y la política fiscal.

Las condiciones, experiencia social y desarrollos institucionales vividos en la sociedad argentina, en particular en relación con el conflicto, la organización y la movilización social, así como el desarrollo de las políticas de la seguridad social y programas sociales – que fueron implementadas de un modo progresivo a partir de la crisis que hizo eclosión en el 2001/2002–, fortalecieron las tramas de redes y dispositivos sociales, en particular para los sectores previamente excluidos, expulsados, e incorporados de modos excluyentes, con escalas, alcances y densidad social largamente superiores a lo antes experimentado en Argentina, junto a sistemas de transferencias de ingresos básicos de montos significativos, de amplia cobertura. Este marco motivó la política macrista de avanzar en las reformas de un modo secuencial, para facilitar la recepción de los cambios promovidos, su aceptación, la promoción de expectativas de la población en las políticas gubernamentales, así como la aprobación parlamentaria de normas claves, en un contexto en el que no tenía mayoría en dicho ámbito.

A esta secuenciación, el gobierno la denominó "gradualismo", es decir un ajuste y transformaciones normativas graduales, secuenciadas, con el argumento que ello tenía el propósito de cuidar los eventuales impactos sociales inconvenientes, mientras se desplegaban los efectos benéficos en relación con el bienestar, que generarían los cambios realizados.

Al mismo tiempo, dicho "gradualismo" se vio facilitado y suscitado por los desarrollos de las políticas del gobierno anterior: el desendeudamiento, la situación del empleo, las coberturas sociales (sistema previsional, AUH, programas de ingresos / empleo a sectores con inserciones laborales de subempleo, más inestables y de baja productividad, el desarrollo de organizaciones y redes sociales de sectores subalternos). Es decir por el papel de las políticas públicas previas y los procesos de movilización social, que contribuyeron al desarrollo de marcos que brindan condiciones para el sostenimiento de la capacidad de los sectores subalternos de realizar actividades que mitiguen en alguna medida los impactos de la crisis y las políticas regresivas en materia de derechos, acceso a ingresos, alimentación, la salud, la educación, servicios básicos.

Un avance clave en dichos cambios se profundizó a partir del triunfo electoral del macrismo a fines de 2017 (reforma en el sistema de actualización previsional, reforma fiscal, iniciativas de avance con la reforma laboral, en diciembre de 2017). De hecho, desde fines de 2015, es decir a partir del cambio de gobierno, hubo un deterioro en las condiciones socioeconómicas, que evolucionaron de un modo acotado, contenido, con fluctuaciones, hasta inicios del 2018, que se aceleró desde abril de ese año y en particular en los últimos meses y que todo hace prever se acentuaran en los próximos. Ocurre que el gobierno profundiza fuertemente el proceso de ajuste, el tan amplio como indiscriminado estimulo de las importaciones y los desequilibrios del balance comercial y de pagos, el endeudamiento externo el proceso de devaluación y las políticas regresivas en materia fiscal, de ingresos, de empleo y de los servicios básicos en cuanto a derechos a la educación, la salud, la vivienda.

Y se acentúan la pobreza y la desigualdad.

Bibliografía

BARRERA, M.; GONZÁLEZ, M.; MANZANELLI, P. (coord.), "Informe de coyuntura Nº 29", abril de 2018, CIFRA-CTA. Disponible en: http://www.centrocifra.org.ar/publicacion.php?pid=136. Acceso en: 14 de mayo de 2019.

BECCARIA, A.; DANANI, C.; ROTTENSCHWEILER, S. "Lo que fue, lo que es, lo que será. Transformaciones de la Seguridad Social para adultos mayores y niños, niñas y adolescentes en la Argentina, 2003-2017 (¿y después?)". En GRASSI, E.; HINTZE, S. (coords.), *Tramas de la desigualdad. Las políticas y el bienestar en disputa.* Buenos Aires: Prometeo libros, 2018.

CASTILLO MARÍN, L. "Las novedades en las políticas de empleo en 2016", Congreso de Estudios del Trabajo, ASET, Buenos Aires, 2017.

DANANI, C.; BECCARIA, A. "La (contra) reforma previsional argentina 2004-2008: aspectos institucionales y político-culturales del proceso de transformación de la protección". En: DANANI, C.; HINTZE, S. (coords.), *Protecciones y desprotecciones: la seguridad social en la Argentina, 1990-2010*. Los Polvorines: Universidad Nacional de General Sarmiento, 2011. Disponible en: http://

www.ungs.edu.ar/areas/publicaciones/365/protecciones-y-desprotecciones-la-seguridad-social-en-la-argentina-1990-2010.html. Acceso en: 14 de mayo de 2019.

FELDMAN, S. "Los cambios en la desigualdad/igualdad como cuestión de agenda pública". En: RINESI, E. y AAVV. 'La Universidad interviene en los debates nacionales', Buenos Aires: UNGS, 2014.

_______. "Pensar procesos de cambio en relación con la desigualdad – igualdad en los últimos diez años de la Argentina", *Laboratorio revista de Estudios sobre Cambio Estructural y Desigualdad Social,* n. 25, año 14, otoño de 2013, Instituto de Investigaciones Gino Germani, Facultad de Ciencias Sociales, de la Universidad de Buenos Aires. Disponible en https://publicaciones.sociales.uba.ar/index.php/lavboratorio/article/view/122/109.

GALÍN, P. "Desregular por la fuerza". En: *Le Monde diplomatique Edición Cono Sur*, n. 85, Buenos Aires, julio, 2006.

LOZANO, C.; RAMERI, A. "La Reducción de las Contribuciones Patronales de Macri: elementos para el análisis. Segunda Parte". Instituto Pensamiento y Políticas Públicas, Buenos Aires, noviembre de 2017. Disponible en: https://ipypp.org.ar/descargas/2017/Reduccion%20de%20Contribuciones%20Patronales2.pdf. Acceso en: 14 de mayo de 2019.

ROCA, E. "La Seguridad social en un contexto de precariedad laboral," Ponencia - Seminario Precariedad laboral, vulnerabilidad social y seguridad socioeconómica, Fundación Alemana para el Desarrollo Internacional (DSE), Centro Interdisciplinario par el Estudio de Políticas Públicas (CIEPP) y Centro de Estudios sobre Población, Empleo y Desarrollo (CEPED). Buenos Aires, 2001.

SALERNO, N., SACCO, E., PAZ, E. CIURLEO, E.; STRADA, J., "Procesos preventivos de crisis, concursos y quiebras. Cuantificación y análisis de su evolución reciente en Ciudad de

Buenos Aires y Provincia de Buenos Aires (2016-2018)", Buenos Aires:CEPA, 2019. Disponible en:https://centrocepa.com.ar/informes/142-procesos-preventivos-de-crisis-concursos-y-quiebras-cuantificacion-y-analisis-de-su-evolucion-reciente-caba-y-pcia-bs-as-2016-18.html. Acceso en: 14 de mayo de 2019.

Nota periodísticas

EDAIRYNEWS. "Convenio marco sectorial industria láctea", 5 de mayo de 2017. Disponible en: https://edairynews.com/es/esta-es-el-acta-acuerdo-93329/. Acceso en: 14 de mayo de 2019.

EL CRONISTA. "Cuáles son los principales puntos del Acuerdo para la construcción", Diario *El Cronista,* 3 de abril de 2017. Disponible en: https://www.cronista.com/economiapolitica/Cuales-son-los-principales-puntos-del-Acuerdo-para-la-Construccion-20170403-0081.html. Acceso en: 14 de mayo de 2018.

EL CRONISTA. "Macri: `No hubo, en la historia, un presidente más preocupado que yo por la generación de empleo´", 19 de octubre de 2018. Diario *El Cronista.* Disponible en: de https://www.cronista.com/economiapolitica/Macri-Los-de-argentinos-estamos-saliendo-de-esto-que-paso-mucho-mas-fortalecidos-20181019-0044.html. Acceso en: 14 de mayo de 2019.

INFOBAE. "González Fraga, ´Le hicieron creer a un empleado medio que podía comprarse celulares e irse al exterior´", Diario *Infobae,* 27 de mayo de 2016. Disponible en: https://www.infobae.com/2016/05/27/1814472-gonzalez-fraga-le-hicieron-creer-un-empleado-medio-que-podia-comprarse-celulares-e-irse-al-exterior/. Acceso en: 14 de mayo de 2019.

IPROFESIONAL. "El ´convenio modelo´ de Macri para atraer inversiones peligra por accidentes en Vaca Muerta". Disponible en:

https://www.iprofesional.com/economia/288947-petroleros--sindicato-riesgos-de-trabajo-En-Vaca-Muerta-peligra-convenio--laboral-para-atraer-dolares. Acceso en: 14 de mayo de 2019.

LA NUEVA. "Macri, sobre su gira en Asia: "Todos piden seguridad jurídica para invertir", Diario *La Nueva,* 21 de mayo de 2017. Disponible en: https://www.lanueva.com/nota/ 2017-5-21-9 -59-0-macri-sobre-su-gira-en-asia-todos-piden-seguridad-juridica-para-invertir. Acceso en: 14 de mayo de 2019.

LA NACIÓN. "Transcripción completa del debate presidencial entre Macri y Scioli", *Diario La Nación,* 16 de noviembre de 2015. Disponible en: https://www.lanacion.com.ar/politica/transcripcion-completa-del-debate-presidencial-entre-Macri-y-Scioli--nid1845904. Acceso en: 14 de mayo de 2019.

LA NACIÓN. "Negocian un nuevo marco laboral para Cerro Dragón", *Diario La Nación,* 16 de enero de 2017. Disponible en: https://www.lanacion.com.ar/economia/negocian-un-nuevo--marco-laboral-para-cerro-dragon-nid1976162. Acceso en: 14 de mayo de 2019.

LA NACIÓN. "Coloquio de IDEA 2017: un punto de inflexión para el empresariado", *Diario La Nación,* 15 de octubre de 2017. Disponible en: https://www.lanacion.com.ar/economia/coloquio-de-idea-2017-un-punto-de-inflexion-para-el-empresariado--nid2072231. Acceso en: 14 de mayo de 2019.

NODAL. "Las promesas y los resultados al cumplir un año el gobierno de Mauricio Macri", 12 de diciembre de 2016, *NODAL: Noticias de América Latina y el Caribe.* Disponible en: https://www.nodal.am/2016/12/las-promesas-y-los-resultados-al-cumplir-un-ano-el--gobierno-de-macri/. Acceso en: 14 de mayo de 2019.

PÁGINA 12. "Los perdedores son los accidentados", *Diario Página 12,* 13 de febrero de 2017. Disponible en: https://www.pagina12.com.ar/19887-los-perdedores-son-los-accidentados. Acceso en: 14 de mayo de 2019.

TELAM. "Macri propone replicar el acuerdo de Vaca Muerta", 10 de enero de 2017. Disponible en: http://www.telam.com.ar/notas/201701/176166-reforma-sistema-laboral-macri-pidio-replicar-el-acuerdo-de-vaca-muerta.html. Acceso en: 14 de mayo.

Leyes y documentos oficiales

Decreto del Poder Ejecutivo Nacional 1454/2005. "Jubilaciones y Pensiones", 25 de noviembre de 2005. Disponible en: http://servicios.infoleg.gob.ar/infolegInternet/verNorma.do?id=111942. Acceso en: 14 de mayo 2019.

Decreto del Poder Ejecutivo Nacional 1067/2018, "Sector Textil", 22 de noviembre de 2018. Disponible en: http://servicios.infoleg.gob.ar/infolegInternet/anexos/315000-319999/316635/norma.htm. Acceso en: 14 de mayo de 2019.

Decreto del Poder Ejecutivo Nacional 128/2019, "Contribuciones Patronales", 14 de febrero de 2019. Disponible en: http://servicios.infoleg.gob.ar/infolegInternet/anexos/315000-319999/319901/norma.htm. Acceso en: 14 de mayo de 2019.

Ley 26417/2008. "Movilidad de las Prestaciones del Régimen Previsional Público", 15 de octubre de 2008. Disponible en: http://servicios.infoleg.gob.ar/infolegInternet/anexos/ 145000 -149999/145867/norma.htm. Acceso en: 14 de mayo de 2019.

Ley 26425/2008. "Régimen Previsional Público. Unificación", 4 de diciembre de 2008. Disponible en: http://servicios.infoleg.gob.ar/infolegInternet/anexos/145000-149999/148141/norma.htm. Acceso en: 14 de mayo de 2019.

Ley N° 26970/2014, "Sistema Integrado de Jubilaciones y Pensiones. Régimen de Regularización", 27 de agosto de 2014. Disponible en: http://servicios.infoleg.gob.ar/infolegInternet/verNorma.do?id=234847. Acceso en: 14 de mayo 2019.

Ley Nº27.260, Programa Nacional de Reparación Histórica, 27 de julio de 2016. Disponible en: http://servicios.infoleg.gob.ar/infolegInternet/anexos/260000-264999/263691/norma.htm. Acceso en: 14 de mayo de 2019.

Ley 27348 - Complementaria de la Ley de Riesgos del Trabajo, 24 de febrero de 2017, Disponible en: http://servicios.infoleg.gob.ar/infolegInternet/verNorma.do?id=272119. Acceso en: 14 de mayo de 2019.

Ley Nº 27.430, Ley de Impuesto a las Ganancias, 29 de diciembre de 2017. Disponible en: https://www.argentina.gob.ar/normativa/nacional/decreto-1112-2017-305263/texto. Acceso en: 14 de mayo de 2019.

Ley 27.467, "Presupuesto Nacional 2019", 15 de noviembre de 2018. Disponible en: http://foropresupuesto.org.ar/paginaforo/presupuestosnacionales/proyectodeleydepresupuesto2019.pdf. Acceso en: 20 de mayo.

Ministerio de Producción y Trabajo, "Acuerdo Automotriz", Disponible en: https://www.produccion.gob.ar/comunicados/2017/03/14/acuerdoautomotriz-60629. Acceso en: 14 de mayo de 2019.

PARTE 2

Políticas sociais, política de habitação: a produção de consensos, os desmanches e a violência de Estado[1]

Cibele Saliba Rizek[2]

Em texto publicado há dois anos (Rizek, 2017), assim como em um conjunto de textos anteriores que sistematizaram resultados de pesquisa sobre o Programa Minha Casa Minha Vida em sua modalidade Entidades, acabei por tentar, a partir do momento pós-golpe parlamentar de destituição de Dilma Roussef, compreender a novidade, os desdobramentos dos governos de Lula e Dilma, para além do fato de serem governos de um ex-operário e sindicalista e de uma ex-presa política. Qual o impacto e a novidade desses governos? Uma combinação entre um significativo aumento do salário mínimo somado ao entrelaçamento de políticas e programas sociais

1 Uma primeira versão desse texto foi publicada com títulos e texto modificados em Barros, J. S., Dal Bó, A. e Rizek, C. S. *Os Limites da Acumulação: movimentos e resistências nos territórios.* São Carlos, IAU, 2018.
Em *Dimensões de Estar no Mundo: Cidades: o público, o privado, o íntimo,* M. S. Bresciani (2017) aponta que a "concepção de que um artefato arquitetônico poderia mudar físico e moralmente pessoas ... deslizou dos ambientes coletivos para a moradia. As políticas urbanas redefiniam conceitualmente as modernas concepções de público e privado, e a elas acrescentavam o domínio no íntimo...: reorganizam o espaço da casa, da casa burguesa e ou aristocrática, e em particular a casa da população pobre". Desse modo, o PMCMV parece se conformar como metonímia, como índice para decifrar as políticas urbanas brasileiras mais recentes.

2 Professora titular do Instituto de Arquitetura e Urbanismo da Universidade de São Paulo (USP-IAU).

que se somam a um forte incremento dos lucros em alguns setores econômicos como bancos, construtoras e empresas de ensino – especialmente ensino superior (Rizek, 2017 b). Da perspectiva das políticas e programas sociais e urbanos, acabava por ganhar relevância não um ou outro desses programas (PROUNI, MCMV, Bolsa Família, Programas de Saúde da Família, Programas de Incentiva à Cultura) – mas ao contrário, sua articulação, o que acabei chamando de constelação de programas e de práticas que teria incidido de fato sobre a melhora das condições de vida das populações mais pobres (Rizek, 2017 b). Nessa constelação de práticas e de programas sociais e urbanos pude encontrar os elementos que teriam alterado de modo sempre ambíguo e nem sempre de fácil apreensão, o modo de vida e a face mais visível dos territórios da pobreza, fortemente redefinidos e redesenhados como entroncamento de fluxos de dinheiro, de serviços, de práticas, de atores como ONGs e fundações e seus modos de operação, conformando o que a literatura por vezes denominou como novo terreno associativo[3]. Essas novas formas entrelaçadas de associação e operação teriam brotado "de baixo" – isto é de movimentos sociais, suas organizações e práticas – assim como teriam sido implementadas a partir "dos de cima"– em especial as OS, ONGs e fundações empresariais, vistas como gestoras ou operadoras de programas de governo, como margens onde o Estado ou as formas de governo se constituem[4]. Nas cha-

---

3 Ver por exemplo Gohn, M. G. Educação não formal, novo associativismo e terceiro setor no Brasil. In: http://www.lite.fe.unicamp.br/grupos/gemdec/art_gloria.html acesso julho de 2019

4 A noção é de Veena Das e Deborah Poole. El estado y sus márgenes. Etnografías comparadas Revista Académica de Relaciones Internacionales, núm. 8 junio de 2008, GERI-UAM In *(PDF) El estado y sus márgenes: Etnografías comparadas.* In : https://www.researchgate.net/publication/28290937_El_estado_y_sus_margenes_Etnografias_comparadas [accessed May 19 2019].

ves de leitura de Maria Célia Paoli, esse novo terreno associativo se conformaria como um "mundo de indistinções" (Paoli, 2006), como um conjunto de indeterminações. Na chave de leitura de Evelina Dagnino, esse mesmo terreno resultaria de um conjunto de "confluências perversas" (Dagnino, 2002) dando origem a práticas e operações que se associam em um modo de governo bastante potente. Dessa perspectiva as noções de indistinção, indeterminação e de confluência perversa borram as chaves e categorias clássicas a partir das quais o confronto e separação entre Estado e Mercado se desenhavam. Assim, o que se pôde reconhecer como contraponto entre Estado e Mercado, entre direitos e mercadorização da vida, se constituía muito mais como um conjunto de linhas de continuidade do que como um desenho de linhas em oposição. Esse processo se desdobra e se explica pelas formas de continuidade entre políticas sociais e constituição de novos mercados que, entrelaçados, podem ser reconhecidos como mercados do social e/ou mercados aderidos e constituídos por programas e políticas públicas (Georges, Santos, 2016, entre outros), não raro dando lugar para um emaranhado de novas e velhas "mercadorias políticas".[5]

De qualquer modo, em um conjunto de incursões de pesquisa,[6] foi possível acompanhar e perceber programas que em suas

5 Estou utilizando livremente a noção a partir de Michel Misse (2010).

6 Estas incursões em campo, e diálogos de pesquisa, que estão na base de elaboração desse capítulo, foram realizadas no âmbito de vários projetos de pesquisa e diversos convênios bilaterais franco-brasileiros e internacionais, desde o projeto de cooperação internacional "Oferta institucional e lógicas de atores: Mulheres assistidas em seis metrópoles da América Latina", Latinassist ANR Les Suds II, 2011-2014, coordenado por B. Lautier e, posteriormente, por B. Destremau e I. Georges (Destremau, Georges, 2017), do qual a autora fez parte; "Emergência e reinvenção: 'Novas' e 'velhas' políticas sociais no Brasil", CNPq-IRD, 2014-2018,

concepções, implementação e operacionalização ganhavam forma a partir de ritmos e temporalidades diversas entre si, articulando redes e fluxos sobre territorializações nem sempre coincidentes, constituindo modos de governo que desenhavam um novo social em sua versão petista, muitas vezes de modo híbrido numa tessitura proveniente de dispositivos de governo oriundos das matrizes provenientes de programas e políticas implementadas pelo PSDB,[7] sobretudo no caso do Estado e da cidade de São Paulo.[8] Assim, é possível mencionar os Programas Bolsa Família, o Programa Minha Casa

---

coordenado por C. S. Rizek e I. Georges, e, em particular, o Laboratório Misto Internacional – LMI – "Social activities, gender, markets and mobilities from below (Latin America)" - SAGEMM, 2016-2018, financiado pelo Institut de recherche pour le développement – IRD, coordenado por I. Georges e C. S. Rizek. De forma predominante, as pesquisas de campo e incursões etnográficas nos setores de habitação social foram realizadas por C. S. Rizek e sua equipe de pesquisa; nos setores de saúde e da assistência por I. Georges, assim como, parcialmente, por Y. Garcia dos Santos (Georges, Santos, 2016).

7 O Partido da Social Democracia Brasileira nasceu a partir do MDB – Partido de oposição tolerada durante os anos do Governo Militar (1964-1985). O PSDB acabou por se constituir em Partido de posições de direita e centro direita no Brasil cujo maior oponente foi o Partido dos Trabalhadores. O PSDB é o Partido do Presidente Fernando H. Cardoso e governa o Estado de São Paulo há décadas.

8 Dessa perspectiva é importante salientar que durante o governo de Fernando Haddad na cidade de São Paulo nem sempre foi possível alterar medidas e modos de operação provenientes das gestões anteriores como a privatização da gestão dos serviços de saúde e de cultura o que discuti em outro texto intitulado "Políticas sociais e políticas de cultura: territórios e privatizações cruzadas" (Rizek, 2013). Dessa perspectiva é preciso salientar que o avanço das dimensões privatizantes propostas pelos governos à direita do espectro político dificilmente retrocedem nos períodos relativos às gestões mais à esquerda como foi o caso da gestão Haddad.

Minha Vida, o Programa Universidade para Todos,[9] o Programa Saúde da Família, pensando numa reunião de benefícios entrecruzados, todos bastante liminares, precários, muitas vezes incipientes, que fizeram diferença significativa para as parcelas mais pobres da população brasileira, mesmo e apesar de sua provisoriedade.

Durante a vigência do Lulismo[10] e de seus desdobramentos, escolas superiores de qualidade duvidosa abriam e fecharam; benefícios continuados e Bolsa Família, cuidadosamente implementados a partir de ONGs, Organizações Sociais e igrejas como modo de operacionalização de moralidades e de comportamentos "virtuosos" permitiram a saída do país do mapa da fome mas não raro acabaram por reforçar formas de dominação de gênero;[11] conjuntos habitacionais produzidos pelo Programa Minha Casa Minha Vida se sobrepuseram e reproduziram – frequentemente agravando – formas severas de segregação espacial nas cidades brasileiras. Dessa perspectiva, olhando a partir do contexto pós-golpe de maio de 2016, é possível identificar, no âmbito da produção recente do urbano no Brasil, para além das periferias e franjas urbanas, as cicatrizes do lulismo – os bairros Faixa 1, distantes dos centros, sobrecarregando a já precária rede de equipamentos dos bairros populares mais próximos. Esses bairros que marcaram indelevelmente

9 Programa de subsídios públicos ao Ensino Superior Privado inaugurado pelos governos nacionais do PT que alterou taxas de escolaridade, embora nem sempre tenha fornecido recursos para uma educação superior de qualidade.

10 Ver Singer, A. e Loureiro, I. *As contradições do Lulismo – a que ponto chegamos.* São Paulo: Boitempo Editorial, 2016.

11 Ver Georges e Santos, 2016. Por outro lado, em territórios rurais de acentuada pobreza o Programa parece ter promovido diminuição significativa de formas severas de dominação masculina, já que sua titularidade é feminina (Rego e Pinzani, 2013).

cidades de portes distintos entre si, não raro conformam parte significativa do parque habitacional, por meio de um programa que insidiosamente produziu sua própria demanda para além das considerações críticas que podem ser feitas a respeito dos cálculos de déficit habitacional (Rizek, 2017 c).

A questão, porém, é compreender que apesar de todas as dimensões híbridas e ambíguas, na falta de expressões de maior exatidão, não é possível ignorar a importância e o significado da novidade histórica, a princípio petista e, em seguida, lulista: a investida de combate à pobreza e à miséria posta em operação a partir do que se pode identificar como desmanche de uma ordem anterior que tinha sido implementado e aprofundado ao longo da década neoliberal por excelência no Brasil – os anos 90 (Oliveira & Rizek, 2006). Aliás, é preciso lembrar que a disputa em torno dessa ordem anterior avançou no sentido de sua destruição pelo governo Temer, que mostra assim a que veio, como demonstram a "reforma" da legislação trabalhista (aprovada em setembro de 2017) bem como a "reforma" da previdência (ainda em tramitação e transformada em eixo da reforma econômica e fiscal do Governo Bolsonaro), ambas vinculadas a uma funda destituição de direitos.

A brutalidade da desigualdade brasileira, produzida pela concentração de renda dos anos de ditadura e jamais revertida pelos governos civis da Nova República, se constituiu no ponto de partida dos governos do PT 2003-2016, precedidos pela Carta aos Brasileiros que teria anunciado um pacto com o capital financeiro e produtivo, em nome da governabilidade. No quadro anterior a 2003, é possível identificar o crescimento importante das desigualdades sociais e de renda, um conjunto significativo de privatizações que inauguraram e aprofundaram o desmanche de caráter neoliberal, a constituição de uma ordem pós desmanche que supôs e radicalizou as relações entre regulação estatal e mercado. Trata-se assim mais uma vez da tensão, do conflito e dos enredamentos Estado – Mercado com a clara predominância e hegemonia do segundo sobre o primeiro polo dessa conformação.

A hipótese que se defende aqui, seguindo algumas pistas da bibliografia sobre as recentes transformações do Estado em suas relações com a assim chamada sociedade – produto da redução da expressão clássica de matriz liberal e posteriormente hegeliana e marxista sociedade civil ou sociedade burguesa - é a de que no momento em que o governo petista dá lugar ao lulismo pensado como reformismo fraco,[12] esse conjunto de políticas e programas sociais e urbanos poderiam ser reconhecidos como o que M. Albeers entre outros autores chamou de "keynesianismo privado".[13] Entretanto, talvez se possa aproximar o fenômeno que Albeers denomina como keynesianismo privado do que denominei, a partir de um conjunto de achados de pesquisa e a partir de aproximações com o trabalho de I. Pantoja, de "planejamento social privado" a partir de um conjunto articulado de gestões privatizadas dos equipamentos e programas de saúde e de cultura que traziam, além da marca de intersetorialidade, uma dimensão que precisa ser compreendida como multiescalar. Isso se explica pela gestão terceirizada da saúde (atribuindo territórios da cidade ao controle de organizações sociais) entabulada pelas gestões PSDB em São Paulo; além dessa dinâmica de privatização da gestão da saúde, a presença a Lei Rouanet[14] vinculou, desde os anos noventa e em âmbito nacional, o financiamento de espetáculos e práticas culturais vinculadas ao

12 Cf. Singer, A. *Os Sentidos do Lulismo*. Cia das Letras: São Paulo, 2012.

13 Ver Albeers (2016), especialmente p. 135 e seguintes.

14 A Lei Rouanet regula o financiamento das atividades culturais e espetáculos por empresas privadas. Sua aparição nos anos 1990 acabou por determinar um conjunto de práticas e formas de financiamento empresarial com

marketing empresarial e à arbitragem privada. Ainda que a expressão "keynesianismo privado" possa ser considerada interessante como categoria descritiva é preciso alguma precisão para que essa categoria faça sentido. Utiliza-se keynesianismo no sentido do estímulo ou solvabilização da demanda. Ao mesmo tempo esse keynesianismo privado vinculado ao cenário neoliberal estimulou a oferta por meio de uma contração de custos, mantendo inflação, déficit e dívida pública em patamares estáveis. Nesse mesmo âmbito cabe notar que, do ponto de vista da produção da habitação social os subsídios públicos foram em grande parte apropriados pelas empresas privadas, como construtoras.

Essas dimensões vinculadas a práticas que podem ser classificados como "Keynesianismo privado", inéditas no Brasil seguem direções e percursos filiados a matrizes que remodelaram de modo bastante claro as relações entre Estado e mercado em diferentes latitudes e de forma generalizada a partir de grandes parâmetros desenhados pelas agências multilaterais a partir de núcleos e experimentos comuns (Maranhão, 2009). Pode-se citar, por exemplo, a filiação de alguns dos programas brasileiros às formulações de Amartya Sen, como o Bolsa Família (Georges & Santos, 2016, p. 57), assim como recuperar a origem chilena (tributária do grande experimento neoliberal implantado por um estado de exceção no período Pinochet) do PMCMV. Essas matrizes, por sua vez, não poderiam ser incorporadas à produção de um social em sua versão produzida pela intervenção do Partido dos Trabalhadores[15] sem que fossem traduzidas e adaptadas ao vocabulário das políticas ur-

impostos devidos – isto é, fundo público – cujo investimento passava por um conjunto de decisões privadas vinculadas ao marketing empresarial.

15 Essa noção está presente em Arantes, P. E. - *O novo tempo do mundo: e outros estudos sobre a era da emergência.* São Paulo: Boitempo Editorial, 2014.

banas e sociais e suas articulações e ancoragens no chamado lulismo e seus consensos.

Ainda um esclarecimento a respeito desses consensos talvez seja necessário. O lulismo – passível de ser localizado como modo de governo especialmente viabilizado a partir do segundo mandato de Luiz Inácio Lula da Silva – foi pensado por André Singer, entre outros autores, como reformismo fraco viabilizado, como afirmam alguns analistas, pela combinação entre duas formas de consenso: o consenso ativo de lideranças sindicais e de movimentos sociais vinculados ao PT e à CUT (o que compreende movimentos sociais urbanos como os movimentos de moradia mais "clássicos" e, posteriormente, por meio da adesão aos programas sociais, também os mais contemporâneos) e um consenso passivo – produzido pela concordância e pela melhora relativamente pequena dos índices de desigualdade e relativamente mais significativa de diminuição da pobreza. A reversão desses índices de melhora aconteceu rapidamente e pôde ser constatada seis meses após o golpe de deposição de Dilma Roussef, por uma mistura de retrocesso, crise econômica, encolhimento de empregos e de salários.

O Programa Minha Casa Minha Vida (PMCMV) como exemplaridade

Breve histórico do programa[16]

O PMCMV, resultante de um desenho político e financeiro complexo teve impactos indeléveis sobre as cidades. Para além de suas dimensões quantitativas relativas aos contratos e unidades entregues, é preciso considerar, em primeiro lugar, que o PMCMV "acabou por congregar subprogramas, modalidades, fundos, linhas

16 Baseado no texto de Santo Amore (2015).

de financiamento, tipologias habitacionais, agentes operadores, formas de acesso ao produto casa própria – esta sim uma característica que unifica as diferentes experiências" (Santo Amore, 2015, p. 15). Trata-se de um programa anticíclico, concebido a partir do diálogo entre o setor imobiliário e da construção civil com a Casa Civil e o Ministério da Fazenda, que acabou por ser lançado como Medida Provisória (MP 459) em março de 2009. Seu objetivo foi então o de enfrentar a crise econômica proveniente do fim da bolha imobiliária americana e seus impactos na economia mundial. O Programa nasceria de costas para o Ministério das Cidades – criação dos governos do Partido dos Trabalhadores – que estava às voltas com um conjunto de proposições e soluções para a questão da produção de Habitação de Interesse Social por meio de um Sistema Nacional de Habitação Social e do Fundo Nacional de Habitação de Interesse Social que teriam nascido do projeto de lei de iniciativa popular apresentado em 1991 e aprovado em 2005.[17] Esse processo teria resultado no Plano Nacional de Habitação (PlanHab), que contemplava as diversidades regionais e entre municípios e propunha a articulação de segmentos que compunham o Conselho das Cidades, criado em 2003, o que se desdobrou na Campanha pela Moradia Digna.[18] Dessas articulações nascia a "Proposta de

17 Lei Federal 11.124/2005. Disponível em http://www.planalto.gov.br/ccivil_03/_ato2004-2006/2005/lei/l11124.htm, acesso em outubro de 2014.

18 O Conselho das Cidades foi instituído no ano de criação do Ministério das Cidades e conta com a participação de uma grande multiplicidade de atores com atuação sobre questões urbanas: movimentos populares, ONGs, universidades, empresários, além de setores do Estado, poderes executivo e legislativo, nos seus diversos níveis federativos. "Com o SNHIS/FNHIS previam-se fundos articulados nos diferentes níveis federativos, todos controlados socialmente por conselhos com participação popular e com ações planejadas a partir dos Planos Locais de Habi-

Emenda Constitucional (PEC) que vinculasse 2% dos recursos orçamentários da União e 1% dos estados, Distrito Federal e municípios aos seus respectivos Fundos de Habitação de Interesse Social, lastreando de forma permanente a política nacional de produção habitacional" (Santo Amore, 2015, p. 15). A urgência em transformar "o tsunami em marola",[19] a natureza mesma do pacto lulista, a fragilidade do Ministério das Cidades e do conjunto de proposições que teriam marcado o primeiro governo Lula levaram à aceitação das proposições dos setores econômicos vinculados à construção civil, utilizando o orçamento da União e do FGTS, recursos para financiamento de infraestrutura e do BNDES, com a promessa de construção de 1 milhão de casas, gerando empregos e mobilizando toda a cadeia de produção: desde a produção de componentes até a indústria moveleira e de eletrodomésticos.

A construção do consenso em torno do PMCMV passou pela aceitação rasa dos dados quantitativos do déficit habitacional cal-

tação de Interesse Social (PLHIS), obrigatórios aos entes federados que quisessem se habilitar no sistema e receberem recursos federais. Os Planos seriam os responsáveis por definir claramente as necessidades habitacionais de cada município, bem como apresentar uma estratégia para enfrentá-las. Ainda de acordo com o modelo proposto, os PLHIS deveriam suceder os Planos Diretores Participativos, que também são obrigatórios para o conjunto de municípios brasileiros com mais de 20.000 habitantes deveriam, entre outros temas, apresentar uma estratégia fundiária para o tema da moradia. Uma articulação inusitada entre movimentos de luta pela moradia e setores empresariais que se fazem representar no Conselho Nacional das Cidades estava em curso desde 2008, com o lançamento da "Campanha Nacional pela Moradia Digna — uma prioridade social" (Santo Amore, 2015: 16). Ver também http://www.moradiadigna.org.br/moradiadigna/v1/index2.asp?p=11, acesso em julho de 2014.

19 A frase é do então presidente Luis Inácio Lula da Silva comentando os efeitos da crise internacional de 2008 sobre a economia brasileira.

culado em 7,2 milhões de unidades. Esse déficit – concentrado fortemente nas faixas de renda de até 3 SM, nas regiões sudeste e nordeste e em grande medida nas regiões metropolitanas.[20] Tal como aponta ainda Santo Amore, marcando uma diferença importante com a produção do BNH, "400 mil unidades (40% da meta) deveriam ser destinadas a famílias com renda de até 3 salários mínimos, o que se viabilizaria com o aporte de 16 bilhões de reais de recursos da União (70% de todo o investimento). Tratava-se de um nível de subsídio que nem mesmo o PlanHab previra em seus cenários mais otimistas. Havia ainda a intenção de distribuição regional, concentrando a produção nos estados do Sudeste e Nordeste, priorizando municípios com mais de 100 mil habitantes e excluindo aqueles com menos de 50 mil, acompanhando a distribuição do déficit" (Santo Amore, 2015: 17). O PMCMV em sua face mais pragmática simplificava a questão habitacional e, por seu intermédio, urbana e social brasileira que o PLANHAB buscava contemplar com uma diversidade de programas voltados para um mapeamento da diversidade de municípios brasileiros.[21]

---

20 Ver a esse respeito Rizek (2017 c). Nesse texto discuto especialmente a produção dos números vinculados à produção do consenso em torno do Programa bem como de uma blindagem da forma casa própria que envolve a produção de Habitação de Interesse Social no Brasil.

21 Ainda é preciso mencionar que, ainda em 2009, surgiram textos relativos aos impactos do Programa (Arantes e Fix, 2009; Maricato, 2009; Rolnik e Nakano, 2009) que apontavam para "o descolamento entre déficit e metas de produção: afinal, se 90% do déficit estava nas faixas de renda de até 3 salários mínimos, por que apenas 40% das unidades eram direcionadas a essa faixa? Apontavam também a prevalência dos interesses dos setores imobiliário e da construção civil no processo de formulação do programa, pois os 60% restantes das moradias para rendas superiores já tinham se consolidado como mercado para esses setores pelo menos nos cinco anos que antecederam o lançamento do Minha Casa Minha Vida. O as-

O Programa sofreria ajustes ao se concretizar, passando por diferentes fases, autorizando a produção em municípios com menos de 50 mil habitantes, incorporando especificações mínimas, incorporando o que ficou estabelecido como "trabalho social" na Faixa 1, de menor renda e desdobrando-se em duas grandes modalidades – a modalidade que se voltava para as construtoras (frequentemente com apoio das Prefeituras que ofereciam terras para projetos já prontos) e uma outra modalidade – ínfima do ponto de vista quantitativo mas muito significativa do ponto de vista da construção pactuada que caracterizou o Lulismo – a modalidade ENTIDADES.

Nessa modalidade, a partir do credenciamento de associações provenientes ou não dos movimentos de moradia, pode-se encontrar a outra face do pacto lulista. A viabilização do programa passou por uma negociação com os movimentos de moradia que conduziria a um lado B da modalidade construtoras. Nessa modalidade, voltada para as entidades historicamente vinculadas à luta pela Reforma Urbana, seriam abrigadas as reivindicações dos movimentos – ligados ao PT ou nascidos fora de seu âmbito, com posições à sua esquer-

---

pecto de construção política representado pela estruturação do SNHIS foi também apontado pelos primeiros analistas, que mostravam como o PlanHab (...) era absolutamente negligenciado no programa. O perigo (...) de produção periférica em locais mal servidos por infraestrutura urbana, já era mencionado, tendo em vista a desarticulação da produção habitacional em relação às matérias urbanísticas, em relação às ações municipais de regulação do uso e ocupação do solo, que estariam apoiadas na efetivação da função social da propriedade, na implementação dos instrumentos do Estatuto da Cidade, na elaboração dos Planos Diretores em bases diferentes daquelas que os tinham caracterizado durante os anos de 1970 e 1980. A questão da terra, o nó da política urbana brasileira, e da segregação sócio-espacial era enfim apontada como o principal gargalo que o Minha Casa Minha Vida não enfrentava, com consequências ainda difíceis de prever." (Santo Amore, 2015, p. 17-18).

da no espectro político. Foi esse processo que permitiu o consenso e a legitimação dessa peça de tecnologia de governo que deu vida à política de habitação lulista. Se seus resultados são numericamente pífios, suas conquistas foram politicamente muito significativas,[22] na medida em que transformaram os movimentos e as associações de moradores em operadores do Programa disputando terrenos com empresas de capital aberto que fizeram de seus bancos de terras ativos financeiros na negociação de suas ações nas bolsas.

Em pesquisa de dois anos – com posterior sistematização de informações qualitativas e quantitativas sobre o Programa em sua modalidade entidades, algumas constatações saltaram aos olhos como a primazia da produção não metropolitana na modalidade construtoras e a importância da produção da modalidade entidades nas regiões metropolitanas, como na Região Metropolitana de São Paulo, entre outras informações. Assim também o processo de crescimento e abertura de capital das empresas que participaram fortemente do PMCMV e os possíveis desdobramentos em um processo de financeirização da produção de habitação social, que se viu transformada em nicho de mercado e valorização financeira. E ainda a construção de um campo de atuação que pautou e, de certo modo unificou as práticas de movimentos sociais distintos entre si como o MTST e os movimentos que se aglutinam sob a União Nacional por Moradia Popular (UNMP).[23] Essa unificação em torno da modalidade

22 Conforme A. Q. Castro demonstra em sua dissertação de mestrado, a modalidade Entidades conta com apenas 5% da produção do Programa. (Castro, 2017).

23 É preciso esclarecer que os movimentos de moradia no Brasil foram e são importantes por seu potencial de contraposição às políticas de moradia. Dessa perspectiva os movimentos que nasceram no período de luta pela democratização e no período imediatamente posterior à queda dos governos militares são movimentos historicamente vinculados ao Parti-

Entidades construiu um campo de práticas, um campo que organiza consensos, expondo os movimentos que não aderiram ao programa a um processo de fragmentação que acabou por comprometer seu reconhecimento e sua visibilidade. Nesse campo de consensos residem alguns dos desdobramentos do lulismo.

Apesar da crítica necessária ao Programa, ao caráter mínimo ou pífio da modalidade Entidades, apesar da negociação que produziu um consenso e de certo modo um significativo processo de despolitização da "questão da moradia" como índice da "questão social", escancarando a desigualdade urbana brasileira, é preciso mencionar que um dos primeiros ataques do governo Temer aos programas sociais dos governos lulo-petistas foi desferido contra o MCMV Entidades. Foi esse ato que provocou também algumas das primeiras reações contra o primeiro de muitos desmanches – o desmantelamento dos contratos e um conjunto de manifestações que levaram à ocupação do escritório da Presidência da República na Av. Paulista, manifestações que se repetiram muitas vezes ao longo de 2016. Assim, é inegável a importância que o Programa adquiriu para os movimentos de moradia apesar de todos os contratempos, apesar da perda de autonomia em nome mesmo da autonomia, apesar das pontuações necessárias à aquisição de uma unidade, ape-

do dos Trabalhadores, Esses movimentos tiveram e têm como bandeira de luta as várias dimensões da auto-gestão e da produção por auto ajuda de moradias populares. Os novos movimentos de moradia que nasceram desvinculados da vida organizativa do Partido dos Trabalhadores, trouxeram a dimensão das Ocupações de terrenos e edifícios como forma de luta que se estendeu para o conjunto dos movimentos de moradia. Também são importantes na oposição à esquerda ao Partido dos Trabalhadores. Esses movimentos são plurais, mas pode-se mencionar como o exemplo mais importante dessa segunda geração de lutas e formas de organização do Movimento dos Trabalhadores sem Teto – MTST.

sar do sofrimento, das idas e vindas e negociações, das noites nas ocupações. A fala de alguns dos representantes dos movimentos de moradia ilustra bem o campo que se formou, durante e por causa do lulismo, em torno do MCMV Entidades. Afirmavam com certo gosto amargo a frase que caracteriza o período e que reforçou e agravou a dura realidade das formas de segregação e separação que marcam nossas cidades. A frase comum dos movimentos a respeito do PMCMV e da modalidade Entidades era a de que afinal "é isso o que temos para hoje".

Nem isso parece ter sobrado como horizonte de luta por moradia. Ao lado dos movimentos por transportes, da tarifa zero de 2013, que parece ter desvanecido ao ser encoberto pelas manifestações verde amarelas de 2015 e 2016, os movimentos por moradia parecem sentir o golpe do refluxo e do encolhimento de subsídios. O desmantelamento das formas de combate à pobreza e à miséria, o encolhimento do financiamento público, o crescimento dos rombos nas contas públicas, em uma palavra, a crise econômica, fiscal, da previdência, das universidades e escolas públicas, da saúde pública, enfim a crise acaba por se desdobrar numa forma de governo questionada apenas pontualmente. Ao que parece até mesmo as manifestações FORA TEMER que marcaram 2016, muitas delas desencadeadas ou animadas por movimentos de moradia – parecem ter sido emudecidas sob o peso cotidiano das negociações e das obras em andamento, sempre passíveis de interrupção.

Uma última observação talvez permita um voo de pássaro sobre o programa, redefinido pelo Governo Golpista pós-maio de 2016 de modo ainda mais perverso (financiamento para produção para faixas de renda maiores, por exemplo, extinção, redefinição ou encolhimento de algumas das modalidades do Programa como o PMCMV Entidades e o Programa Nacional de Habitação Rural). Olhando a partir do contexto pós-maio de 2016, é possível identificar, no âmbito da produção recente do urbano no Brasil, para além das periferias e franjas precárias, as cicatrizes do lulismo. Essas cicatrizes são o que se pode facilmente identificar como os bairros Faixa 1, distantes dos centros, sobrecarregando a já precária rede de equipamentos dos bairros populares mais próximos. Esses bairros que marcaram indelevelmente cidades de portes distintos entre si, não raro conformam parte significativa do parque habitacional produzido no período, por meio de um programa que insidiosamente produziu sua própria demanda para além das considerações críticas que podem ser feitas a respeito dos cálculos de déficit habitacional (Rizek, 2017 d).

Essas cicatrizes produziram lugares onde, mais uma vez, foram depositadas parcelas e mais parcelas de populações pobres que acabam por ter que fazer desses sítios desertificados um mundo onde seja possível viver, caso seja interrompida uma trajetória de deslocamentos forçados de aluguel a aluguel, de inserções precárias incertas e sempre provisórias que não parecem terminar com um último deslocamento para unidades habitacionais do MCMV, elas também provisórias, inclusive por sua precariedade, cuja produção permitiu que empresas construtoras abocanhassem subsídios e fundos públicos, potencializando processos de acumulação, saldando dívidas e impedindo – também provisoriamente – que o tsunami da crise provocada pelo estouro da bolha especulativa chegasse naquele momento a comprometer os resultados de pactos e consensos que caracterizaram o período pós 2009/2014.

No âmbito desses bairros, cujo balanço ainda está por ser feito – quantas moradias desocupadas? Quantos beneficiários originais não puderam permanecer nas unidades? Quais as formas de ocupação por toda sorte de práticas vinculadas ao "mundo do crime"? como se equiparam ou não esses novos bairros Faixa1? – ainda é possível perceber uma das faces silenciosas de uma violência de Estado que recrudesceu de forma severa nos últimos dois anos.

Talvez uma dessas faces seja o deslocamento dessas populações para as franjas urbanas desertificadas em nome do acesso à moradia. Mas há muito mais.

Se algumas das dimensões das políticas sociais e urbanas do lulismo podem ser lidas a partir dessa dimensão pendular entre culpabilização e criminalização da pobreza, criando uma pobreza dignificada e merecedora da "vara de pescar",[24] a aproximação entre as medidas de austeridade e de regressão de um social formulado pelos governos petista e lulista e das dimensões securitárias parecem apontar para uma exceção que se expressa no aprisionamento em massa, nas chacinas de todos os dias, uma exceção que perpassa as instâncias de poder e se capilariza pelos territórios periféricos e favelas, pelas prisões do país como um todo, fazendo das formas e estados de encarceramento operadores urbanos e das favelas e periferias operadoras de tensionamento, resistências e porosidades do sistema prisional.[25]

Algumas informações podem ilustrar o fenômeno que vincula as reformas de austeridade e o crescimento das formas securitárias – elas também resultantes dos acoplamentos entre dispositivos privados e públicos de repressão. O crescimento das mortes e chacinas nos conflitos pela posse da terra, os ataques aos povos indígenas,

24 Um discurso frequente do Presidente Lula dizia respeito à metáfora do peixe e da vara de pescar: o importante seria oferecer a vara de pescar, o fazer das oportunidades e não os bens em si. A filiação desse discurso ao ideário das agências internacionais tem parentesco com a ideia de Consenso de Oportunidades tal como salientou Tatiana Maranhão (Maranhão, 2009; 2018).

25 O exemplo de Imaculada (agente comunitária de saúde em Cidade Tiradentes e guia de várias equipes de pesquisa no bairro) parece apontar para essas mobilidades horizontais discutidas por Vera Telles (2009) ou mesmo para as situações descritas por Telles e Hirata (2013). A trajetória e sua análise fazem parte da pesquisa realizada por Georges e Santos (2016), posteriormente citada em artigo de Georges e Rizek (2016). "Imaculada

o fim do Ministério do Desenvolvimento Agrário,[26] o processo de

entrou no serviço público por intermédio de uma das organizações sociais terceirizadas do Programa Saúde da Família, (...), no início dos anos 2000. (...) No plano diacrônico, seu percurso atravessa este universo (o 'mundo do crime') (...) onde ela negocia permanentemente essas práticas profissionais com a instância de ordenamento da vida cotidiana do bairro. (...) As vicissitudes e urgências, a viração e o restabelecimento das condições de sobrevivência, presentes nesse percurso de mais de 50 anos, permitem compreender como diferentes lógicas e códigos morais, aparentemente antagônicos, de fato coexistiriam. Nos meandros dessa coexistência, muitas vezes aparentemente labiríntica, é possível perceber como situações sombrias seriam superadas, como as emergências quase contínuas seriam contornadas, por um conjunto de negociações com o crime. Os percursos de vida tendem a demonstrar a enorme capilaridade do "mundo do crime", assim como evidências que permitem perceber as dimensões de gênero (as visitas femininas) bem como o fato de que as prisões são mediações das formas de sociabilidade nos territórios urbanos periféricos e estes também se constituem como operadores e mediadores da vida nas prisões. A trajetória de Imaculada ilustra, ao lado de outras falas em outras situações de pesquisa sobre programas de moradia ou agentes de cultura, essa capilaridade e normalização, esse vaivém de práticas que compõem os territórios que conformam a vida das populações-alvo e dos agentes que operacionalizam na ponta as políticas sociais. Talvez seja mesmo impossível compreender os desdobramentos e dimensões dessas políticas sem compreender essas dimensões de dobra, as oscilações e utilizações pendulares dos códigos e instâncias morais e de governo, no quadro de um conjunto nada evidente de relações de força, de modos e práticas de resistência e, ao mesmo tempo, de instrumentalização das cestas ou dos quadros de referências, serviços, bens, virações, relações que vêm compondo as práticas cotidianas da reconfiguração da pobreza no Brasil."

26 "A chacina de nove sem-terra em Colniza (MT) e o ataque aos índios gamelas que deixou 13 feridos em Viana (MA) fazem parte de uma escalada de violência no campo acentuada em 2016, segundo dados da Comissão Pastoral da Terra (CPT). De acordo com a comissão, no ano passado foram contabilizados 61 assassinatos decorrentes de disputas agrárias em todo o

hiperencarceramento capitaneado pelo Estado de São Paulo[27] que acabou por se alastrar por todo país, mortes e assassinatos,[28] resul-

---

Brasil. É o maior número desde 2003, quando aconteceram 73 assassinatos. Os dados mostram uma inversão na linha de queda das áreas de conflito agrário que vinha desde 2012. Ainda conforme a CPT, foram registradas 939 áreas onde existe conflito pela posse de terras em 2016, o maior número desde 2005, quando a comissão ligada à Conferência Nacional dos Bispos do Brasil (CNBB) detectou 955 áreas de conflito. A CPT vincula o aumento da violência no campo ao crescimento da bancada ruralista no Congresso e à extinção do Ministério do Desenvolvimento Agrário (MDA) e da Ouvidoria Agrária Nacional, uma das primeiras medidas anunciadas pelo presidente Michel Temer ao assumir interinamente a Presidência, em maio do ano passado." In: http://epocanegocios.globo.com/Brasil/noticia/2017/05/epoca-negocios-numero-de-mortes-em-conflitos-de-terras-e-o-maior-em-13-anos-diz-pastoral.html consultado em 08/09/2017

27 Conforme Felipe. A. L de Melo o processo de hiperencarceramento brasileiro foi recentemente diagnosticado no Levantamento Nacional de Informações Penitenciárias – Infopen. De acordo com esses dados, "o Brasil ocupava em dezembro de 2014 o quarto lugar quando considerada a população prisional em termos absolutos ou relativos, possuía a quinta maior taxa de ocupação dos estabelecimentos prisionais e a quinta maior taxa de presos sem condenação conferindo-lhe também o quarto lugar no número absoluto de presos provisórios. O levantamento indica ainda que mantidas as taxas atuais de encarceramento, em 2022 será atingida a marca de um milhão de pessoas presas e em 2075 haverá uma pessoa privada de liberdade para cada grupo de dez habitantes. Este processo, que é crescente desde a década de 1990, se acentua nos anos 2000, com crescimento médio de 7% ao ano no número total de pessoas encarceradas: em 2014, destaca o Infopen, 'o número de pessoas privadas de liberdade é 6,7 vezes maior do que em 1990' in: O Dispositivo Penitenciário no Brasil Contemporâneo (Melo, 2017).

28 De acordo com o Atlas da Violência, "Mais de 318 mil jovens foram assassinados no Brasil entre 2005 e 2015. Apenas em 2015, foram 31.264 homicídios de pessoas com idade entre 15 e 29 anos, uma redução de 3,3% na taxa em relação a 2014. No que diz respeito às Unidades da

tantes ou não das operações de pacificação, desenham o quadro da vida que resulta da nudez e da despossessão (Harvey, 2005; Butler & Athanasiou, 2013).

Estamos assim diante de um estado de exceção que remete às noções de indeterminação, indistinção, embaralhamento, de fronteiras móveis entre legalidades e ilegalidades que perpassam práticas dentro e fora do estado, práticas que se conformam como modos potentes de governo. Estamos diante do que Benjamin identificou como dias cinzentos, dias de pseudo-movimento, dias de imobilidade, em que sociedade e economia teriam se fundido, em que o que quer que se entenda por verdade acaba por se recobrir pelo falseamento e pela produção espetacularizada das imagens que se tornam sucedâneos os real.[29] Algumas das descrições e notações de Benjamin nos remetem

---

Federação, é possível notar uma grande disparidade: enquanto em São Paulo houve uma redução de 49,4%, nesses onze anos, no Rio Grande do Norte o aumento da taxa de homicídios de jovens foi de 292,3%. Os homens jovens continuam sendo as principais vítimas: mais de 92% dos homicídios acometem essa parcela da população. A cada 100 pessoas assassinadas no Brasil, 71 são negras. De acordo com informações do Atlas, os negros possuem chances 23,5% maiores de serem assassinados em relação a brasileiros de outras raças, já descontado o efeito da idade, escolaridade, do sexo, estado civil e bairro de residência. Os dados sobre mortes decorrentes de intervenção policial registram que os estados que mais registraram homicídios desse tipo em 2015 foram: São Paulo 848 mortes, Rio de Janeiro 645 e Bahia 299. In http://www.ipea.gov.br/portal/index.php?option=com_content&view=article&id=30253&catid=4&Itemid=2 consultado em 8/09/2017.

29 A assimilação operada por setores da mídia e pelos grupos de direita no país entre a figura de Luiz Inácio Lula da Silva e o que passou a ser denominado como bolivarianismo é um exemplo de mitificação e falseamento. Como se viu, pelo menos na hipótese defendida nesse texto, nenhuma assimilação seria possível entre os governos lulo-petistas e o regime chavista na Venezuela, para tomar o exemplo mais paradigmático.

às dimensões que aproximam o século XVII do século XXI – o tom sombrio da intriga, o caráter que se espraia pelos círculos mais próximos do poder constituídos pelo "cortesão hipócrita sem honra e urdido de tramoias criminosas", em um mundo desencantado "cuja frieza só é comparável em intensidade com a febre ardente da vontade de poder." (Benjamim, 2011, p. 98-99).

Essa mesma indeterminação e indistinção talvez possa estar presente em outro traço desse momento, a dissolução das relações sociais em um mundo visto e parametrizado crescentemente como um conjunto de relações e regulações ancoradas na forma mercadoria e no seu crescimento tentacular para todas as esferas da vida. Essas formas de indeterminação e indistinção vêm sendo moduladas pelas práticas de regulação urbana dentro do quadro do que alguns autores denominam "urbanismo neoliberal". Entretanto, é sobretudo importante não tomar o neoliberalismo como cânone, tendo como horizonte suas variações e modulações. Peck, Theodore e Brenner (2009), entre outros autores, buscaram pensar esse urbanismo a partir do que chamaram, parafraseando o vocabulário utilizado para pensar o socialismo do século XX, de "neoliberalismo realmente existente".

A partir de combinações e modulações com as formas de regulação e acumulação anteriores seria possível perceber o que – para além das variações locais – caracterizaria as políticas urbanas no solo mais recente que confere sentido para intervenções de natureza aparentemente bastante diversa. Esses autores identificaram como elementos de uma intervenção urbana neoliberal os elementos como os que se seguem: descentralização e o rearranjo das relações intergovernamentais; estímulo ao empreendedorismo local; formas de austeridade fiscal combinadas a instrumentos de captação financeira; reestruturação dos serviços públicos a partir da privatização de sua gestão ou ênfase nos mecanismos de workfare associando benefícios a planos privados ou aos chamados benefícios vinculados ao emprego formal; parcerias público privadas, incorporação dos negócios empresariais nas políticas locais de desenvolvimento, privatização da produção e gestão das infraestruturas urbanas com a eliminação do monopólio público para a provisão de serviços municipais como saneamento, coleta de lixo, etc. o que permitiria criar novos mercados e redes de serviço de manutenção de infraestruturas; reestruturação do mercado de habitação, inclusive pela provisão de habitação social; reestruturação das regulações do trabalho; desmantelamento das formas públicas de educação; expansão dos setores econômicos informais ou pouco formalizados; reestruturação das estratégias de desenvolvimento territorial com a criação de zonas empresariais desreguladas, bem como a reorganização dos investimentos em aglomerações conectadas com os circuitos internacionais, aumentando a exposição das economias às forças competitivas mundializadas; e, por meio desse processo, fragmentação das economias nacionais e transformações do ambiente e da forma urbana.

É possível reconhecer cada uma dessas características nas formas de intervenção urbana propostas tanto em escala local quanto nas grandes linhas de financiamento e intervenção implementadas pelas gestões que tiveram lugar entre 2003 e 2016, o que não abole as diferenças significativas entre os governos anteriores e o atual quadro de exceção radicalizada. Impossível negar que tanto o PAC (Plano de Aceleração do Crescimento)[30] quanto o PAC favelas e o PMCMV removeram milhares de pessoas, expulsando-as de seu lugar de origem. Impossível não reconhecer algo do que Benjamin

30 Plano Econômico e de Produção de obras infraestrutura formulado no segundo Governo Lula da Silva cuja continuidade atravessaria o primeiro governo Dilma Roussef.

descreve no Drama Trágico: personagens cercados por ruínas e fragmentos que se misturam em meio à vertigem e ao desvairo, em cenas em que os acessórios não se distinguem do essencial, em que os motins apenas apresentam a queda de um mundo que não tem saída (Matos, 2009).

Nesse mundo, como apontou Benjamin, onde a dominação fantasmática e real ronda cada cena, os conspiradores não passam de homens sem fé nem lei. Nesse cenário desolador, porém, talvez ainda seja possível encontrar algum vislumbre de esperança. Ela escapa das formas clássicas de rebelião e luta. Transborda o percurso de constituição dos sujeitos políticos tal como os conhecemos, inclusive nos últimos períodos virtuosos do que se pôde reconhecer como o momento de elaboração cidadã, isto é, os percursos que apontavam como caminho a situação de classe, a associação sindical e sua expressão política. Essas formas de ação e de luta que, se ganham visibilidade, rompem a esfera de um cotidiano marcado por violências visíveis e invisíveis;[31] essas lutas vazam daqui e dali escapando dos limites categorialmente construídos pós-situações ou condições que marcaram os Estados nação até o século XX. Essas formas que rompem a dimensão da paciência para iniciar onde e como é possível a esfera das agências reagem coletivamente à despossessão, apesar de seus sujeitos terem sido frequentemente conformados como públicos alvo a partir de políticas e programas de pacificação, de "protagonismo" e "empoderamento" no avesso das perspectivas de emancipação. Essas lutas são urbanas, por certo. São lutas por reconhecimento, com certeza. Pululam aqui e ali

31 Ver a esse respeito Veena Das (2012), a referência às dimensões do consentimento, poder epistêmico, experiência e dimensões estéticas apontam para a dificuldade de categorização da violência. Pode-se ainda mencionar na mesma entrevista a questão do silenciamento e invisibilização do sofrimento.

nos movimentos de moradia – dentro e fora do campo do MCMV. Estão presentes em coletivos de cultura – mesmo que formatados pelos programas públicos de fomento e financiamento, puderam reverter, mesmo que momentaneamente o sentido das Fábricas de Cultura propostas por governos enraizados à direita do espectro político, como o Governo do Estado de São Paulo e puderam dar a volta por cima em sua condição de públicos-alvo[32] desenhados e redesenhados por redes que articulam desde instituições multilaterais até as ONGs locais combinando Estado, programas públicos e privados e mercados, empresariamentos e empreendedorismos. Em uma palavra, constituem-se, nem sempre de modo visível, em polos de um campo de conflitos que parece mostrar que apesar da desigualdade das forças, ainda há jogo e que, até certo ponto, desse jogo e dessas relações, pode depender o futuro das cidades pensadas e remodeladas por práticas pensadas como resultantes da exceção que articula tentacularmente nosso neoliberalismo na sua última versão golpista, a exceção de um neoliberalismo radicalizado na periferia renomeada como Sul Global, nas margens dos neoliberalismos realmente existentes.

Um triste epílogo

Em outubro de 2018, como se sabe, o Brasil elegeu um presidente de extrema direita, distante da direita ou centro direita "clássicas" protagonizadas pelos partidos vinculados a um ordenamento político da chamada Nova República, iniciada em 1985, com a queda dos governos militares, em uma transição democrá-

---

32 Ver Dany, Caio Léo e Taiguara. *Rebelião do Público-alvo? Luta nas Fábricas de Cultura.* http://passapalavra.info/2016/07/108789 consultado em 08/09/2017. Para uma análise das políticas de juventude ver Souza, 2009 e 2006.

tica lenta, gradual e sempre incompleta. Assim, ao contrário de países vizinhos como a Argentina e o Chile, a memória da ditadura militar e de seus crimes permaneceu em grande medida enevoada mesmo e apesar do governo de uma ex-presa política como Dilma Roussef. Para muitos de nós, a eleição de Bolsonaro que tem como vice presidente um general que elogia continuamente o governo mais duro do Regime Militar e que justifica a prática de tortura por uma suposta guerra contra o "comunismo internacional", marca um ponto final desse momento identificado como Nova República e se configura como um segundo desmanche dos direitos e horizontes da Constituição Cidadã de 1988[33]. Visto como um anti Geisel – o general que promoveu a abertura política – como assecla e discípulo dos porões da ditadura militar, o presidente eleito iniciou em janeiro de 2019 um governo que dá licença para matar.

Para além dos desmanches de direitos e de um crescimento generalizado do número de mortes por ação policial, dos feminicídios, dos militantes da luta pela reforma agrária, para além da crescente desregulação do uso e da venda de armas e da concomitante guerra à produção de conhecimento e às universidades vistas mais uma vez como eixos do que passou a se denominar "marxismo cultural", o governo brasileiro empreende ações de uma violência de Estado brutal e legitima crescentemente uma violência e uma guerra terceirizada por agentes paramilitares que configuram as milícias, cuja ação paradigmática em territórios urbanos de cidades com o Rio de Janeiro passam de serviços como gás de cozinha a empreendimentos imobiliários que conformam mercados ilegais, extorsivos que subjugam parcelas inteiras de populações condenadas ao silêncio.

33 O primeiro momento de desmanche teria correspondido aos anos 1990, que introduziram as políticas neoliberais no Brasil – ver Oliveira e Rizek, 2006.

A exceção e a violência de estado ou consentidamente terceirizada parece indicar tristemente que o país, suas instituições, suas universidades são vistas como um território a ser ocupado ou arrasado por um conjunto de práticas que já demonstraram a que vieram, já que foram prenunciadas pela morte de Marielle Franco, até hoje pouco esclarecida e punida com brandura, assim como por outras mortes ou ameaças crescentemente legitimadas pela permissão para matar, pela proposição da legalização de porte de armas contra "invasores" de terra, pela ação policial contra veículos atingidos por rajadas de metralhadoras, pelos agentes de segurança de agências bancárias que atiram contra clientes idosos, por helicópteros que sobrevoam favelas atirando contra a população civil.

Uma das palavras de ordem das gigantescas manifestações de massa que começam a quebrar os consensos contra o governo de Bolsonaro no último de 15 explicita essa violência que resulta de uma guerra declarada contra a população. Gritávamos pelas cidades brasileiras que "Não é mole não! Tem dinheiro para as milícias e não tem para a Educação!"

A tragédia política brasileira porém não nasceu em outubro de 2018. A tarefa que esse momento nos impõe parece ser procurar nos pactos e nas formas de despolitização e indeterminação que atravessaram os fenômenos sócio-políticos da era lula a pré-história desse encolhimento do dissenso e da palavra públicas que, somados à judicialização da vida política brasileira que se expressa na Operação Lava Jato, às prisões das lideranças, às formas de negociação de todos os tipos com grandes empresas e grandes construtoras, bancos e grupos vinculados à privatização do ensino superior, produziram o descrédito e o melancólico fim de uma era de invenções, uma era de elaboração cidadã no Brasil.

Mais uma vez a metáfora dos trabalhos de Sísifo nos coloca diante de um ponto de partida tristemente desenhado pelo silenciamento, pelo encolhimento da ação pública, pelo encolhimento da possibilidade do dissenso, pelo desmanche dessa vez desesperadoramente profundo do mundo comum.

Entretanto, como as manifestações contra o corte de financiamento das universidades e da pesquisa científica demonstraram, é possível afirmar em bom som: resistiremos!

Bibliografia

ALBEERS, M. *The financialization of Housing – a political economy approach.* Londres: Routledge, 2016.

ARANTES, P. *O novo tempo do mundo: e outros estudos sobre a era da emergência.* São Paulo: Boitempo Editorial, 2014.

_______; FIX, M. "Como o governo Lula pretende resolver o problema da habitação". *Brasil de Fato,* São Paulo, 31 jul. 2009.

BENJAMIN, W. *A Origem do Drama Trágico Alemão.* Belo Horizonte: Ed. Autêntica, 2011.

BRESCIANI, M. S. "Dimensões de Estar no Mundo: Cidades: o público, o privado, o íntimo". In: BRITO, F. D.; JACQUES, P. B. (orgs.). *Gestos Urbanos.* Salvador: Editora UFBA, 2017.

BUTLER, J.; ATHANASIOU, A. *Dispossessions: The performative in the political.* Cambridge: Polity Press, 2013.

CASTRO, A. Q. Às Margens do Programa Minha Casa Minha Vida: um estudo sobre a modalidade Entidades na Região Metropolitana de São Paulo. Programa de Pós-Graduação em Arquitetura e Urbanismo do IAU-USP, Dissertação de mestrado, São Carlos, 2017.

DANY, CAIO; LÉO E TAIGUARA. *Rebelião do Público-alvo? Luta nas Fábricas de Cultura.* In: http://passapalavra.info/2016/07/10 8789.

DAGNINO, E. *Sociedade Civil e Espaços Públicos no Brasil.* São Paulo: Paz e Terra, 2002.

DAS, V. "Entre palavras e vidas: um pensamento de encontro com margens, violências e sofrimentos". Entrevista realizada por MISSE, M.; WERNECK, A.; Birman, P.; Feltran, G. e Malvasi, P. *Dilemas: Revista de estudos de conflitos e controle.* Rio de Janeiro: v. 5, n. 2, 2012.

_______; POOL, D. "El estado y sus márgenes. Etnografías comparadas", *Revista Académica de Relaciones Internacionales,* núm. 8 junio de 2008, GERI-UAM. In: (PDF) *El estado y sus márgenes: Etnografías comparadas.* In: https://www.researchgate.net/publication/28290937_El_estado_y_sus_margenes_Etnografias_comparadas.

GEORGES, I., RIZEK, C. S. "Práticas e dispositivos: escalas, territórios e atores", *Contemporânea,* v. 6, nº 1, p. 51-73, Jan.-Jun., 2016.

_______; _______; CEBALLOS, M. "Dossiê As políticas sociais brasileiras - o que há de novo? In: *Caderno CRH,* v. 27, n. 72, Salvador, Set./Dez., 2014.

_______; SANTOS, Y. G. *As Novas Políticas Sociais Brasileiras na Saúde e na Assistência.* Belo Horizonte: Fino Traço Editora, 2016.

GOHN. M. G. Educação Não Formal, Novo associativismo e Terceiro setor no Brasil. In: http://www.lite.fe.unicamp.br/grupos/gemdec/art_gloria.html acesso em julho de 2019.

HARVEY, D. *O Novo Imperialismo.* (2ª. Ed). São Paulo: Ed. Loyola, 2005.

IPEA - Instituto de Pesquisa Econômica Aplicada; FBSP – Fórum Brasileiro de Segurança Pública. *Atlas da Violência – 2017.* Disponível em http://www.ipea.gov.br/portal/index.php?option=com_content&view=article&id=30253&catid=4&Itemid=2.

MARANHÃO, T. *O consenso das oportunidades. Banco Mundial e PNUD no combate à pobreza*. São Paulo: Alameda Casa Editorial, Col. Sagemm, 2018.

_______. *Governança mundial e pobreza – do Consenso de Washington ao Consenso de Oportunidades*. Programa de Pós-Graduação em Sociologia da USP, Tese de doutorado, 2009.

MARICATO, E. "O "Minha Casa" é um avanço, mas segregação urbana fica intocada". *Carta Maior*, São Paulo, 27, maio, 2009.

MATOS, O. *Benjaminianas: Cultura Capitalista e Fetichismo Contemporâneo*. São Paulo: Editora UNESP, 2009.

MELO, F. A. L de. *O Dispositivo Penitenciário no Brasil Contemporâneo*. Texto de qualificação de doutorado apresentado ao Programa de Pós Graduação em Sociologia UFSCAR, 2017, (mimeo).

MISSE, M. "Trocas ilícitas e mercadorias políticas: para uma interpretação de trocas ilícitas e moralmente reprováveis cuja persistência e abrangência no Brasil nos causam incômodos também teóricos", *Anuário Antropológico* [Online], II, 2010, posto online no dia 30 outubro 2015, consultado no dia julho 2018. URL: http://journals.openedition.org/aa/916; DOI: 10.4000/aa.916.

OLIVEIRA, F.; RIZEK, C. S. (orgs.). *A Era da Indeterminação*. São Paulo: Boitempo Editorial, 2006.

PAOLI, M. C. "O mundo do indistinto: sobre gestão, violência e política". In: OLIVEIRA, F.; RIZEK, C. S. (orgs.). *A Era da Indeterminação*. São Paulo: Boitempo Editorial, 2006.

PECK, J.; THEODORE, N.; BRENNER, N. "Neoliberal Urbanism: Models. Moments, Mutations", *SAIS Review*, XXIX (1) 2009.

REGO, W. L.; PINZANI, A. *Vozes do Bolsa Família: Autonomia, dinheiro e cidadania*. São Paulo: Editora Unesp, 2013.

RIZEK, C. S. "10 anos de pesquisa na zona leste – um social reconfigurado", *Revista Cidades*, 2016.

_______. "Politiques sociales, Mouvements sociaux et consensus – la politique du lojement brésilienne 2009-2016", in *Anais do* 7º Congrès de l'Association Française de Sociologie, Amiens (França), julho de 2017.

_______. "Temporalidades e Liminaridades". In: BRITO, F. D.; JACQUES, P. B. (orgs.). *Gestos Urbanos*. Salvador: Editora UFBA, 2017.

_______. "Ce que nous disent les chiffres. Politiques sociales, Mouvements sociaux et consensus – la politique du logement brésilienne 2009-2016", in *Anais do 7º Congrès de l'Association Française de Sociologie*, Amiens (França), julho de 2017.

_______. "Políticas sociais e políticas de cultura: territórios e privatizações cruzadas", *Revista Brasileira de Estudos Urbanos e Regionais*, v. 15, n. 2, p. 199, nov., 2013.

ROLNIK, R.; NAKANO, A. K. "As armadilhas do pacote habitacional". *Le monde diplomatique*, mar., 2009, p. 1-5.

SANTO AMORE, C. *Introdução*. In: SANTO AMORE, C.; SHIMBO, L.; RUFINO, M. B. C. (orgs.). *Minha Casa... E a Cidade? Avaliação do Programa Minha Casa Minha Vida em seis estados Brasileiros*. Rio de Janeiro: Letra Capital Editora, 2015.

SINGER, A. *Os Sentidos do Lulismo*. São Paulo: Cia. das Letras, 2012

_______; LOUREIRO, I. (orgs.). *As contradições do Lulismo – a que ponto chegamos*. São Paulo: Boitempo Editorial, 2016.

SOUZA, R. M. "Protagonismo juvenil: o discurso da juventude sem voz", Rev. *Bras. Adolescência e Conflitualidade*, 1(1): 1-28, 2009.

_______. *O Discurso do Protagonismo Juvenil*. Tese de doutoramento em Sociologia, FFLCH, Universidade de São Paulo, 2006.

TELLES, V. S. "Nas dobras do legal e ilegal: ilegalismos e jogos de poder nas tramas da cidade", *Dilemas: revista de estudos de conflitos e controle*, Rio de Janeiro, v. 2, n. 5-6, p. 97-126, outubro de 2010.

TELLES, V. S. Jogos de poder nas dobras do legal e do ilegal: anotações de um percurso de pesquisa. *Serv. Soc. Soc.,* São Paulo, n. 115, p. 443-461, set., 2013.

_______; HIRATA, D. V. Cidade e práticas urbanas: nas fronteiras incertas do legal e ilegal. *Estudos Avançados,* São Paulo, v. 21, n. 61, p. 173191, 31, out., 2007.

Distinciones tensionadas entre los managers y sus subordinados directos

Diego Szlechter[1] y Osvaldo Battistini[2]

Introducción

En el presente capítulo analizamos las dinámicas de la relación entre los posicionamientos salariales de dos grupos de trabajadores: los cuadros medios de conducción y los trabajadores productivos directos (subordinados de los primeros). Nuestro objetivo es dar cuenta de la modificación de esta relación en distintos contextos económicos y políticos de la Argentina, para lo cual analizamos las condiciones o determinantes políticos y culturales que la enmarcan. Es decir, realizaremos este análisis atravesando tres períodos de la realidad argentina: el de los diez años del "primer neoliberalismo" (1991-2001), el de la reversión de las políticas neoliberales, durante los doce años del kirchnerismo (2003-2015) y el del período actual o del "segundo neoliberalismo" (2015-2018).

Seleccionamos estos períodos porque observamos que, en cada uno de ellos, se producen configuraciones distintas de la relación entre ambos grupos. Las políticas puestas en marcha a partir de 1991, de neto corte neoliberal, tendieron a disolver los derechos de los trabajadores productivos, con el doble objetivo de reducir costos laborales y disciplinar a la mano de obra, al mismo tiempo que pro-

---

1 Universidade Nacional do General Sarmiento - UNGS-IDEI, CONICET.

2 CONICET, UNGS-ICI.

ducían una fuerte diferenciación respecto de las capas superiores de conducción. Producto de condiciones generadas en torno a relaciones fuertemente individualizadas y privilegios orientados a premiar lealtades y a la reproducción cultural de la dominación, los trabajadores de los diferentes estratos de conducción alcanzaron estatus económicos y simbólicos de relevancia en las empresas, gran parte de las veces en desmedro de lo que sucedía con sus subordinados. En la mayor parte de los casos, condiciones que se debían o alimentaban de las disposiciones flexibles de las situaciones de empleo y trabajo a ambos lados de la relación. Flexibilidades que solventaban el lugar de privilegio del empleado de conducción y, en el otro, orientando las formas contractuales y la relación laboral hacia la precarización del trabajo, la reducción en el nivel salarial y la fuerte desvalorización del lugar en la organización de la producción.

En el segundo período, la adopción, por parte del gobierno kirchnerista, de una posición favorable al rol de los sindicatos en las relaciones laborales contribuyó a un sustancial mejoramiento de los salarios de sus representados, hecho que no se vio reflejado en un incremento de los salarios de sus superiores directos, quienes quedaron a expensas de lo que podían negociar individualmente con sus empleadores. Estas nuevas relaciones salariales implicaron una fuerte desvalorización de las posiciones de conducción frente a las de los trabajadores directos, representados por los sindicatos en la negociación. En el último período, la nueva ola neoliberal, que se pone de manifiesto tanto en el plano material como el simbólico, apunta a retornar a las condiciones del primer neoliberalismo. Las políticas orientadas desde el gobierno anuncian transformaciones flexibilizadoras de la legislación laboral, imponen fuertes reducciones salariales para los trabajadores convencionados (tanto como producto de las sucesivas devaluaciones de la moneda como por imposición de pautas de negociación colectiva con techos más bajos que la tasa inflacionaria anual). Al mismo tiempo, desde el gobierno, se difunde un discurso que pone de relieve la acción individualizada, asentada en el mérito y el talento emprendedor, característica de la cultura managerial, por sobre toda muestra de colectivización de la acción de los trabajadores.

Este capítulo forma parte de un proyecto de investigación Conicet "Los trabajadores jerárquicos de grandes empresas pierden la carrera. El solapamiento salarial entre asalariados de conducción no convencionados y asalariados productivos convencionados". La metodología de trabajo se basó en la utilización de técnicas cualitativas como entrevistas semidirigidas en profundidad a trabajadores jerárquicos de grandes firmas, dirigentes sindicales y revisión y análisis de la negociación colectiva.

En lo que sigue, desarrollamos el análisis, en primer lugar, a partir de una breve caracterización de la figura del manager, relacionando este lugar en la dirección de la producción capitalista con el ascenso social de las clases medias en Argentina. Luego recorremos los dos primeros períodos mencionados, el que va desde el comienzo del gobierno de C. Menem hasta la crisis de 2001 y el de los gobiernos kirchneristas (2003-2015), con el objetivo de dar cuenta de las diferencias en el tratamiento de los salarios de los trabajadores convencionados y no convencionados, en un período y otro. A continuación, observamos cómo, en dichos períodos, se produjo una distribución diferencial de capitales (educativo, social, simbólico, político), para dar cuenta de las desiguales posiciones que tal distribución genera al interior de distintos espacios de trabajo. Antes de concluir el capítulo, indagamos en la actualidad sobre los factores que incidieron para que se produzca una nueva reinversión de las posiciones salariales, que parecen volver a otorgar privilegios a los managers por sobre la situación de sus subordinados directos.

La figura del manager en Argentina: un breve recorrido histórico

La identidad de clase media comienza a perfilarse a partir de la diferenciación con el migrante interno beneficiario de la política social del peronismo (Germani, 1955). El actor *managerial* como grupo de estatus (Weber, 1964), que se reconoce como tal no sólo por criterios económicos sino también simbólicos –basados en el desempeño y el logro individual-, surge a partir del peronismo y la primera etapa de industrialización por sustitución de importaciones (ISI) implementada por ese gobierno (1946-1955). A partir de la segunda etapa de ISI (1958-1974), comienza a consolidarse una "clase gerencial" local gracias a la inversión extranjera directa que comenzó a contratar cuadros de conducción formados localmente y que provenían de las capas medias en ascenso. De esta manera, surge un mercado de consumo de bienes simbólicos (Szlechter, 2013), como carreras de grado y posgrado, revistas de negocios y consultoras especializadas en cuestiones de *management*, que ayudará a la reproducción social del grupo. Pero es a partir de la década del 60 que se ve con fuerza el nacimiento de nuevos sectores medios urbanos que demandan productos diferenciados, diversificados y sofisticados, pilar fundamental desde el cual se puede vislumbrar un nuevo grupo social con características propias. Con la llegada del tercer gobierno peronista en el año 1973, se produce una profunda transformación en las clases medias, una suerte de "repliegue sobre el espacio privado" (Svampa, 2001) en el marco de un proceso de desmovilización general, que se intensifica durante la dictadura (1976 a 1983). En este contexto, los estratos medios de las grandes empresas pasaron a identificarse con los valores de las clases dominantes, las que a su vez comenzaron a aggiornarse con los de las empresas transnacionales a partir de la apertura económica promovida por esta dictadura. Estos valores, provenientes sobre todo de los EEUU, se nutren de la aspiración individual a la movilidad social, en la cual cada uno se convierte en artífice de su propio destino. Esto constituyó buena parte del sustrato social sobre el cual se asentaron las bases ideológicas y culturales de las dos etapas de políticas neoliberales que gobernaron la argentina, primero en los años noventa del siglo pasado y, en segundo lugar, en la actualidad.

El primer neoliberalismo

Más allá de que las bases de la construcción del modelo neoliberal en Argentina, se hayan plantado durante la última dictadura cívico-militar, entre 1976 y 1983, las principales características e instituciones del mismo se pusieron en marcha y consolidaron durante el gobierno de Carlos Menem, entre 1989 y 1999.[3]

Poco tiempo después de la llegada de Menem al poder, en forma casi correlativa al impulso del plan de convertibilidad de la moneda, el gobierno dispuso la primera norma flexibilizadora de los contratos laborales, la Ley Nacional de Empleo (N° 24013), por medio de la cual se regulaban contratos a duración determinada, el salario por desempleo y se impulsaban negociaciones colectivas cuyas principales premisas debían dar paso a dispositivos organizacionales y tecnológicos ligados a lo que se conocería luego como la modernización de la producción, las nuevas formas de organización del trabajo y, con mayor especificidad, como las técnicas del "toyotismo".

Una segunda norma, de particular significancia, en torno a la orientación de la política laboral, otorgada por el gobierno, fue el Decreto 1334/91, mediante el cual se argumentaba la necesidad de

3 Para un análisis más detallado del afianzamiento de las políticas neoliberales en el menemismo que hicieron su debut en la dictadura militar, ver Basualdo(2001), Rapoport (2009) y Fridman (2008).

adecuar la negociación colectiva a las premisas de la convertibilidad monetaria, neutralizando todo mecanismo que pueda generar efectos inflacionarios. Para ello, en el artículo 1 del mismo, se establecía que *(...) en los convenios colectivos de trabajo, las partes deberán acordar las bases de cálculo y el método que les permitirá medir la productividad en el ámbito de vigencia de la Convención (...).* Esta obligación se asentaba en la necesidad de dotar a la autoridad de aplicación de

> criterios y elementos objetivos para cumplir su función de ejercer el control de legalidad y de mérito de los acuerdos convencionales previo a su homologación, a fin de constatar si los mismos no violan normas de orden público, afectan significativamente la situación económica general o producen deterioro grave en las condiciones de vida de los consumidores.

El decreto remitía a la Ley Nº 23928 del mismo año, que establecía la convertibilidad de la moneda nacional al dólar estadounidense. De esta forma, el orden público a resguardar sería el fundado por una norma de carácter económico y que constituía parte del andamiaje sobre el que se montaba el modelo neoliberal.

Desde entonces, todas las negociaciones colectivas, entre empleadores y sindicatos fueron monitoreadas por el Ministerio de Trabajo y únicamente aprobadas para su posterior homologación si cumplían con las premisas establecidas por dicho decreto. Esto generó enormes dificultades a los sindicatos para impulsar aumentos salariales y sostener, al mismo tiempo, la estabilidad en el empleo de los trabajadores, dado que la productividad exigida pasó a enmascarar pautas de fuerte flexibilización de las relaciones de trabajo. Al mismo tiempo, el crecimiento exponencial del número de trabajadores desocupados y de la precarización del trabajo por incremento del número de trabajadores no registrados presionaba, como amenaza, sobre las aspiraciones salariales de los ocupados. De esta forma, más allá de un primer momento de crecimiento del salario real promedio, desde 1994 en adelante y hasta finalizar el período menemista, se produce una vertiginosa caída del mismo, que acompaña un proceso de aumento escalonado del desempleo (Amico, 2015; Basualdo, 2008).

En ese mismo contexto, se producía una fuerte separación entre la determinación de los incrementos salariales de distintos grupos de trabajadores. En primer lugar, las condiciones diferenciales en que se encontraban distintas empresas y ramas de la economía introdujeron una fuerte dispersión en los salarios de cada una de ellas (Rapoport, 2009, p. 821). Pero, al interior de la negociación colectiva se producía además una fuerte diferenciación: la exclusión de un importante grupo de trabajadores de los derechos alcanzados en la misma. Los nuevos convenios colectivos dejaban fuera a distintos trabajadores, entre los cuales se encontraban quienes ocupaban los distintos espacios de conducción dentro de las empresas.[4] Más allá de que cláusulas similares hayan existido con anterioridad, en convenios colectivos firmados durante los años setenta, en esta oportunidad pasaban a tener una trascendencia mucho mayor, ya que no sólo iban a indicar posiciones salariales distintas sino espacios de distinción de fundamental relevancia en las empresas.

A partir de entonces, los sindicatos comenzarían a perder poder simbólico en las empresas y aún fuera de ellas, lo cual iba

4 Tal como expresa el art. 5 del CCT-182-1995-E, firmado entre la Federación de trabajadores de la industria de la alimentación y la empresa Bimbo de Argentina SA.: "Queda expresamente excluido de este convenio el personal de dirección: directores, gerentes, jefes, jefes de distribución, los profesionales con título universitario, Gerentes Divisionales, las secretarias/os de dirección y gerencia que se desempeñen a las órdenes del Directorio, directores o gerentes y los auditores contables".

a repercutir en la valorización que los trabajadores tendrían sobre ellos. Particularmente, para los jóvenes trabajadores, de clase media, con altos grados de formación y con expectativas de progreso social y jerárquico, los sindicatos ya no iban a adquirir algún interés en términos de su posible representación de intereses. Entonces, el hecho de quedar excluido de los convenios no iba a resultar un problema para ellos, sino una ventaja, dado que eso significaba que las empresas les destinaban un lugar de privilegio. Ese grupo de trabajadores iba a ser mirado por los empleadores con especial atención, ya que, serían los encargados de la transmisión y propagación de los nuevos valores culturales característicos del *management* moderno. Parte de la "especial atención" que iban a tener estos trabajadores sería otorgada desde la negociación salarial.

El tratamiento personalizado de los salarios y de adicionales simbólicos complementarios constituyó un dispositivo privilegiado para motivar patrones de conducta individuales y adopción de valores que correspondían necesariamente a los intereses de la lógica productiva adoptada por las nuevas empresas capitalistas. Entre la empresa y el trabajador se establecía una mediación sutil, alimentada por la "confianza" a ambos lados de la relación. La primera otorgaba confianza a los segundos y estos confiaban en que ella cumpliría con las promesas realizadas desde el comienzo de la relación (salarios elevados, posiciones de privilegio en la empresa, carrera asegurada, beneficios complementarios etc.). La personalización del tratamiento por parte de la empresa a estos trabajadores, les otorgaba cierto carácter de miembros "especiales" de la misma.

El patrón otorgaba su confianza, que se manifestaba como un premio a la motivación y el esfuerzo individual del empleado, mientras el trabajador, por su parte, confiaba en que esa manifestación sería incremental en el tiempo. Dos caras de una misma moneda, pero que, en su acción, se reforzaban mutuamente. Al mismo tiempo y como producto de esta relación, tal como lo indican Boltansky y Chiapello (1999), los empleados de conducción de las empresas ocuparían un lugar trascendental en la transmisión de los nuevos valores de la producción flexible, por lo cual su jerarquía distintiva importaba un cuidado particular. Así, se instalaría el germen de un nuevo grupo social dentro de la clase media, otro sector privilegiado, con ingresos económicos relativamente altos, con una serie de beneficios sociales de distinción (acceso a la educación privada de elevado costo para sus hijos, medicina prepaga de alto rango, viajes al exterior pagados por las empresas, turismo en el exterior, membresías en los mejores clubes sociales, etc.). Gracias a estos dispositivos de distinción, muchos de estos trabajadores podían creer, sin temor a equivocarse, que sus empleadores les estaban abriendo un camino de ascenso seguro hacia los sectores más elevado de las clases sociales.

Al mismo tiempo, como producto de la llegada cultural del management moderno (Szlechter, 2015), las líneas de control en las empresas se modificaban y especializaban fuertemente. La propagación de una nueva cultura empresarial (tanto en lo que respecta a las nuevas formas organizativas como al discurso a transmitir a los trabajadores subordinados) requería personal con mayor preparación teórica y suficientemente compenetrado acerca de los valores empresarios. De esta forma, mediante cursos dictados por: las mismas empresas, consultoras internacionales y, más tarde, universidades privadas, los managers eran preparados para esta nueva misión. Una especial mención debemos hacer a la irrupción de una verdadera industria de la formación ejecutiva con la creación de los MBA (*Master in Business Administration*), ámbito privilegiado de acumulación de capital social, redes de relacionamiento que devendrán capital político en beneficio de su propia reproducción social. Un gerente de una firma multinacional, grafica, de manera muy contundente, la importancia del capital social como herramienta de negociación en el camino hacia la cima de las burocracias corporativas:

> Tengo ejemplos de gente que ha ascendido por tener un status social un poquito más arriba que el otro que estaba igual que él, igual, pero como había estado en un status social, era amigo de los que se movían en su ambiente, y eso lo ayudó, los contactos lo ayudaron. Y los contactos los tenía por moverse en un ambiente social diferente, subjetivamente impactante (Héctor, gerente del área de recursos humanos de una firma automotriz).

Pero, las nuevas responsabilidades y jerarquías otorgadas debían ser remuneradas eficientemente por los empleadores, ya que, sobre las espaldas de estos trabajadores caería la mayor responsabilidad de transmisión de valores en la producción. Al mismo tiempo, otros beneficios fueron incorporados a sus remuneraciones, los cuales expandían la distinción material primariamente lograda desde una remuneración elevada, como: los propios cursos de formación, la enseñanza de idiomas, la cesión de un automóvil por parte de la misma empresa, etc.

La distancia social generada por la diferencia de ingresos entre jefes y subordinados, reforzaba la creencia en los mecanismos meritocráticos de fijación de escalas salariales. El capital simbólico que proviene de pertenecer a grupos privilegiados del mundo del trabajo es claramente expresado por el gerente anterior:

> yo creo que hay una cuestión de prestigio en cuanto a estar fuera que dentro [de convenio] (Héctor, gerente del área de recursos humanos de una firma automotriz).

En un trabajo anterior (Battistini y Szlechter, 2017), sosteníamos que

> se suponía que los esfuerzos que los individuos realizaban en su formación, su adaptabilidad a las presiones generadas por la gestión de la empresa y la atenta observancia que prestaban a las normas impuestas por la carrera interna debían obtener respuestas diferenciales (...). Al mismo tiempo, era un presupuesto del modelo que quienes ocupaban puestos de conducción eran los más involucrados dentro de este sistema y, por lo tanto, los máximos beneficiarios de los éxitos económicos obtenidos por la firma que los empleaba, por lo tanto, el modelo lograba ser eficiente desde su difusión discursiva hasta su puesta en funcionamiento (...). Los beneficios salariales obtenidos impulsaron pautas de consumo más sofisticadas en estos sectores y, desde ellas, cierto acercamiento con el tipo de consumo de las clases altas, traduciéndose de esta forma en posiciones de distinción en la vida cotidiana, que confirmaban su apuesta inicial en formación y en incorporación a este tipo de empleos.

En este tiempo, para algunos trabajadores, la "utopía meritocrática" parecía hacerse realidad y auguraba un futuro de realización y crecimiento individual sin precedentes hasta entonces.

El interregno populista

Las políticas llevadas adelante por el kirchnerismo,[5] durante sus doce años en el gobierno, tuvieron la pretensión de revertir y eliminar los efectos económicos, sociales y culturales del neolibera-

5 Para un análisis exhaustivo sobre el modelo de acumulación de corte desarrollista del kirchnerismo, ver Manzanelli y Basualdo (2016).

lismo, producidos desde la dictadura militar en adelante y efectivizados durante el menemismo. Pero, si bien, en un primer momento, ese objetivo parecía, de alguna forma, encaminarse, con el tiempo, parte de las mismas políticas destinadas a mejorar el ingreso de los trabajadores actuaron en contra del mismo.

Tal como vimos más arriba, uno de los fenómenos de mayor significación en términos económicos fue el incremento del nivel de consumo de las clases medias y, sobre todo de los niveles medios y altos de dichas clases. Muchas de las personas que se ubicaban en estas últimas capas conformaban y conforman la clase trabajadora y, particularmente, al conjunto de asalariados representados por las organizaciones sindicales.

Parte de la política económica del gobierno de Néstor Kirchner y de los dos posteriores de Cristina Kirchner se asentó en el incremento de los salarios como mecanismo destinado a aumentar el consumo de la población.

La crisis de 2001 puso al conflicto social en medio de la escena política y económica del país. Pero, el incremento exponencial del desempleo, la precarización laboral y la pobreza[6] hicieron que dicho conflicto sea protagonizado principalmente por trabajadores que habían sido desplazados de sus empleos y que conformaban la base de los movimientos sociales conocidos como "piqueteros". Ante esta situación, el nuevo gobierno tomó la decisión de desplazar el eje del conflicto, para restablecer un orden social asentado en el trabajo asalariado como fuente genuina de relacionamiento entre los individuos. Para ello, gran parte de la política económica estuvo destinada no sólo al incremento de los salarios de quienes contaban

6 En 2003, el desempleo ascendía al 15,6%, la subocupación al 18,8%, el empleo no registrado al 48,4%, el 54,0 % de las personas estaba bajo la línea de pobreza y el 27,7% bajo la línea de indigencia.

con un empleo sino también a reducir paulatinamente el número de desempleados.

Así, poco tiempo después de asumir el poder, Néstor Kirchner genera, por decreto, dos incrementos salariales generalizados y luego convoca al Consejo de la Productividad, el Empleo y el Salario Mínimo Vital y Móvil (SMVM), vulgarmente conocido como Consejo del Salario Mínimo (CSM).[7] Negociación que produjo un primer incremento del salario mínimo por encima de la tasa de inflación de ese año. Al mismo tiempo, el gobierno impulsaba la apertura de la negociación paritaria, prácticamente "obligando" a los sindicatos a elevar los salarios convencionales por encima de la pauta inflacionaria, en primer lugar, para evitar que los salarios mínimos convencionales queden por debajo del SMVM y, en segunda instancia, para circunscribir la conflictividad laboral al espacio de las empresas o las principales ramas de la economía.

Sucesivos aumentos convencionales, en porcentajes superiores a la inflación proyectada, impulsaron el buscado incremento del consumo y, colateralmente, contribuyeron, junto a otras políticas, a elevar el número de trabajadores ocupados, dado que dicho consumo se traducía en la suba de la actividad en algunos sectores. Mientras tanto, la salida de la desocupación de muchos trabajadores contribuía a reducir el número de adherentes a los movimientos de trabajadores desocupados, lo cual facilitaba el traslado del conflicto a la lógica capital-trabajo y al espacio directo de la producción

---

7 Se lo llamó de esta forma seguramente porque esta fue la principal y única función que cumplió a lo largo de los años. La primera convocatoria del CSM fue en 2004, sin haber funcionado hasta entonces desde su creación, en 1991, durante el gobierno de C. Menem, dentro de la primera ley flexibilizadora de este gobierno, la Ley Nacional de Empleo (Nº 24013).

apitalista, con los sindicatos y los empleadores del sector privado como principales protagonistas,

De todos modos, uno de los factores que la negociación colectiva no modificó, y puede decirse que, en cierta medida, reprodujo, fue la fragmentación y el desequilibrio salarial entre las distintas ramas de la economía. Así, aun negociando por sobre la inflación, mientras en las ramas menos dinámicas de la economía no se producían fuertes cambios en la estructura salarial, en las ramas más dinámicas los incrementos salariales obtenidos en paritarias impulsaban fuertes modificaciones en las condiciones de vida de cierto grupo de trabajadores. Pero, además, la negociación colectiva producía un fenómeno inédito en el país. En ciertas ramas o empresas, los salarios de los trabajadores convencionados aumentaban exponencialmente, mientras los de los trabajadores no convencionados no seguían la misma tendencia, produciéndose, a partir de ello, un fuerte acercamiento entre ambos. Si a ello sumamos que los trabajadores fuera de convenio tampoco acceden a adicionales incluidos en ellos y no cuentan con el derecho al pago de las horas extras, la aproximación salarial entre ambos grupos es aún mayor. Este fenómeno, conocido como "solapamiento salarial", hace que, en ocasiones, los trabajadores convencionados pasen a tener ingresos iguales o superiores a los de sus superiores inmediatos.

Se producen entonces, tres efectos complementarios, los dos primeros como producto de la relación entre trabajadores convencionados y no convencionados y el tercero entre éstos últimos y el empleador. En el primero de los casos, se genera cierto deterioro de la relación de subordinación, en términos de la lógica capitalista, ya que el subordinado pasa a tener un ingreso mayor que el subordinante. En segundo lugar, se afecta la lógica de distinción en el consumo entre ambos grupos, ya que los convencionados pueden acceder ahora a bienes económicos similares a los de los no convencionados, es decir igualan lugares o posicionamientos materiales y simbólicos a los de sus superiores. En tercer lugar, se pone en cuestión la confianza entre empleadores y empleados de conducción. Estos últimos, además de advertir que sus salarios pierden terreno frente a los de los trabajadores representados sindicalmente, pueden percibir que el "tratamiento personal" o individualizado con el patrón ya no otorga las ventajas de tiempos pasados. Sus salarios no se incrementan en el mismo porcentaje que los negociados colectivamente. La advertencia, por parte de éstos últimos, que la relación se modificó y ellos se ven perjudicados en sus salarios, puede derivar en dos escenarios posibles. Por un lado, la decepción que provoca esta nueva realidad, puede hacer que la confianza que antes depositaban en sus empleadores, devenga en su contrario: la desconfianza. Entonces, una relación que no soporta contradicciones, puede comenzar a tenerlas, ya que una de las alternativas posibles puede ser la el desarrollo, por parte de estos trabajadores, de acciones que, de alguna forma, tienda a contradecir los intereses de sus empleadores. Por otro lado, la otra alternativa posible es que los managers, decidan que los lugares alcanzados en el trabajo son más importantes que cierta baja salarial y decidan sostener la relación sin plantear posiciones que entorpezcan la relación con sus empleadores.

Según un informe de la consultora Mercer, de 2012, según un relevamiento realizado sobre 100 grandes firmas, el solapamiento salarial era un fenómeno muy extendido en ese ambito, entre cuyas consecuencias se destacaba que: para el 45% de ellas, el solapamiento había empeorado la motivación de sus empleados; el 36% de las mismas aseguraban que también había empeorado el clima laboral a su interior; en el 11% de ellas había aumentado la sindicalización de los mandos medios; para el 9% de esas compañías el solapamiento había generado un aumento de la rotación laboral de estos trabajadores; y en el 9% de ellas habían aumentado los reclamos legales por discriminación.

Cuando el pacto de confianza se hubo roto y se presentó como algo irreversible, algunos managers decidieron colectivizar sus demandas, es decir tomar un camino muy diferente al que los empleadores esperaban de ellos. Así, varios grupos de trabajadores encararon la construcción de organizaciones sindicales propias,[8] para representar de esa forma sus intereses frente a sus empleadores (Sánchez, 2014). En otros casos, los managers recurrieron a sindicatos ya existentes, creados oportunamente para los mismos fines.

Pero, aún tomando un carácter novedoso que algunos trabajadores tomen esa decisión no se trató de un movimiento masivo. Por el contrario, gran parte de los trabajadores de conducción de las empresas decidieron esperar, aceptar compensaciones que ofrecían las empresas, en la mayor parte de los casos no salariales, y, de esta manera, continuar apostando a las posibilidades futuras que les prometía la carrera ya comenzada.

Otro hecho a destacar es que, en los últimos años del segundo gobierno de Cristina Kirchner, los salarios más altos de los trabajadores convencionados fueron alcanzados por el impuesto a las ganancias, lo cual motivó una serie de protestas de las centrales sindicales. El descontento de estos trabajadores era, en cierta forma, asimilable al de sus superiores, quienes también veían reducido sus salarios por dicho impuesto. En este caso, también, algunos de ellos

8 Entre 2004 y 2011, se conformaron 29 nuevos sindicatos con representación de los trabajadores jerárquicos: 20 correspondientes al ámbito privado y 9 al sector público. Sólo tres de estos sindicatos cuenta con personería gremial, el resto únicamente tiene la personería jurídica o simple inscripción. Es de destacar que, salvo en el caso de los sindicatos correspondientes a la actividad petrolera y gasífera, no se observa una fuerte actividad negocial (convenios colectivos o acuerdos salariales) por parte de estos sindicatos.

optaron por participar en las manifestaciones en contra de este impuesto y otros, la mayoría, se mantuvieron al margen de las mismas.

Distribución diferencial de capitales

La separación de ambos grupos de trabajadores en la producción no sólo representa una distribución desigual de tareas, responsabilidades y salarios sino también de formas de distinción, relacionadas con la distribución o el acceso diferencial, de cada uno de ellos, a distintas formas de capital (Bourdieu, 1998).

En principio, dos de esas formas de capital (Bourdieu, 1994) colocan a ambos grupos en posiciones diferenciales respecto a su incorporación al empleo: el capital educativo y el capital social.

Los managers son contratados de acuerdo a determinadas credenciales educativas, previamente obtenidas, fundamentalmente las derivadas de formaciones destinadas a prepararlos para tareas de conducción.

Si, hasta los años ochenta del siglo pasado, la formación demandada para estos trabajadores se aproximaba más a las ingenierías especializadas, desde los noventa comenzó a virar hacia la ingeniería industrial, que asegura conocimientos más ligados a la organización y la gestión de la producción que a saberes técnicos o tecnológicos específicos. Con el tiempo, fue la obtención de posgrados, el factor que habilitó, de mejor manera, el acceso a puestos de conducción en las empresas. En este sentido, un MBA realizado en universidades, considerados de prestigio por los empresarios, llegó a ser el título de mayor apreciación para ocupar puestos de conducción. Formación que constituía una garantía de confianza, que las empresas podían depositar en sus empleados. Pero, al mismo tiempo, uno de los factores que hizo que el acceso a puestos de conducción sea restringido, es el alto costo de dichos posgrados. Así, un grupo social comenzaba a cerrarse sobre sí mismo. Las clases medias altas y, con algunas excepciones, las capas de las clases medias más cercanas a ellas, fueron las privilegiadas para colocar a algunos de sus miembros en dichas posiciones de mando. Se generaba, de esta forma, una concatenación virtuosa entre la formación y el grupo desde donde se seleccionaban los candidatos a estos puestos, que garantizaba, a su vez, el necesario resguardo ideológico y cultural que la organización y la dirección de la producción requería. Al mismo tiempo, determinados sectores de las clases medias se hicieron cada vez más propensas a incorporar valores relativos a la cultura empresarial, haciéndose igualmente reticentes a ideologías políticas cercanas a los sindicatos o a los movimientos populares. El origen económico y social de muchos de los jóvenes, aspirantes a estos espacios, los dotaba de un capital inestimable. Se reproducía, de esta manera, un grupo social, una jerarquía de mando y una educación estilizada inalcanzable para otros grupos sociales.

Al mismo tiempo, la incorporación de los miembros de una elite social a alguno de estos espacios (de educación o trabajo) multiplica el capital social en una sinergia virtuosa, asegurándoles, cada vez más, solo a ellos el acceso a puestos elevados de la pirámide laboral. Cierre social (Parkin, 1984) que dificulta, cada vez más, el acceso de alguien de fuera de estos espacios de socialización a puestos de este tipo. En otras palabras, así como el ejercicio de profesiones como la medicina, la contabilidad o la abogacía son monopolizadas a través de reglamentaciones estatales o sistemas propios de restricción material de su ejercicio en los estamentos de mayor rentabilidad, el *management* se constituye en una profesión que ha erigido verdaderas barreras materiales y simbólicas que dificultan el acceso a la misma.

La conjunción de estos dos capitales (educativo y social) se traduce en la generación de capital económico –ingresos elevados, acceso a bienes materiales de alta gama, etc.- y capital simbólico: como la valorización diferenciada de credenciales educativas (un

MBA en el exterior adquiere mayor valor que el de un posgrado similar en una universidad local). Por su parte, el capital social heredado puede tener mayor valor simbólico que el que puedan obtener "los que llegan de abajo" (quienes excepcionalmente pueden acceder a puestos de mayor jerarquía). El primer capital acompaña, como "marca de origen" a los herederos durante toda su vida y a lo largo de su carrera laboral, aun cuando produzca todo su efecto, por lo general, a partir de los treinta años, cuando se dejan atrás las posiciones "junior" y comienza la "verdadera" carrera laboral.

Los trabajadores convencionados, por su parte, cuentan con menores posibilidades de acceso a alguno de estos capitales. Mayormente, sus orígenes sociales condicionan la posibile de obtención de alguna de las credenciales que circulan en el grupo anterior, al mismo tiempo que el capital social distribuido entre ellos es de "inferior calidad" (en términos de proximidades culturales con los valores empresariales). Asimismo, fundamentalmente en las grandes empresas (sobre todo industriales), el lugar que anteriormente ocupaba la denominaba "clase obrera" (tareas de producción directa) es ahora ocupado por sectores de clase media, entre los cuales pueden producirse ascensos a espacios de conducción. Pero, cuando esto ocurre, dichos ascensos terminan jugando a favor del cierre social anterior y justificando la diferencial distribución de capitales. En principio, si los trabajadores de clase media llegan a puestos de conducción no lo hacen tras lograr capitales educativo y social de valor similar al de las capas más altas de los managers, por lo cual los espacios de conducción, por ellos alcanzados, tampoco son los más altos. Pero, su ascenso juega un papel importante en lo que hace a la difusión de valores relativos al mérito en las empresas, ya que actúan como demostración del pago o el premio al esfuerzo individual realizado, al mismo tiempo que como factor de cooptación hacia la cultura de la empresa. En muchas ocasiones, los costos incrementales de la formación especializada son asumidos por las mismas firmas, también como una forma de demostrar su confianza en estos trabajadores. El ascenso de ciertos miembros de la clase media a espacios de conducción es la excepción aceptada por la élite para legitimar el sistema de selección. Pero, además, la distribución de parte de sus capitales (educativo y social) es solamente a condición de la incorporación subjetiva de representaciones o valores culturales correspondientes al sector social al que se llega.

Pero, cuando los trabajadores pasan a formar parte del grupo representado por los sindicatos (afiliación o adhesión explícita a la cultura sindical) sus posibilidades de ascenso en la escala jerárquica de las empresas se ven limitadas.

La cercanía a los sindicatos hace contrastar los valores de los trabajadores, por ellos representados, con los requeridos por las empresas para ocupar puestos de conducción. En estos casos, es el capital político, adquirido por los trabajadores, el que reduce o anula sus posibilidades de ascenso, aún en casos que su capital educativo sea relativamente alto.

El capital político invierte los beneficios de un grupo y otro

La llegada de Néstor Kirchner a la presidencia produce una inversión en la distribución de capital político, favoreciendo a las organizaciones sindicales. Hecho que derivó en un mejoramiento sustancial de los ingresos de los trabajadores por ellos representados.

Si, en los noventa, el capital político estaba en sintonía con el capital educativo y el capital social que reproducían la cultura empresarial, al mismo tiempo que sostenía, mediante ellos, fuertes distinciones entre los puestos jerárquicos y los trabajadores productivos, desde 2003 en adelante esta relación comenzó a invertirse (Szlechter, 2014 y 2015; Battistini y Szlechter, 2017; Szlechter y Battistini, 2016).

En los noventa, el capital político acompañaba y fomentaba la reproducción de las condiciones materiales e ideológicas para que los managers se constituyan en la fiel representación de intereses del capital en las empresas, sin que se establezcan demasiadas contradicciones entre lo que los empleadores exigían de ellos y lo que ellos recibían de los empleadores. Al mismo tiempo, ese capital político debilitaba el poder de los subordinados para concretar salarios y posiciones mejores en la relación de fuerzas al interior de la producción.

Kirchner hizo virar la dirección de ese capital político cuando fomentó la negociación colectiva e impulsó subas salariales superiores a la inflación para los trabajadores representados sindicalmente. El conflicto y la negociación salarial pasaron a ser instrumentos privilegiados para garantizar una nueva lógica de articulación política y económica de las relaciones laborales. El grupo de los trabajadores representados sindicalmente ganaba poder colectivo y reproducía su capital simbólico en las empresas, solamente por ser parte o estar expresado por dichos sindicatos. Ahora, los factores objetivos superaban a los subjetivos. El capital social y educativo de los managers comenzaba a ponerse en cuestión, ya no les aseguraban, de la misma forma que antes, la obtención de capital económico y simbólico. Tal como advertimos más arriba, para los managers esta situación podía dar cuenta de algún engaño al que fueron sometidos y, en forma concomitante, su confianza en los "engañadores" comenzaba a tambalear.

¿Qué sucede cuando la confianza, a partir de la cual se construye lo que distingue a estos/as trabajadores/as respecto del resto de los/las trabajadores/as, es puesta en cuestión? ¿Cómo impacta el solapamiento salarial en la renta de calificación y de lealtad (Wright, 1976)? En otras palabras, ¿Cómo hacen los managers para hacer valer sus diplomas y su posición social en un contexto en el cual el compromiso moral que los acercaba a los intereses corporativos, comienza a diluirse? ¿En qué medida este acontecimiento puso en jaque el orden meritocrático en el cual se basa la jerarquización social en la gran empresa? ¿Qué medidas tomó la firma para contrarrestar este malestar ante la imposibilidad de ofrecer aumentos salariales generalizados al mismo nivel que los alcanzados por los sindicatos en el marco de las negociaciones colectivas? Segmentación de la población gerencial (Szlechter, 2013), gestión del potencial y aumentos selectivos constituyen el abanico de retribuciones simbólicas que sirven para compensar la imposibilidad de un mayor aumento salarial.[9] Todo el peso del capital político, concentrado colectivamente en cada organización sindical, trataba de ser contrarrestado por mecanismos selectivos de valorización individual.

El kirchnerismo retuvo el capital simbólico correspondiente a las credenciales de los managers (Collins, 1979). Ellos ya no las podían valorizar de la misma manera que antes, al mismo tiempo que sus posiciones culturales empezaban a entrar en dudas. De todos modos, no en todos los casos los resultados de este proceso se dieron de la misma manera. En algunos casos, tal como vimos más arriba, los cuadros de conducción apelaron a recursos externos a la producción para volver a valorizar sus posiciones en las empresas, la sindicalización. Es decir, parte de los mandos medios de conduc-

9 Según un informe de la consultora Mercer, entre las medidas tomadas por las empresas para sostener la lealtad gerencial y contener la conflictividad latente producto del achatamiento de la brecha salarial entre convencionados y no convencionados, se destaca que un 75% de ellas constituyeron ajustes selectivos, un 22% fue revisión y consecuente incremento de los beneficios y en un 8% de los casos se procedió a implementar planes de retención.

ción también pensaron que, en los tiempos que corrían, el acceso al capital político podía hacerles recuperar posiciones salariales que ya los capitales anteriores (educativo y social) y los valores culturales de sus lugares en la producción no les garantizaban de la misma manera. Pero, no en todos los casos sucedió lo mismo, otros managers, tal vez la mayoría, optaron por esperar nuevos tiempos y apostar a que el capital político vuelva a jugar a su favor.

El regreso neoliberal como marco de la venganza meritocrática

Cuando el sindicalismo argentino parecía absolutamente habituado a la periodicidad de la negociación y a la utilización del conflicto como mecanismo de presión para lograr incrementos salariales paritarios, suficientes para recuperar el salario frente a la inflación, y, cuando la disputa con el gobierno se situaba en la reducción o anulación del impuesto a las ganancias, el neoliberalismo retornó al poder y la realidad laboral comenzó a modificarse de plano.

Tras ganar las elecciones nacionales, Mauricio Macri asume la presidencia de la nación en diciembre de 2015 y, desde entonces, gran parte de las políticas llevadas adelante por su gobierno adquieren la misma lógica que las desarrolladas, en los años noventa, por el anterior neoliberalismo.

Así, una fuerte devaluación de la moneda inauguró el camino del deterioro constante de los salarios de los trabajadores. Un conjunto de medidas económicas que siguieron a esa devaluación (incremento exponencial de las tarifas de los servicios públicos, liberación de los precios, aumento del precio de los combustibles) impulsaron un fuerte incremento inflacionario. Bajo un gobierno, cercano a los intereses empresarios, las negociaciones paritarias no necesariamente alcanzarían iguales resultados que las llevadas a cabo durante el anterior gobierno. Salvo los sindicatos con mayor capacidad de presión o "poder de fuego" (capacidad para gerenciar el conflicto y hacer daño político al gobierno y/o al sector empresario), como el sindicato de los "camioneros", el resto de los gremios dejó de lograr aumentos paritarios que superaran o siquiera empataran a la inflación. Por dos caminos se producía entonces la reducción salarial,[10] mediante la devaluación disminuían los salarios en dólares y la inflación recortaba el salario real.

A su vez, la apertura indiscriminada del mercado habilitó el ingreso de una diversidad de productos importados, muchos de los cuales pasaron a competir con los nacionales a precios mucho más bajos. Esto impactó sobre la producción nacional, motivando reducciones de planteles y hasta cierre de plantas. La amenaza del desempleo se tornó, entonces, en el principal factor de amedrentamiento sobre los trabajadores y, por transición, en debilitamiento del poder de los sindicatos para accionar sobre las empresas. Pero, como contraste de esta situación de los trabajadores convencionados, los no convencionados vieron cambiar su panorama salarial. En este sentido, en septiembre de 2017, en un artículo de una revista especializada en negocios se advertía que,

> con una suba del 27 por ciento este año y una proyección del 20 para 2018, los salarios fuera de convenio le ganarán por primera vez a la inflación y a las pari-

10 Según el gobierno, los salarios de los trabajadores argentinos eran muy elevados en dólares y dificultaban la competitividad, lo cual requería su sensible reducción. De todos modos, lo que se oculta es que dicha reducción implica una enorme transferencia de capital a manos de los empresarios y, fundamentalmente de los que ocupan el espacio del capital más concentrado. En 2010 el salario mínimo de Argentina era el más elevado de América Latina US$ 440, contra US$ 334 de Chile, US$ 289 en Brasil, US$ 284 de Venezuela, US$ 283 en Colombia y US$ 231 de Uruguay.

> tarias. Por qué afirman que la meritocracia, ahora sí, viene para quedarse. A diferencia de los anteriores, este año se ve un recupero salarial. Antes, las remuneraciones terminaban igual o por debajo del índice de inflación. En 2017 hay claramente una recuperación, aseguraba Damián Vázquez, socio de PwC.[11]

Parecería entonces que se revierte la posición desfavorable en la que este grupo había sido colocado en el kirchnerismo, respecto de los trabajadores representados por los sindicatos. De alguna forma, los capitales educativo y social que los habían hecho llegar hasta los lugares de privilegio en las empresas volvían a valorizarse.

Varios testimonios de managers ponen de manifiesto la esperanza que depositan en la nueva coyuntura política:

> Lo que me imagino que va a ir pasando es que hoy, los sistemas de pago variable dentro de las compañías, no tienen una variación tan grande, entiendo que cuando tengamos un mercado más competitivo esto va a tener un impacto más grande, yo la veo ahí a la meritocracia, si bien los de dentro del convenio tienen un incremento flat, va por ahí el camino, va por la acumulación variable." [Respecto a la nueva coyuntura política "Es contexto-país, hoy PepsiCo desvinculó 200 personas y lo está haciendo ahora, tiempo atrás no podía... Lo pudieron hacer porque el contexto país se lo permitió, hace dos años atrás no lo pensaba, no era una opción." [y sobre los salarios convencionales] "los salarios dentro de convenio van a empezar a cerrar por debajo de la inflación, entonces eso va

11 "Sueldos ejecutivos: cuál será el aumento para 2018", Francisco Llorens y Andrés Engler, Revista Apertura, 25 de septiembre 2017. https://www.apertura.com/economia/Sueldos-ejecutivos-cual-sera-el-aumento-para-2018-20170925-0001.html (última visita el 30 de noviembre de 2018).

a ser que los salarios sean más económicos para las compañías (...). Yo creo que se está revirtiendo, los fuera de convenio en el mercado en 2017 han recibido más que los de adentro de convenio, por la pérdida que habían tenido en años anteriores, eso mejora la posición pero todavía para mí falta, las posiciones más bajas de los fuera de convenio siguen teniendo atraso... no tan importante como años atrás pero sí siguen con un pequeño atraso y desde mi punto de vista se va a ir arreglando y, sin lugar a dudas, la meritocracia está siendo mucho más presente en las compañías y está teniendo mucho más impacto (Alberto, gerente de recursos humanos del sector de las telecomunicaciones).

Es como que están viendo que las cosas se empiezan a acomodar y que la justicia va a ser para todos ... es como que muchas veces la gente se sentía como castigada por ser profesional, la gente decía "yo entiendo que todas estas personas tengan un mejor ingreso económico, pero yo tampoco me quiero ver perjudicada", me parece que eso es un poco lo que se habla hoy como "la grieta" (...). Me parece que se va a generar una situación más equitativa de distribución a nivel social, sí creo que era insostenible, es más, creo que hasta se exageró y generó todo este caos de solapamiento, yo no sé sí lo vería cómo la revancha de algo, que el país se acomodó, creo que quedó claro que lo que tiene que pasar es una cuestión de justicia, de que sea igual para todo el mundo, de que cuando vos aumentes sea por mérito, sea por inflación, esté claro y sea igual de justo para todos, si esto sigue así, no vas a encontrar un grupo de gente que se va a haber olvidado de todo eso que sufrió en estos años y vamos a tener una cuestión de ingresos mucho mejor distribuidos (Federico, gerente de recursos humanos de una firma agroindustrial).

Paradójicamente, ahora, el capital político (colocado al otro lado del espectro ideológico) reinvertía nuevamente la lógica de distribución del capital económico, colocándolo fuertemente a favor de la empresa y, concomitantemente, de quienes se encargarán de reproducir culturalmente los valores correspondientes a una realidad que contraríe los intereses de los trabajadores representados por los sindicatos: los managers. Es decir, en un contexto más negativo para los trabajadores productivos, con despidos, cierre de plantas, salarios que no llegan a recuperar lo que destruye la inflación, es necesario sostener lealtades entre quienes tienen que justificar las nuevas políticas empresarias. En algún sentido, parte del capital educativo, con el que fueron formados los managers, comenzaba a efectivizarse en esta nueva coyuntura, ya que los empresarios depositaban en ellos la confianza para que "justifiquen", de la mejor manera, políticas que se volverían totalmente contrarias a los intereses de los trabajadores directamente productivos.

Tal como dijimos más arriba, no todos los cuadros de conducción de las empresas se vieron totalmente traicionados por los empresarios en tiempos del solapamiento salarial. Una parte importante de ellos decidió esperar tiempos mejores, resistiendo en sus puestos. El kirchnerismo había retenido la valorización de los capitales (educativo, social, cultural) que les permitieron alcanzar posiciones de mando en la producción, la resistencia se sostuvo en los valores que alimentaron su promesa de carrera (Dany, 2001), por sobre cualquier traición al juego de la confianza respecto del empresario. Es probable que hayan soportado, no sin sufrimiento y con ciertas contradicciones, el avance de los convencionados sobre sus espacios de distinción, esperando volver a valorizar sus posiciones anteriores, en términos de capitales heredados y adquiridos (Szlechter, 2015 y 2013). Asentándose en ellos se prefigura actualmente lo que denominamos como nueva hipótesis de trabajo "la venganza meritocrática".

Pero, la felicidad no duró mucho tiempo ya que, esta vez, el neoliberalismo no parece asegurar estabilidades permanentes. Los vaivenes de una economía absolutamente abierta a la especulación financiera y fuertemente dependiente de capitales externos no permiten alentar esperanzas de largo plazo. En diciembre de 2017 el gobierno anuncia un cambio en las metas de inflación para el año 2018, lo que produce una caída abrupta de la "confianza de los mercados" con el consiguiente recorte en el financiamiento internacional del gobierno. Esto produjo una fuerte devaluación de la moneda (del 100% en siete meses). La renovada presión sindical para recuperar algo del poder adquisitivo perdido, junto a la imposibilidad por parte de las empresas de compensar en forma proporcional a la devaluación a sus cuadros de conducción, debilitó las bases sobre la se sustentaba la "recuperación meritocrática". El cambio en las metas de inflación hizo que los sindicatos ejerzan el capital político propio que les quedaba (poder de fuego en el conflicto) para no perder poder adquisitivo, mientras que la crisis económica impidió a las firmas ofrecer la misma compensación negociada con los sindicatos a sus cuadros de conducción. En algunos artículos periodísticos se da cuenta de esta nueva realidad que, en cierto modo, parece emular a los años del solapamiento salarial:

> En la anterior medición en el mes de mayo, había comenzado a vislumbrarse un panorama alentador para los mandos medios, producto de que muchas organizaciones pudieron trasladar durante el 2017 al personal no convencionado el porcentaje cerrado en paritarias o incluso brindar algunos puntos por encima, los cuales luego en muchos casos terminaron "empardándose" con el personal convencionado, una vez aplicada la cláusula gatillo. La medición

de la presente edición arroja que un 75% de las 142 empresas encuestadas sobre este punto tienen problemas de solapamiento.[12]

Crece la tensión salarial en las empresas por el impacto de la inflación de los últimos meses sobre los sueldos, pero lo curioso es que el tironeo no se produce entre los empleados y la 'patronal' sino entre los mismos trabajadores. De un lado, los asalariados bajo convenio que tienen acuerdos favorables de revisión de aumentos por paritarias o cláusulas 'gatillo' y del otro los que están afuera de estos acuerdos y el personal jerárquico. Es que los ajustes de salarios que reciben los trabajadores 'convencionados' son superiores al resto y eso, en épocas con picos de inflación, provoca que se acorten las diferencias y que, incluso, empleados pasen a ganar cifras similares a un superior." (...) "Los sueldos bajo convenio subieron al ritmo de la inflación y se achatan las escalas con el resto. Algo tendremos que dar, pero la situación es delicada porque las ventas están cayendo y no se puede tirar manteca al techo" explicó un directivo de una automotriz.[13]

12 "Empresas elevan su previsión de aumento salarial para los empleados fuera de convenio". Ámbito.com, 28 de junio de 2018. https://www.ambito.com/empresas-elevan-su-prevision-aumento-salarial-los-empleados-fuera-convenio-n4025985 (última visita 30 de noviembre de 2018).

13 "Disparidad salarial enfrenta a trabajadores en las automotrices", por Horacio Alonso. Ámbito.com, 3/10/2018. https://www.ambito.com/disparidad-salarial-enfrenta-trabajadores-las-automotrices-n4035160 (última visita 30 de noviembre de 2018).

Conclusiones

El recorrido que acabamos de hacer sobre tres etapas políticas y económicas diferenciadas de nuestro país es plenamente demostrativo que, a pesar de que ciertas medidas gubernamentales tengan fuertes parecidos, fundamentalmente en lo que respecta a la aplicación de pautas neoliberales, sus efectos posteriores no siempre se acomodan en el mismo sentido.

Un primer momento neoliberal generó las condiciones necesarias para debilitar fuertemente el poder de negociación sindical y, con ello, indujo una enorme retracción en los salarios y las condiciones de empleo de los trabajadores representados por los sindicatos. Al mismo tiempo, los cuadros de conducción de las empresas se veían beneficiados por políticas empresarias que los colocaban en posiciones privilegiadas tanto en términos salariales como en sus perspectivas de carrera futura. Los méritos acumulados, en lo que respecta a la formación para la dirección de empresas, se veían recompensados con altos niveles salariales y excelentes perspectivas de ascenso en la escala jerárquica de las firmas. No sólo se abría un panorama promisorio en las empresas en que estaban ubicados sino en todo el espectro laboral que se les presentaba. La carrera no era posible en un solo lugar y sentido.

Pero, la crisis económica que comenzó a prefigurarse a fines del siglo XX y terminó eclosionando en los sucesos de 2001 y la posterior llegada del kirchnerismo al poder, revirtieron esa tendencia. El poder negocial (capital político) otorgado, desde 2004, por el gobierno de N. Kirchner a los sindicatos, comenzó a erosionar el lugar de privilegio de los managers. Los incrementos salariales que lograban los sindicatos hacían tambalear las posiciones de distinción que los empleados de conducción habían logrado, tanto al interior de las empresas como en sus expectativas de consumo. Los trabajadores que recibían aumentos salariales negociados colectivamente comenzaban a igualarlos y, en algunos casos, superar sus expectativas salariales. La valorización meritocrática anterior ahora parecía constituirse en una fuente de engaño. Algunos de estos últimos reconocieron rápidamente esta nueva situación y buscaron una estrategia similar a la de sus subordinados: colectivizar sus reclamos. La constitución de sindicatos propios o la aceptación de ser representados por sindicatos de jerárquicos ya existentes fue una alternativa a ese "engaño". Pero, otros managers optaron por esperar y confiar en que sólo se trataba de una coyuntura pasajera. Para éstos últimos, tarde o temprano, las empresas debían volver a reconocer sus méritos.

Ese tiempo esperado no tardó en llegar. De la mano de los mismos CEOs de grandes empresas, ahora en el gobierno, la "venganza meritocrática" era la respuesta a la resistencia que algunos de esos managers habían manifestado durante los últimos años del gobierno kirchnerista. El neoliberalismo parecía pagar con creces tanta lealtad. Mientras los salarios de los trabajadores convencionados no mostraban la misma tendencia que en tiempos "populistas", los negociados individualmente por los cuadros de conducción tomaban nuevamente carrera, para, ahora, volver a superar la inflación.

Pero, como vimos hacia el final del artículo, la ilusión de tiempos mejores y duraderos parecería no poder concretarse plenamente. La inestabilidad económica del país, producto de la fuerte dependencia externa creada por las políticas llevadas adelante por el gobierno y la decisión de generar enormes restricciones financieras al desarrollo del mercado interno imprimen un nuevo sentido a las decisiones empresarias. Algunas de estas decisiones pueden afectar los intereses de los managers. Sobre todo, en las grandes empresas y donde los sindicatos guardan aún cierto poder, las negociaciones colectivas vuelven a adquirir más poder que las individuales. Mientras las firmas están obligadas, por la presión sindical, a otorgar incrementos salariales a los trabajadores convencionados que se acercan y hasta empatan a la inflación, los managers deben conformarse con aumentos inferiores.

Sin dudas esta nueva etapa neoliberal, aun repitiendo esquemas económicos similares a los del primer neoliberalismo, no parece generar las mismas condiciones a un lado y al otro del espectro laboral. Si los managers pensaron, en un primer momento del retorno neoliberal, que su venganza estaba asegurada, la inestabilidad económica no parece asegurar esa idea. La realidad es mucho más fragmentaria que lo que se suponía. A un lado y al otro del trabajo gran parte de los trabajadores parecen correr peligro, no sólo en términos salariales sino también en la continuidad de sus propios empleos. Como muchas veces sucedió en Argentina, los futuros son mucho más abiertos que las predicciones apresuradas. Esto obliga a pensar en cómo las estructuras sociales, los campos de disputa política y los marcos culturales se despliegan en tendencias de mucho mayor recorrido que una sola coyuntura.

Bibliografía

AMICO, F. "Los salarios reales en el largo plazo: surgimiento de un nuevo piso estructural de las remuneraciones en Argentina". *Documento de Trabajo*, n. 67, marzo. Buenos Aires: CEFIDAR, 2015.

BASUALDO, E. *Sistema político y modelo de acumulación en la Argentina*. Buenos Aires: Flacso, UNQ, Idep, 2001.

_______. "La distribución del ingreso en la Argentina y sus condicionantes estructurales". En: CELS: *Derechos humanos en Argentina. Informe 2008*, p. 307-326.

BATTISTINI, O.; SZLECHTER, D. "Cuando la carrera no rinde. Las consecuencias de la convergencia salarial de trabajadores white y blue collar en grandes empresas en la Argentina". En: *Revista Mexicana de Ciencias Políticas y Sociales*. Universidad Nacional Autónoma de México, p. 243-272, 2017.

BOLTANSKY, L.; CHIAPELLO, È. *Le nouvel esprit du capitalisme.* Paris: Gallimard, 1999.

BOURDIEU, P. *Raisons pratiques: sur la théorie de l'action.* Paris: Seuil, 1994.

_______. *La distinción: criterio y bases sociales del gusto.* Madrid: Taurus, 1998.

COLLINS, R. *The Credential Society.* Nueva York: Academic Press, 1979.

DANY, F. "La carrière des cadres à l'épreuve des dispositifs de gestion". En: BOUFFARTIGUE, Paul. *Cadres: la grande rupture.* París: La decouverte, 2001.

FRIDMAN, D. "La creación de los consumidores en la última dictadura argentina". En: *Apuntes de investigación del Cecyp*, n. 14, diciembre, p. 71-92, 2008.

GERMANI, G. *Estructura social de la Argentina: análisis estadístico.* Buenos Aires: Raigal, 1955.

MANZANELLI, P.; BASUALDO, E. "Régimen de acumulación durante el ciclo de gobiernos kirchneristas. Un Balance Preliminar a través de las nuevas evidencias de las cuentas nacionales". En: *Realidad económica*, n. 304, noviembre-diciembre, p. 6-40, 2016.

PARKIN, F. *Marxismo y teoría de clases. Una crítica burguesa.* Madrid: Espasa-Calpe, 1984.

RAPOPORT, M. *Historia económica, política y social de la Argentina (1880-2003).* Buenos Aires: Emecé, 2009.

SÁNCHEZ, R. "Estrategias sindicales en trabajadores fuera de convenio". En: SZLECHTER, D.; FLORENCIA, L. (comps.) *Sociología del management en la Argentina. Una mirada crítica de sobre los actores, los discursos y las prácticas en las grandes empresas del país.* Buenos Aires: Edicon, p. 121-157, 2014.

SVAMPA, M. *Los que ganaron: la vida en los countries y barrios privados.* Buenos Aires: Editorial Biblos, 2001.

SZLECHTER, D.; BATTISTINI, O. "Entre el oficio y el mérito. La evaluación del trabajo frente a la problemática del solapamiento salarial". En: *Pléyade. Revista de Humanidades y Ciencias Sociales*, n° 18, diciembre, p. 95-129, 2016.

SZLECHTER, D. "La segmentación del mercado interno de trabajo gerencial". En: *Revista Latinoamericana de Estudios del Trabajo*, 18(29), julio, p. 13-51, 2013.

_______. "El malestar en el orden meritocrático managerial. Una problemática de grandes empresas de la Argentina". En: *Revista de Ciencias Sociales*, 27(35), p. 49-70, 2014.

_______. *Consentir y resistir. Las contradicciones del mundo del management de empresas transnacionales en la Argentina*. Los Polvorines: Universidad Nacional de General Sarmiento, 2015.

WEBER, M. *Economía y sociedad. Esbozo de sociología comprensiva*. México: FCE, 1964.

WRIGHT, E. O. "Class boundaries in advanced capitalist societies". En: *New left Review*, n. 8, p. 3-41, 1976.

Transiciones laborales en el Conurbano bonaerense: un análisis exploratorio desde la clase, la generación y el género

Vanesa Gómez[1] y Romina Antonelli[2]

Introducción

"Tanta plata"... ¿entendés? a comparación de lo que yo tenía. Era "wow" ¿todo para mi nada más?", cuenta Silvana, al recordar el día que retiró su primer sueldo del cajero de su banco junto a otros compañeros de Volkswagen, a mitad del año 2005. Expresiones similares, referidas a un punto de inflexión en sus biografías de salarios, también hallamos en el resto de los y las trabajadoras[3] que tuvimos la oportunidad de conocer. El cambio ocupacional de las generaciones más jóvenes hacia puestos registrados – a partir del año 2004 –, significó experimentar, por primera vez, una serie de derechos asociados al empleo protegido que tuvieron un efecto notable e inmediato en las economías familiares.

La elección por centrar la mirada en estas trayectorias ocupacionales se relaciona con el mejoramiento de la posición relativa de los trabajadores asalariados, entre los años 2004 y 2015 (Palomino

1 Conicet, Universidad Nacional de General Sarmiento.

2 Conicet, Universidad Nacional de General Sarmiento.

3 A lo largo del trabajo se utilizarán denominaciones que hagan referencia a hombres y mujeres, a sabiendas de que la categoría género abarca otras identidades que exceden al binario hombre-mujer. En algunas ocasiones se recurrirá al masculino en singular o plural de modo genérico, para facilitar y dinamizar la lectura, sin que esta decisión signifique desconocer las discusiones en torno al lenguaje inclusivo.

y Dalle, 2016; Benza, 2016).[4] En el período analizado, en el marco de la reactivación económica, el protagonismo del Estado como regulador de las relaciones laborales (Etchemendy y Collier, 2007; Palomino y Dalle, 2012) orientó una progresiva redistribución de los ingresos e incrementó del poder adquisitivo de estos estratos de las clases populares, cuyo efecto fue "la convergencia de ingresos" (Palomino y Dalle, 2016) o el "solapamiento salarial" (Battistini y Szlechter, 2017) respecto a sectores significativos de las clases medias. En el crecimiento económico de la década, el impulso al consumo tomó un rol central "(...) como parte de un modelo que encuentra una de sus bases en la revitalización del mercado interno" (Del Cueto y Luzzi, 2016, p. 209).

Ahora bien, cabe señalar que los procesos de reestructuración social y económica, se imprimieron diferencialmente en los territorios de la Argentina y en los distintos grupos sociales. Por tal razón, los hallazgos que dan origen al presente artículo, se basan

4 Ambos estudios coinciden en señalar que la reactivación económica posterior a la crisis del 2001/2 promovió el crecimiento y la mejora de un sector de las clases populares: los trabajadores manuales calificados insertos en el mercado de trabajo formal. En efecto, en el universo ocupacional tradicionalmente asociado a las clases populares, se constata una expansión de los trabajadores calificados de la clase obrera que acrecentaron su participación en cinco puntos porcentuales: "mientras en 2003 constituían 19,7 %, en 2013 ascendieron a 24,8 % de la PEA ocupada" (Palomino y Dalle, 2016, p. 65). En términos absolutos, en 2003 la cifra de obreros calificados registrados en la seguridad social "era de 1,3 millones y en 2013 ascendió a casi 2,5 millones, lo que representa un saldo neto de 1,2 millones de trabajadores" (2016, p. 66). El trabajo de Benza (2016) arrojó tendencias análogas al mostrar que uno de los cambios más relevantes en la estructura de clases ocurrió en las oportunidades laborales dentro de los sectores populares: los puestos calificados subieron de "27,5 a 33,8% impulsados por la creación de ocupaciones asalariadas en la construcción y en la industria, las posiciones no calificadas y marginales registraron una contracción, al pasar de 26,1 a 17,6" (2016, p. 120).

en un trabajo de campo[5] en las localidades del distrito de Tigre, y sus alrededores, a fin de dar cuenta de la expresión local – y a nivel de las familias – de tales transformaciones ocurridas. Si bien este territorio presenta rasgos comunes con otras zonas del Conurbano, por haber sido afectado durante los '90 por el desempleo y el consiguiente incremento de la marginalidad, puede identificarse algunos elementos distintivos. Primero, por su ubicación estratégica, rodeado de industrias – fábricas automotrices (Ford y Volkswagen), papeleras, frigoríficos, etc. Segundo, materializa la desigualdad en la medida en que barrios marginales lindan con diversos barrios cerrados (Nordelta, Santa Bárbara, entre otros) y shopping mall (Tortugas Open Mall, Unicenter, entre otros). Tercero, en la composición de sus habitantes se reconocen distintas situaciones ocupacionales relacionadas con las "clases populares":[6] trabajadores fabriles calificados y no calificados, trabajadores de los servicios de

5 El trabajo de campo consistió en entrevistas biográficas llevadas a cabo, mayormente, en los hogares familiares. Luego de una reconstrucción más general de la biografía intergeneracional, y al profundizar en una relación de mayor confianza, retomamos en subsiguientes encuentros, conversaciones, escenas y anécdotas de cambio ocupacional, educativo, residencial, y de consumo. Dentro de las múltiples estrategias de acceso al campo, se destaca el contacto con Juan, trabajador de una importante empresa automotriz ubicada en la zona Norte del Conurbano bonaerense. Su activa militancia en el Sindicato de Mecánicos y Afines del Transporte Automotor (SMATA), y experiencia laboral en la fábrica, posibilitó vincularnos con trabajadores/as de la planta de Pacheco y, así, reconstruir trayectorias familiares que se mantuvieron durante dos generaciones en el rubro de la industria automotriz.

6 Las familias se insertan, a partir de los rasgos empíricos señalados, en lo que se podría categorizar como una "fracción" dentro de las clases populares. A lo largo del trabajo se alude a la dimensión de la heterogeneidad de las clases populares retomando la propuesta de "camadas geológicas de lo popular" de Semán y Ferraudi Curto (2016), que refiere a las desigualdades tanto en la situación laboral como territoriales.

baja calificación, trabajadores manuales cuentapropistas con oficio o de subsistencia, pequeños comerciantes, servicio doméstico (Boniolo, 2013). Es preciso subrayar que, ante un nuevo escenario de intensificación de la actividad y reapertura de industrias dinámicas, se incrementó la demanda de trabajadores con variados niveles de calificación que vivían en la zona (Elbert, 2012).

En estas coordenadas, a nuestro entender, se prestó menor atención a repensar en términos cualitativos de qué modo algunos miembros de las familias –en especial las mujeres–, se apropiaron de las nuevas condiciones laborales, organizaron sus vidas, gastaron sus dineros y proyectaron a futuro, en un contexto de mayores recursos. Considerando que las mejoras laborales y salariales han correspondido, sobre todo, a trabajadores inscriptos en relaciones formales y a ocupaciones que reúnen mano de obra masculina, procuramos subrayar las trayectorias de mujeres que ingresaron –en este caso– en el mundo laboral formal. A través de sus testimonios, vislumbramos el papel que las mujeres de clases populares tuvieron frente a la precarización laboral de los llamados "jefes de hogar" en la crisis del 2001, y cómo, posteriormente, se convirtieron en puntales del crecimiento familiar. Estas reconstrucciones son analizadas en articulación con el calendario de transiciones familiares –salida del hogar, constitución de parejas y separaciones, hijos, entre otros– que atraviesan tanto al momento de ingresar al mercado laboral como en su etapa de consolidación.

Las entrevistas fueron efectuadas entre los años 2013 y 2015, a un conjunto de trabajadores/as cuyas familias habían migrado desde el norte y noreste de la Argentina en las décadas de los 60 y 70 – salvo una de las familias, cuyos integrantes migraron desde Perú a fines de los 90. Todas ellas se asentaron en el Norte del Conurbano bonaerense en busca de mejores oportunidades laborales. Estas familias no pertenecían a los sectores más desfavorecidos de las clases populares: al poco tiempo de migrar, sus padres mejoraron sus condiciones de vida al insertarse en el mercado laboral como operarios en diversas ramas industriales, de albañilería o como choferes de transporte; sus madres también fueron operarias o trabajaron en servicio doméstico. Los más jóvenes, a diferencia de sus padres, accedieron a mayor y mejor educación, se criaron en casas propias e internalizaron códigos culturales de los hábitats urbanos donde nacieron. No obstante, más allá de ventajas heredadas, iniciaron su socialización laboral en un contexto de alta desocupación, a fines de la década de los 90 y/o principios del 2000.

En estas circunstancias, y luego de atravesar serias dificultades para encontrar un "empleo estable", acceden al mercado de trabajo registrado en medianas o grandes industrias, o en empresas de servicios asociadas a la producción de la zona Norte del Conurbano bonaerense, en un contexto de crecimiento de la economía iniciado tras la crisis 2001/2. Para la selección de las historias se trazó un recorte que respondió a un criterio generacional: incluir a adultos jóvenes de entre 28 y 39 años,[7] nacidos entre 1976 y 1986, que ingresaron al mercado laboral a fines de los 90 y principios del 2000. Este recorte permitía analizar no sólo sus transiciones juveniles, sino también un período de estabilización laboral que comprendiera un marco temporal vital más extenso.

Si bien el presente artículo procede de un trabajo de investigación[8] más amplio, en esta oportunidad, nos centraremos en una

7 Las edades que figuran en el artículo son las correspondientes a la fecha en la cual se realizó el trabajo de campo.

8 Tesis de Maestría: "Trabajo, consumo y sociabilidad en familias de clase popular en ascenso. Un estudio en el Norte del Conurbano bonaerense, (2004-2015)", dirigida por el Dr. Pablo Dalle. También articula con el Proyecto PIO CONICET/ UNGS Nº 144-20140100029-CO "La construcción de competencia y calificaciones para el trabajo: actores, trayec-

biografía familiar que tiene como protagonistas a Aurora (madre) y Silvana (hija). Sus relatos biográficos, en tanto voces colectivas, son una expresión de procesos que van más allá de las historias individuales (Sautu 1999, Dalle, 2016). Esta trayectoria intergeneracional escogida no es considerada como representativa del conjunto de las trabajadoras industriales, hijas de empleadas domésticas – característica recurrente de las biografías. Sin embargo, en su singularidad, permite avanzar en el análisis de diferentes aspectos que hacen a la experiencia de las mujeres en el mundo asalariado industrial en la década 2004-2015.

La discriminación en relación a las condiciones laborales y los salarios son una constante durante todo el siglo XX y siguen vigentes en el siglo XXI. Las mujeres están sobre-representadas en el trabajo precario, concentradas en las actividades para las que se requiere vocación maternal y de servicios, y experimentan grandes dificultades para el crecimiento al interior de sus trabajos[9] (Palermo, 2008, p. 104). El mercado laboral ofrece pocos empleos formales que además de protección social, otorguen la flexibilidad necesaria para compatibilizar las tareas de cuidado con el trabajo asalariado. Al respecto, las mujeres son "más proclives que los hombres a terminar en trabajos que no brindan los beneficios establecidos por la legislación laboral" (PNUD, 2014, p. 25). En este mismo sentido Faur y Tizziani (2017) señalan que a un mercado laboral

---

torias y contextos socioeconómicos en el noroeste del Gran Buenos Aires", dirigido por el Dr. Osvaldo Battistini.

9 Pablo Pérez (citado en Palermo, 2008) señala que las mujeres están atrapadas entre el "techo de cristal" y el "piso pegajoso". El primero, refiere a los obstáculos y barreras invisibles que existen para que las mujeres accedan a cargos directivos y jerárquicos en distintos ámbitos laborales. El segundo, alude a las dificultades que experimentan para poder "despegarse" de la base de la estructura jerárquica.

que apenas tiene presente los requerimientos del cuidado familiar, se le suma la escasez de políticas públicas que faciliten el traslado de estas tareas al ámbito público (2017: 80). En este plano, nos preguntamos: ¿Cómo fue experimentado el pasaje ocupacional hacia empleos registrados? ¿Qué papel cumple la inserción laboral en las transformaciones intergeneracionales del estilo de consumo, y con qué otros factores interactúa? ¿De qué modo las mujeres interpretan y redefinen su papel en la organización económica del hogar? ¿Qué modalidades y valoraciones emergen en sus prácticas de consumo, y en los significados y usos del dinero?

El presente trabajo está organizado en cinco partes. En la primera parte, se despliega brevemente el andamiaje teórico-metodológico que sustenta la investigación. En la segunda parte, se reconstruyen las experiencias de cambio ocupacional hacia empleos registrados de la generación más joven, y cómo suscitaron un quiebre en los modos de marcar el dinero respecto de las experiencias previas de precarización laboral. En una tercera parte, ahondamos en el proceso de redefinición de prioridades y criterios de organización del dinero, en articulación con las dinámicas y los ciclos de vida familiares. En una cuarta parte, analizamos una serie de disputas y negociaciones intergeneracionales en torno a los usos y sentidos del dinero. Para finalizar, presentamos reflexiones de los núcleos de análisis recorridos desde una perspectiva que recupera tanto el enfoque de la clase y la movilidad social intergeneracional, el de la sociología y antropología del dinero, como una mirada desde el género.

Trabajo, dinero y consumo en las experiencias de movilidad social

El enfoque sobre la movilidad social utilizado en este estudio, se aleja de miradas economicistas que suelen confundirla con la "movilidad de ingresos". Por el contrario –y a un nivel de análisis micro social–, la movilidad social es concebida como una serie de cambios en las posiciones en la estructura de poder, en las probabilidades de acceso a diferentes recursos, y en los modos de comportarse, de interpretar las distintas experiencias, ideas y símbolos que se expresan en el estilo de vida familiar. Si bien el proceso de movilidad social tiene lugar en el dominio de las clases sociales, se asume que es la transformación en el ámbito de los estilos de vida (su parte visible) aquello que marca la consolidación de la movilidad social (Sautu, 2016).[10]

Siguiendo esta perspectiva, la movilidad social resulta un proceso que involucra acciones, prácticas y valores dentro de la trama familiar en relación con las transformaciones del contexto socio-histórico, y no simplemente la comparación entre la posición de clase de partida y de llegada de sus miembros (Bertaux y Thompson, 2007). Bajo esta mirada, los procesos de cambio y reproducción de la posición de clase dependen de tres factores: a nivel macro, los cambios en las oportunidades educativas y ocupacionales en la estructura económico-social; a nivel meso, la trama de relaciones sociales e instituciones de las que participan las personas (familia, facultad, sindicatos, club, etc.); y, a nivel micro, la capacidad de las personas de crear y producir su propia historia (lo que se conoce como "agencia humana") (Dalle, 2016; Sautu, 2012).

Este enfoque, contribuyó a reflexionar articuladamente en torno de los cambios laborales y los estilos de vida –en particular sus prácticas de consumo– que se suscitaban en las familias prota-

10 Bajo el supuesto que ciertos componentes del estilo de vida "son más perdurables que otros (por ejemplo, las creencias y valores, el uso del lenguaje) y permanecen más allá de los cambios en la inserción en la estructura de clases, de la ocupación que se desempeñe o los ingresos que se posean" (Sautu, 2016, p. 116).

gonistas de la investigación. Para ello, se toma distancia de planteos dicotómicos que acentúan la centralidad del trabajo o del consumo como estructurador de la vida social (Bauman, 2007), o de aquellos que equiparan el consumo con el consumismo (Milanesio, 2014).

La investigación se inscribe en una estrategia teórico-metodológica cualitativa, y procura una mirada interdisciplinaria entre la sociología y la antropología. De este modo, por un lado, recupera la dimensión biográfica e intergeneracional de los estudios de movilidad social (Bertaux, 1993), subrayando el papel del origen social y la trayectoria familiar. Asimismo, el interés está puesto en indagar tanto los contextos cotidianos como su historicidad, identificando diferentes mediaciones vinculadas a las experiencias y significaciones que construyen los sujetos (Achilli, 2005). El enfoque etnográfico resulta fértil para comprender las transformaciones y permanencias familiares desde la perspectiva de sus miembros, ya que son los que pueden dar cuenta de lo que piensan, sienten, dicen y hacen (Guber, 2001).

El trabajo asume una imbricación entre la generación, la estructura social y las dinámicas temporales (Margulis y Urresti, 1996). En palabras de Margulis (2007) si bien la generación persevera, la juventud es sólo uno de sus estadios; empero, la pertenencia a la clase social o su cambio no depende del tiempo transcurrido. Este vinculo entre clase y generación, a su vez, "está atravesado –y complejizado – por las condiciones de género" (Margulis, 2007, p. 16). Para las mujeres, el aumento de oportunidades laborales, no necesariamente involucra igualdad en el tiempo libre, o distribución equitativa de tareas de cuidado ya que no es fácil producir cambios en la labor doméstica (Jelin, 1998). Incluso, en los hogares con doble proveedor económico, puede suscitar nuevos conflictos y coacciones relativos a un "núcleos de valores, funciones, tareas, relaciones de poder y de los propios sujetos" (Aguilar, 2014, p. 18) que atañen – entre otros aspectos – al manejo del dinero, y al sistema de jerarquías que establece quién decide qué, cuándo y cómo comprar.

En este sentido, se recorre otras mediaciones que cobran sustancial preeminencia en la vida de los y las trabajadoras: la dimensión monetaria de la movilidad social ascendente por fuera del alza de montos de dinero percibidos. Las contribuciones de la sociología y de la antropología económica y del dinero (Dufy y Weber, 2009; Wilkis, 2013; Zelizer, 2011), brindan herramientas fructíferas para desentrañar los significados de un dinero adquirido bajo formas del empleo asalariado registrado, cuando el origen es femenino y cobra una preeminencia en el ingreso total familiar. En particular la obra de Zelizer, indica que para dilucidar "efectivamente los flujos monetarios es necesario ofrecer una visión comprensiva de los vínculos entre prácticas monetarias, relaciones sociales y universos culturales" (Luzzi y Neiburg, 2009, p. 13).

Ocupaciones a lo largo de las generaciones: ¿Tras las huellas de sus padres?

Aurora, tiene 62 años, migró desde Santiago del Estero a los 14 años, acompañada por su hermana. Ambas tienen estudios primarios completos. En Buenos Aires, las esperaban sus tías, quienes les consiguieron un empleo "cama adentro" en una casa de familia conocida: debían realizar tareas de limpieza y cuidado. La mayor parte del dinero que Aurora ganaba por su trabajo como niñera y luego como operaria en un taller de costura, era enviada a su familia. Al tiempo, por intermedio de una compañera de trabajo, conoce a Manuel – su esposo – quien era operario en una industria automotriz. Se casaron cuando ella tenía dieciséis años, momento en el que renuncia a su empleo por pedido de él, resignando la ayuda económica a su familia. Durante los primeros años de matrimonio alquilaron una vivienda en José León Suárez, y más adelante, auto-construyeron su casa en un terreno que compraron en Moreno, donde viven actualmente. Manuel, trabajó en distintas automotrices del cordón industrial de zona Norte durante casi 30 años, y en paralelo, edificó un taller de chapa y pintura de autos en el terreno donde vivían, para trabajar en él por las tardes cuando regresaba de la fábrica.

Por su parte, Aurora, durante la crianza de sus hijos (tres en total) abandonó casi la totalidad de sus trabajos como empleada doméstica, aunque procuró conservar algunos empleos: "a mi me gustaba tener mi plata", afirma. La mayoría de los trabajos a los que accedió a partir de ese entonces fueron de carácter informal, salvo en el período en que trabajó por ocho años en la casa de la tradicional familia Mitre. Allí, desempeñó tareas de limpieza, planchado e incluso de cuidado de la hija más pequeña de Bartolomé Mitre. Trabajaba con cinco compañeras más. Ese fue el primer contacto de Aurora con "la ropa de calidad y los perfumes caros", recuerda. Sentía una especial satisfacción por ese trabajo. Según cuenta, sus patrones eran estrictos, debía seguir reglas y procedimientos en sus quehaceres que adoptó positivamente por considerarlos una muestra de eficiencia y distinción laboral: "Aprendes a trabajar bien, los trapos de piso no se mezclan... cada parte de la casa tiene su producto [de limpieza]". Más allá de su grato recuerdo, el desenlace laboral fue abrupto: la despidieron cuando solicitó permiso para visitar a su madre enferma que vivía en Santiago del Estero. Ese episodio genera reproches por parte de Silvana: "ella los recuerda bien, como que les tiene cariño, y yo le digo: 'ma, te echaron, y nos les importaste nada'".

Aurora, logra jubilarse en el año 2015, a los 60 años. Uno de sus empleadores la ayudó a reunir la documentación que certificaba sus aportes como empleada doméstica (correspondientes a los años que trabajó para la familia Mitre), a fin de acceder a la moratoria[11] previsional. Jubilarse significó un monto mensual que mejoró su realidad económica. Comenzó a elegir dónde emplearse y la cantidad de horas que desea destinar al trabajo en pos de dedicarle más tiempo a sus nietos/as: "Me puse exquisita", sonríe. La jubilación, además, representa un margen de tranquilidad para no depender económicamente de Manuel, en caso de que quisiera dejar de trabajar definitivamente. En relación a esto último, señala que su marido "es machista", y nunca le gustó que ella sea independiente en sus decisiones y rutinas cotidianas: "Quizás antes me caía como, no me digas así, pero ahora me entra por una oreja y me sale por la otra", confiesa.

Su hija, Silvana tiene 34 años. Apenas finalizó sus estudios secundarios en la Técnica 24 de Moreno – año 1999 –, y ante la falta de trabajo, siguió los pasos de Aurora en el empleo doméstico, quien le facilita los primeros contactos. Luego de estas primeras experiencias intermitentes y precarizadas, Silvana decide iniciar una búsqueda laboral como operaria en las industrias de la zona Norte. Su título técnico jugó un rol importante en esa reorientación laboral hacia el trabajo industrial e imprimió nuevas chances a su futura empleabilidad. A ello se suma el hecho de que se crió en un taller de chapa y pintura que tenía su padre: "me gustaba y aprendía", recuerda Silvana.

Sus ganas por cambiar el tipo de empleo coincidió con la nueva etapa vital que transitaba: había quedado embarazada muy joven, a los 20 años, mientras hacía el curso de ingreso para la carrera de ingeniería mecánica, en la UTN-Pacheco. El inminente nacimien-

11 Cabe precisar que esta moratoria es popularmente conocida como "jubilación de las amas de casa", ya que en su mayoría fue aprovechada por mujeres. No obstante, contempla tanto a hombres como mujeres que reúnan los requisitos etarios para una jubilación, aún cuando no tengan los años de aportes requeridos.

to de su primer hijo, precipitó la interrupción de sus estudios y la convivencia con Lautaro, su novio del secundario. No fue una etapa fácil para Silvana: él era operario metalúrgico, su salario era bajo y pagado con retrasos, y aunque ella era muy ahorrativa y lograba que alcanzara para "lo básico", se sentía molesta por no contar con un ingreso propio. Su madre siempre había trabajado y manejado su dinero, y era acaso el modelo familiar que había incorporado desde su niñez. En estas circunstancias, de todos modos, optó por quedarse en su hogar y cuidar de sus hijos – al año posterior de convivencia nace Chiara, su hija más pequeña.

Sobre la participación femenina en el mercado de trabajo en Argentina, Cerrutti (2000) sostiene que la intermitencia laboral característica puede ser comprendida por factores relativos a las etapas del ciclo vital, al nivel de compromiso laboral (determinado por la calificación de las mujeres, los valores y proyecciones personales en torno al trabajo extradoméstico), a la división sexual del trabajo, como al tipo de demanda laboral. La pertenencia a la clase social y franjas etarias prefijarán cómo se combinan estos factores. Igualmente, la situación familiar tiene un gran peso en el patrón de participación laboral: la discontinuidad es menos frecuente en las mujeres que constituyen el principal sostén de sus hogares (Cerrutti, 2000).

Desde mediados de los '90 mejoran las posibilidades de inserción laboral de las mujeres, motivadas por las transformaciones en las regulaciones laborales que expandieron los tipos de trabajos disponibles, modificaciones en la demanda de empleo a raíz de los avances tecnológicos y, por cambios culturales que reconocen un acceso más igualitario de hombres y mujeres (Palermo, 2008, p. 102). En el informe del Programa de las Naciones Unidas para el Desarrollo (2014) – a continuación PNUD – se señala que el incremento de la participación femenina en el mercado laboral durante los '90, está relacionado también, con la pérdida de empleo masculino en el marco de la recesión económica. En la etapa ulterior a la Convertibilidad, la participación laboral de las mujeres siguió creciendo hasta alcanzar niveles relativamente altos en el 2006, para después estabilizarse (PNUD, 2014: 20). Si bien en términos relativos, fueron las mujeres madres en edad reproductiva las que aumentaron su participación laboral entre 1996 y 2012, su proporción fue menor en relación a las mujeres que no lo eran (PNUD, 2014). Por su parte, Faur y Tizziani (2017), retomando los resultados de la Encuesta Nacional sobre Estructura Social,[12] advierten que el nivel educativo alcanzado incide igualmente en la inclusión laboral. Así, entre las mujeres con menor grado de educación se observan tasas de desempleo más altas y niveles de inactividad mayores que en el caso de las mujeres que accedieron a niveles de educación formal más altos (2017, p. 78).

El ingreso a la gran industria: "cuando te cambia la vida"

A Silvana le tocó enfrentar estereotipos de género que redundaban en graves obstáculos para insertarse en el mundo asalariado formal:

> ¿Llegabas a las entrevistas o no?
> Sí, muchas veces que llegué a la cuarta entrevista y me decían que no porque era mujer. ¿Para qué me hiciste hacer cuatro entrevistas? [se preguntaba Silvana].
> *La prioridad la tenían los hombres. [...]* Sí... "No, porque podés quedar embarazada"... Le digo "sí, pero yo me cuido, estoy buscando trabajo y no es mi intención quedar embarazada. Usted sabe cómo mujer que no hay ningún anticonceptivo que sea al 100 %. Estoy casada, tampoco me puedo poner la bombacha de lata". (Silvana)

12 Encuesta realizada entre 2014 y 2015.

Silvana tenía en claro que deseaba trabajar en la industria y no en el rubro de comercio, por caso; según ella, era muy "anti-social" como su madre y disponía de poca paciencia para tratar con gente. Sumado a que tenia una fascinación por la mecánica, la cual aprendió junto a padre. No obstante, las experiencias negativas que vivió en numerosas entrevistas le indicaban que los hombres gozaban de privilegios al momento de la selección laboral en el mundo industrial. Según Cerrutti (2000) las expectativas sociales respecto a los roles genéricos y a cómo una mujer "debe" distribuir sus tiempos entre el trabajo doméstico y el extradoméstico favorecen formas discriminatorias en el empleo. Los empleadores asumen que el sostenimiento del trabajo asalariado es incompatible con las responsabilidades de cuidados y tareas domésticas con las que cargan las mujeres.

Cuando la situación económica se agudizó, Silvana profundiza la búsqueda de empleo hasta que en el año 2005 ingresa a una importante industria automotriz de la zona Norte: "Leí el aviso en el diario". El proceso de selección fue arduo, y a pesar de que el filtro de la empresa favorecía la cuota masculina, logró atravesar con éxito las siete entrevistas. A los días, con sus niños pequeños, resuelve separarse de su pareja. Luego de la ruptura, entabla una relación conflictiva con su ex pareja, producto de la irrisoria contribución económica y el escaso acompañamiento en la crianza de sus hijos que él efectúa.

En líneas generales, al igual que Silvana, los comienzos laborales de los y las entrevistadas estuvieron signados por salarios bajos, intensidad horaria, empleos temporarios, y changas de carácter informal. A fines de los años 90, y principios del 2000, la situación de vulnerabilidad laboral afectó sus expectativas de futuro más prometedoras imaginadas antes de sus inserciones plenas en el mundo del trabajo. Emergió la sensación de que, como jóvenes, se hallaban paralizados, en suspenso: "quedas en una lista... esperando a ser llamado, esperando ya no sé qué cosa", resume Juan, amigo de Silvana y compañero en Volkswagen. Ambos formaron parte de un grupo numeroso de trabajadores/as que se incorporaron debido al lanzamiento de un nuevo modelo que produciría la planta de Pacheco.

En el 2005, año de una intensa conflictividad sindical, la empresa anunció que reiniciaría el crecimiento de la producción por lo que debía contratar nuevos trabajadores. En mayo de ese año, al abrirse las discusiones sobre salarios, se desató el conflicto que marcó el punto más álgido en la lucha por el precio de la fuerza de trabajo en la industria terminal automotriz: por su duración (del 2 de mayo al 14 de junio), la variedad de acciones obreras desplegadas, y por la confluencia de los conflictos de cada planta en una acción de alcance nacional. Se suma la presión ejercida por las bases a la organización sindical que en distintas ocasiones se encontró desbordada. A raíz de los aumentos obtenidos durante este lapso, el precio de venta de la fuerza de trabajo de los obreros automotrices logró recuperar el poder adquisitivo que venía perdiendo desde el inicio de la abierta avanzada de la flexibilización laboral en los 90' (Guevara, 2012;[13] Santella, 2013).

En la primera etapa del cambio laboral, en las y los entrevistados que accedieron a un empleo formal, el aumento del ingreso superó sus expectativas materiales: "cobrar era una fiesta, imaginate, venías de la mala de verdad, pichuleando en todo", revive Silvana. Sobre este aspecto alude a una transformación del esquema de preocupaciones y prioridades suscitado: "cuando dejé de preocuparme por tener un buen laburo, un trabajo estable, eso ya estaba, sabía que eso iba a estar, entonces me pude preocupar en cómo avanzar, cómo tener mi casa, hacerla más linda, me obsesioné (se ríe)". Los relatos muestran que la inserción en empleos asalariados registrados, condición asociada a un conjunto de protecciones requiere, para ser asociada

13 Para profundizar en cómo fueron los acuerdos que se llevaron a cabo en esta etapa de conflicto y la reactivación sindical léase Guevara (2012).

a un trabajo estable, de otro aspecto que se tiene que manifestar conjuntamente: una proyección a futuro en la que se considera muy lejana (no improbable) la posibilidad de ser despedido. Un indicador de esta percepción era la disposición de las horas extras por cubrir en los lugares de trabajo. Su importancia fue tal que oficio de medida para evaluar el estado de la producción industrial y el mercado interno: "Si había horas extras, es que te quedás tranquilo, la cosa va bien", cuenta Álvaro, otro trabajador. En consecuencia, su existencia consolidó horizontes menos probable de despidos; su merma, por el contrario, supo resurgir temores vividos al inicio de su trayectoria laboral.

Gradualmente, emerge el marcado de un "dinero seguro" asociado a una construcción sobre la "estabilidad laboral" que excede un cambio meramente en las condiciones de contratación. Así, el marcado del "dinero seguro" constituye para los trabajadores un punto de inflexión en sus trayectorias laborales y de vida que adquiere hondos sentidos cuando es analizado no sólo al interior del ámbito laboral, sino en relación al ciclo de vida que se hallan atravesando. En la mayoría de los casos, se correspondió con nuevas necesidades y demandas propias del crecimiento de sus hijos/as.

Prioridades y reorganizaciones en la economía del hogar

Un eje que atraviesa cambios y permanencias intergeneracionales gira en torno a los siguientes interrogantes: ¿Bajo qué criterios se organiza el dinero? ¿Quién decide qué, cómo y cuándo consumir? ¿Cómo se articula con las dinámicas y los ciclos de vida familiares?

Es plausible remarcar que los y las entrevistadas fueron socializados en un modelo de organización económica familiar no

---

El autor advierte que si bien se produjo una recomposición del poder adquisitivo del salario –un 40% –, la empresa mantuvo un conjunto de condiciones flexibilizadas de compra y uso de la fuerza de trabajo.

cernida a los parámetros de división de roles de la familia nuclear tradicional: padre proveedor económico y madre dedicada a las tareas hogareñas. Sus madres, trabajaron desde muy jóvenes como empleadas domésticas u operarias en fábricas no sólo en los lapsos más difíciles de los itinerarios familiares; continuaron en el mercado laboral aun cuando habían revertido necesidades más imperiosas. Esta decisión fue motivada por nuevos propósitos, entre ellos, concluir la construcción de sus viviendas, comprar muebles, útiles escolares, y cubrir con comodidad los gastos relativos a la educación de sus hijos e hijas. En este esquema, Silvana y su hermana incorporaron preceptos positivos sobre la autonomía económica femenina y su relevancia para el progreso familiar.

No obstante, si comparamos cómo ambas generaciones procesan la distribución de decisión sobre la estructura de gastos y consumos familiares, observamos quiebres asociados a valores de género que valuaban diferencialmente el destino del ingreso según el origen fuera femenino o masculino: "yo pagaba las cosas de la casa, la luz, el gas, útiles, cosas para las chicas, y Manuel compraba lo de la construcción [materiales para la vivienda]", cuenta Aurora. De esta forma, al dinero del hombre tenía un peso simbólico mayor siendo reservado a la "grandes compras" en relación al aportado por ella que era destinado a los gastos diarios y escolares. Este tipo de repartición del dinero, responde y se legitima a partir de una administración sexuada, en la que el papel activo de la mujer en la economía familiar queda menguado. En términos de Coria (1987) el ingreso femenino se concibe – en algunos casos – como un dinero "invisible", sin rastros, consumido por las necesidades más cotidianas.

En el caso de las generaciones jóvenes este modelo, descripto por la autora, no se traduce linealmente en un monopolio rígido de decisiones sobre la gestión del dinero arrogado a la figura del hombre. Los márgenes de injerencias sobre las compras son pactados por las parejas con un tinte más igualitario que antaño. En el caso de

Lorena (36 años, dos hijos), una compañera de fábrica de Silvana, cuenta que, a diferencia de sus padres, manejan "un pozo en común", con el ingreso de su pareja para ser utilizados imparcialmente.

No obstante, agrega Silvana en relación a sus compañeras de trabajo: "(...) algunas ganan más que sus maridos que hacen changas, no sé ... o tienen otros laburos [...] si te fijas, algunas compañeras, entraron a sus maridos a la fábrica, no es fácil ganar más, hay tipos que no les gusta". Correlativamente, las nuevas posiciones de las mujeres en la gestión de la economía del hogar no puede comprenderse en su totalidad por los pasajes del ámbito laboral no formal al formal, sin embargo, un mayor protagonismo sobre el control de las elecciones de compra es sostenido por el flujo de recursos económicos y los sentimientos de certidumbre: "dejas de depender, pero también de dar explicaciones, por ejemplo, la tarjeta [de crédito] es mía, no le tengo que pedir a nadie que por favor me la preste...esa es la libertad que te digo", resume Silvana.

En este sentido, a través de un incremento del ingreso, dejan de atender sólo a gastos básicos y urgentes, y empiezan a manejar un presupuesto más robusto que se destina a la incorporación de nuevos rubros de compra: "Yo te digo, me compré de todo, mis hijos tienen lo que precisan, aunque no me piden tantas cosas. Pero yo compré las camas, colchones, teles [televisores], juguera, microondas para la cocina, todo de acero inoxidable. Me gusta las cosas de calidad, eso siempre trato que sean buenas", narra Silvana.

A medida que el dinero recibido no constituye una excepción o una retribución temporal – como ocurre en empleos eventuales –, una vez obtenido "lo básico", inician una nueva fase de compras focalizadas en bienes de confort que, en ocasiones, se solapa con la adquisición de la vivienda:[14]

14 Por cuestiones de espacio no son desarrolladas las estrategias de acceso a la vivienda. Para profundizar sobre esta dimensión se recomienda leer la

> Invertir en la casa, más o menos dejarla vistosa; además, que a mí no me gustan las cosas básicas [lo dice en un tono más bajo], que vean las aberturas, la calidad de los ladrillos, de las cerámicas... éstas cerámicas me salieron re caras. (Silvana)

Las y los entrevistados provienen de hogares cuyos padres son propietarios de viviendas edificadas con mano de obra familiar,[15] no obstante, una comparación con la familia de origen trasluce peculiaridades sobre los modos de habitar un "bien durable" por antonomasia: "la casa propia". Esta distinción radica en que los más jóvenes, al residir en sus viviendas – en general adquiridas a partir de la compra de terrenos y de la autoconstrucción, tal como sus padres –, reconfiguran "la clásica distinción entre los artículos de primera necesidad y artículos de lujo" (Douglas e Isherwood, 1990:195) que en ellas instalan. En rigor, las fronteras entre "lo básico", "lo lindo" y de "mejor calidad" se tornan más difusas e incluso éstas últimas ganan protagonismo en las decisiones de compra.

La casa propia cobra la forma de un bien "totalizador" (Gell, 1996), por la capacidad de testimoniar esfuerzos, logros, y la voluntad de seguir progresando. En contraposición a la experiencia de vivir en "una casa alquilada", depuso la idea de transitoriedad y ajenidad, e incorpora la lógica de la acumulación, la sofisticación y la perdurabilidad de bienes situados en su interior: una elección más cuidadosa de objetos decorativos, la evaluación de la calidad de

---

Tesis "Trabajo, consumo y sociabilidad en familias de clase popular en ascenso. Un estudio en el Norte del Conurbano bonaerense, (2004-2015)" (Gómez, 2018).

15 Compraron terrenos a costos accesibles y en cuotas, producto de loteos de campos o casas quintas ubicados en zonas periféricas del norte y noroeste del Conurbano bonaerense. Las construcciones se ejecutaron por etapas e incluyeron sucesivas remodelaciones y ampliaciones.

los muebles y materiales de construcción. En este sentido, los relatos coinciden en señalar, tal como sostiene Cecilia, otra trabajadora de Volkswagen, que: "a medida que te entra plata económicamente también es como que gastas más". Consumos que eran esporádicos se suman a los gastos cotidianos, acrecentando los gastos fijos que exigen la movilización de nuevas prácticas financieras: el uso de tarjetas de crédito. Un recurso financiero inexistente en la generación de sus padres: "yo no soy de tarjetas, voy y vamos al taca taca en efectivo", dice Aurora.

Las prioridades fueron organizadas en función de una economía más sólida que extendió el horizonte del "aquí y ahora"; por ejemplo, dejaron de realizar compras diarias en autoservicios barriales, y adoptaron el hábito de asistir mensual o quincenalmente a hipermercados. Asimismo, los electrodomésticos y artículos electrónicos (computadoras, tablet, teléfonos inteligentes) concentraron la mayor cantidad de gastos. Los bienes no sólo eran cuantiosos, sino que "llegaban a tiempo" para satisfacer, y no posponer, los requerimientos de cada etapa de crecimiento de los hijos. Una reflexión acabada sobre los estilos de administración del dinero llevados adelante por los/las trabajadoras, enuncia una trama compleja de temporalidades de compras coexistentes. Estas temporalidades expresan capacidades de prever en simultáneo en un marco temporal más lejano.

El corredor Norte,[16] presentado desde el discurso inmobiliario y publicitario como el "escenario de batalla de los shopping",[17] durante el período estudiado (2004-2015), fue el territorio de las

16 La pauta de localización comercial del corredor norte concentró uno de los flujo de inversión más alta de este tipo de emprendimientos. Empresas del rubro de la indumentaria, gastronomía, estética, ocio y recreación desplazaron o abrieron sedes alrededor de este eje.

17 Diario *La Nación*, 12/07/2010: https://www.lanacion.com.ar/ 1283803 -zona-norte-el-blanco-de-los-shoppings.

compras familiares. Si bien el progreso económico es una condición indispensable para tornar asequibles los bienes ofrecidos en los shoppings "encuentro precio y calidad, y me aceptan las tarjetas" apunta Silvana; además, otros factores instan sus asiduas visitas: la cercanía residencial a los principales centros comerciales. A esta ventaja espacialmente situada, se suman las movilidades ligadas al territorio, contar con líneas de transporte público, "un colectivo directo", en las inmediaciones de la vivienda, y carreteras que agilizan los tiempos de viaje.

Disputas y negociaciones en torno a los sentidos y usos del dinero entre generaciones

Introducir una mirada intergeneracional sugiere que las formas particulares del marcaje del dinero – y su correlato en las prácticas de consumo –[18] no se mantienen en el tiempo, y que su duración se relaciona con un determinado contexto cultural, social y familiar, atravesados por la clase y el género. Los valores y mandatos que guiaban la organización del dinero y el consumo en sus padres son evocados por Silvana con cierto desacuerdo, y por tanto, cuestionados desde sus propios usos: "(…) mi vieja, me enseñó a no gastar y… yo gasto. A comparación de mi mamá gasto una banda. Mi vieja me quiere matar, 'dejá de gastar', me dice".

En las economías de los hogares de origen de las y los entrevistados, sus madres solían desempeñar un lugar activo en las finanzas, cargando sobre ellas la responsabilidad que "el dinero alcance", como se describe en varios relatos. Por tal razón, la práctica de guardar sumas de dinero, no les resultan ajenas, han convivido con

18 El dinero no sólo es un símbolo visible y poderoso de formas de relaciones y significados sociales; sino algo "más que eso, ya que afecta directamente a las prácticas concretas" (Zelizer, 2011, p. 256).

ellas de modo espontáneo, pero también explícito bajo el mandato del ahorro. Aurora ratifica que ella no es de gastar, "siempre ahorro, después, por si se enferma alguien, o si mi marido se quedaba sin trabajo o si los chicos necesitaban plata". Además, aclara que si necesita comprar algo lo hace, pero que "no es de gastar porque sí", en general no hay nada que le guste y prefiere invertir sólo en lo necesario.

En líneas generales, en cambio, los hijos admiten gastar más que sus padres, y tal disposición genera algunos conflictos intrafamiliares de mayor o menor tenor según los grados de autonomía económica, habitacional y afectiva. En aquellas familias con una cotidianidad más asidua – tal como en el caso de Aurora y Silvana –, colmada por visitas y charlas diarias, emerge una "mirada moralizadora"[19] que, de un modo omnipresente, juzga negativamente las compras de bienes incorporadas por los más jóvenes: "no gastes", "guardá", "ahorrá", "conformate con algo más barato". En cambio, en relaciones menos interdependientes esta mirada se ve neutralizada.

En el contexto intergeneracional, los nuevos bienes incorporados estructuran interpretaciones paradójicas: por una parte, se valoran como fruto del sacrificio de sus hijos; por otro, se consideran producto de una laxa gestión económica. La señal de alerta deriva del temor a que incumplan el pago de las deudas tomadas.

> [....] Antes un aire acondicionado era para los ricos, no era para la gente laburante, ¿me entendés? Y ahora yo me puedo dar esos gustos. Antes, mi viejo podía económicamente, pero era ostentar de más o eran co-

19 Todo comportamiento propio o ajeno suscita y está atravesado por connotaciones morales explícitas o implícitas (Balbi, 2007). El autor refiere a que "la moral forma parte de los recursos cognitivos mediante los cuales los seres humanos percibimos, entendemos e intentamos concretar nuestros intereses, así se debe examinar etnográficamente tanto la

> sas de que... de que vos no podés tener eso porque sos un empleado o sos... [...] Yo escuché esto de que ahora todo el mundo tiene un aire, "ah tienen aire en una choza". (Silvana)

Las "relaciones intergeneracionales" (Hareven, 1996) entre Silvana y Aurora conforman un espacio privilegiado para entender cómo la apropiación de nuevos objetos pone o no, en cuestión marcados del dinero –tanto respecto a su origen como a su destino– que responden a ciertas sociabilidades construidas en el pasado. Estas formas de sociabilidad, en sus padres, enuncian un orden de jerarquía de clase y étnica que estableció normalidades diferenciales sobre cómo y en qué se podía utilizar el dinero, consumir y disfrutar (Milanesio, 2014).

En los intercambios que padres e hijos tienen sobre los bienes que consumen – o consumieron –, emergen categorías culturales y jerarquías de valores a los cuales suscriben (Boivin *et. al.*, 1998). Mediante la reposición de las categorías nativas, pueden observarse señales visibles del universo de clasificaciones usadas para dar sentido al mundo que los y las rodea, y cómo éste, a su vez, contribuye a (re)crearlas.

> Yo les regalé el baño nuevo, no me gustaba el que tenían...
> ¿Y qué no te gustaba del otro baño?
> [...] era re feo...ellos tienen la casa linda, pero el baño nunca lo tocaron para nada....tiene 43 años la casa, y 43 años tiene el baño, los mismos azulejos... (Silvana)

orientación moral del comportamiento como los usos prácticos de las orientaciones morales" (2017, p. 16).

En ciertas instancias, son los hijos quienes reprochan a los padres el estilo austero que arrogan; sobre todo, su resistencia a renovar mobiliarios, puertas, ventanas, o sumar electrodomésticos que propaguen las comodidades en el ámbito doméstico. Algunos los persuaden a invertir en una mejor calidad de vida; otros, sin éxito en el cometido, hallan en el regalo[20] la vía más directa para lograrlo. Silvana, por ejemplo, ante la reiterada negativa de su madre a modernizar su baño ("darse un gusto", según ella), resuelve obsequiarle por entero la remodelación. Esta apuesta, ilustra una arista menos estudiada del acto de compra: por su intermedio se puede aspirar a transmitir ciertos valores de clase asociados al confort y los efectos positivos de la tecnologización de la vida, por ejemplo. El regalo, así, conjuga reordenamientos en términos económicos e identitarios: su compra responde a empleos monetariamente más redituables de la generación que asciende, como además, a la oportunidad de convertir a sus padres en "receptores apropiados para aquello que se está comprando" [regalando] (Miller, 1999, p. 22).

Cabe agregar que la mirada evaluadora también formó parte del entorno de relaciones sociales del pasado familiar. Así lo muestran algunos relatos, donde se recuerda que sus padres eran tildados por parientes como presumidos en relación a los nuevos bienes que adquirían. En este sentido, los fragmentos ilustran una recurrencia hallada: en la generación de los padres, "mostrar" las ventajas del trabajo estaba vedada por la introyección de miradas sociales externas que podían catalogarlos de "derrochones" o "fanfarrones". Para sus hijos, en contraste, la mirada externa cobraba en el pasado

20 Para Mauss (2009), los objetos transferidos en forma de regalos en un contexto de relaciones personales supera su dimensión mercantil, y su gesto es revestido bajo la forma de obligaciones; como también, su aceptación implica aceptar algo de la esencia espiritual del objeto obsequiado.

una trascendencia inexplicable, al punto que llevaba a sus padres a disimular ciertos consumos, o a verse en la exigencia de brindar justificaciones sobre los mismos.

La socialización temprana provee de herramientas para ver el mundo y disposiciones para la acción que no siempre implican una determinación total y completa. Se puede sugerir que mejorar sus condiciones laborales y monetarias por medio del trabajo asalariado, sumado a transitar socializaciones heterogéneas extra familiares (la fábrica, el Centro de formación, grupo de amigos) contribuyen a la transformación del *habitus*[21] de clase familiar. Al emprender el proceso de autonomía económica y habitacional respecto de la familia de origen, estos trabajadores/as cuestionan desde su experiencia actos de compra tildados como "derroches" y disputan esas nociones para encuadrarlas en la oportunidad de "darse un gusto": "Los gustos, son cosas de las que no quiero privarme, algo lindo, para la casa, para mis hijos, no me ando midiendo", cuenta Silvana.

Este cambio, se instituye bajo una doble condición de posibilidad: crecimiento personal: "sentir que podés contar con plata en el bolsillo", y de época "lo veo con mis compañeros, el que pudo se compró la moto, o la casa, vos ves el progreso", dice Silvana. Así es que las nuevas generaciones denotan que los "otros significativos",[22] ya no son personas con las que se tenía trato únicamente a través de

---

21 Retomamos la visión más antropológica del concepto de *habitus* en la obra bourdiana que provienen de sus estudios empíricos a comienzos de los años 60 sobre el celibato de los campesinos del Bárn francés, y el desarraigo de los campesinos argelinos, en donde "lo que prima son condiciones sociales contradictorias propias de situaciones de crisis" (Dukuen, 2015: 19).

22 La forma en que se hacía presente en la vida cotidiana la otredad, entonces, constituye un eje necesario para repensar las relaciones cambiantes, dinámicas y conflictivas inscriptas en el interjuego de diferencias y relaciones de poder (Arfuch, 2013).

una relación asimétrica directa (por ejemplo, empleado–patrón), o, más bien casual, pero que de igual modo, restituían un reflejo rígido y jerarquizado del consumo admitido para un "laburante".[23] En relaciones sociales jerárquicas los sujetos ubicados en los lugares dominantes utilizan sus recursos para hacer que su definición de una situación (en este caso sobre el consumo) "resista y evitar que la de otros sean escuchadas, a fin de cosechar el resultado material de aquella que intentan imponer" (Boivin, Et, al.,1998, p. 132).

Por el contrario, las y los trabajadores más jóvenes, en vez de fijar la vista en quienes están "arriba", resitúan su mirada en otros "pares", compañeras/os de trabajo, amigos/as, vecinas/os, y parientes quienes, llamativamente, viven progresos similares. A nuestro criterio, este corrimiento, instituye uno de los cambios más novedosos entre padres e hijos por varias razones: en primer lugar, expresa formas de sociabilidad que se fueron densificando hacia otros círculos sociales posicionados en un mismo lugar de bienestar. En segundo lugar, desliza que no sentirse "los únicos" compradores de bienes electrónicos, electrodomésticos, indumentaria, e incluso la casa propia, favorece una reelaboración de la matriz argumental que deslegitimaba sus compras.

Reflexiones finales:

El trabajo presentado aspiró a sortear la trampa de la determinación económica de la movilidad social, a partir de una perspectiva "multi-condicional", basada en la intersección entre dimensiones que en su configuración dan cuenta de ciertas transformaciones en los estilos de vida de familias obreras. La clave interpretativa consistió en ahondar de modo relacionado y contextual – pero desde un enfoque microsocial, a nivel de las familias – en algunos de los ras-

23 Categoría usualmente utilizada para autodefinirse como trabajadores.

gos más significativos del período analizado (2004-2015): la creación de puestos de trabajo asalariados registrados en todas las ramas de la actividad – principalmente en la industria manufacturera –, los procesos de "incremento de ingresos" de los sectores asalariados manuales, y la revitalización del mercado de consumo interno.

En estas trayectorias familiares que mejoraron sus condiciones de vida a través del trabajo asalariado en fábricas, se advierten huellas de los procesos más estructurales promovidos por un mayor protagonismo del Estado en la reactivación económica y en la regulación de las relaciones laborales. Este panorama no significó la eliminación total de un conjunto de condiciones flexibilizadas de compra y uso de la fuerza de trabajo. No obstante, supuso un cambio en las relaciones de poder para negociar colectivamente notables aumentos salariales producto del fortalecimiento sindical (Etchemendy y Collier, 2007; Palomino, 2010; Dalle, 2016).

Un repaso del proceso de inserción laboral registrada que experimentó Silvana, mostró que sus concepciones asociadas a la estabilidad laboral surgen de la regularidad del salario, y los periódicos aumentos. Empero, otros elementos emergen en su relato y consisten en una evaluación de su futuro en que imaginaban poco probable el despido; como también, un marcaje del ingreso en tanto "dinero seguro". En su conjunto, estos aspectos reestructuraron los marcos de planificación familiar.

Para Silvana, un trabajo estable y bien remunerado, propició un margen de autonomía para concretar la separación con su pareja de aquel entonces, y afrontar mayoritariamente las exigencias y responsabilidades vinculadas a la crianza de sus hijos. Procuró que las compras fueran consumadas al compás de la demanda de bienes por ellos requeridos, y abarcar otras necesidades domésticas que renovaban continuamente las prioridades económicas. En líneas generales, los testimonios dan cuenta de cómo la independencia y el bienestar económico de las mujeres contribuyen a desarticular jerarquías simbólicas dentro del hogar que orientan desigualmente los destinos del dinero de acuerdo a su origen femenino o masculino.

El presente trabajo, asimismo, aspira a continuar un análisis más profundo sobre el modo en que las experiencias de movilidad han fundado – o no – relaciones de género más igualitarias y democráticas en cuanto a la familia de origen. Esta reconfiguración, tal como la movilidad social implica un proceso de conquistas y repliegues, y un entramado afectivo, valorativo y de comportamientos que puede entrar en tensión con la herencia transmitida. En este sentido resulta interesante profundizar sobre los cruces entre género, generación y clase social.

Por otra parte, a partir de este relato, fue posible exponer un cuestionamiento a criterios clasificatorios construidos en el pasado familiar acerca de los sentidos del "derroche", "lujo" o "gasto". El "trabajo y dinero seguro" funcionó como garantía o respaldo contra cualquier recriminación acerca de sus modalidades de compras. En rigor, opera una nueva trama de sociabilidad con compañeros de trabajo y otros entornos de amistad junto a quienes vivían cambios elocuentes en su cotidianidad, tornando más fluido y coherente el conjunto de bienes conquistados.

Ahondando en ese pasado, hallamos que las condiciones de vida de las familias de origen no se circunscribían a la escasez y a la simple adaptación: migraron, formaron su propia familia, compraron lotes en barrios incipientes, autoconstruyeron y generaron todo tipo de estrategias para mejorar sus condiciones de vida en la ciudad (comercios familiares, horas extras, formas de ahorro, entre otras). Repensar si acaso era plausible determinar el punto fundacional de la movilidad social intergeneracional, llevó a dar cuenta de un encadenamiento de experiencias forjadas por Aurora en una temporalidad biográfica más amplia que, según nuestro entender, le otorga al ascenso gran parte de su fuerza y especificidad. A pesar de ello, notamos un rasgo distintivo de las trayectorias de las generaciones más jóvenes: en un corto tiempo, desde un punto de vista histórico, vivieron una acelerada concentración de cambios extendidos en simultáneas esferas de vida que comprendieron al empleo, el consumo, la sociabilidad, roles de género y familiares. En síntesis, siguen el camino de sus padres, aunque con algunos atajos y nuevos senderos específicos que provee el contexto socio-histórico en el período analizado.

Bibliografía

ACHILLI, E. *Investigar en antropología social.* Rosario: Laborde Editor, 2005.

AGUILAR, P. *El hogar como problema y como solución: una mirada genealógica de la domesticidad a través de las políticas sociales. Argentina, 1890-1940.* 1a ed. Ciudad Autónoma de Buenos Aires: Ediciones Centro Cultural de la Cooperación Floreal Gorini, 2014.

ARFUCH, L. *Memoria y autobiografía. Exploraciones en los límites.* Buenos Aires: Fondo de Cultura Económica, 2013.

BALBI, F. "Moral e interés. una perspectiva antropológica". En: *Antropología y Ciencias Sociales,* Año XIV, n. XXIII, 2007.

BATTISTINI O.; SZLECHTER, D. "Cuando la carrera no rinde. Las consecuencias de la convergencia salarial de trabajadores white y blue collar en grandes empresas en la Argentina". *Revista de Ciencias Políticas y Sociales.* Año LXII | n. 230, mayo-agosto, 2017.

BAUMAN, Z. *Consuming Life.* Cambridge: Polity Press, 2007.

BENZA, G. "La estructura de clases argentina durante la década 2003-2013. En: KESSLER, G. *La sociedad argentina hoy,* 2016.

BERTAUX, D. "Los relatos de vida en el análisis social". En: ACEVES LOZANO, J. (Comp.), *Historia oral.* México, D. F.: Instituto Mora/Universidad Autónoma Metropolitana, 1993.

BERTAUX, D.; THOMPSON, P. *Pathways to Social Class. A qualitative Approach to Social Mobility*. New Brunswick: Transaction Publishers, 2007.

BOIVIN, A. R.; ARRIBAS, V. (comps.). *Constructores de otredad: una introducción a la Antropología Social y Cultural*. Buenos Aires: Eudeba, 1998.

BONIOLO, P. *Las bases sociales y territoriales de la corrupción: dominación y microresistencias en un barrio del conurbano bonaerense.* Buenos Aires: Luxemburg, 2013.

CERRUTTI, M. Determinantes de la participación intermitente de las mujeres en el mercado de trabajo del Área Metropolitana de Buenos Aires. *Desarrollo Económico – Revista de Ciencias Sociales,* 39 (156), p. 619-638, 2000.

CORIA, C. *El sexo oculto del dinero. Formas de la dependencia femenina.* Barcelona: Argos, 1987.

DALLE, P. *Movilidad social desde las clases populares: un estudio sociológico en el Área Metropolitana de Buenos Aires 1960-2013*. Ciudad Autónoma de Buenos Aires: Universidad de Buenos Aires. Libro digital, PDF - (IIGG-CLACSO), 2016.

DEL CUETO, C; LUZZI, M. "Salir a comprar: el consumo y la estructura social en la Argentina reciente". En: KESSLER, Gabriel (comp.). *La sociedad argentina hoy: radiografía de una nueva estructura.* Buenos Aires: Siglo XXI. Fundación OSDE, p. 209-231, 2016.

DOUGLAS, M.; ISHERWOOD B. *El mundo de los bienes. Hacia una antropología del consumo. Consejo Nacional para la Cultura y las Artes*. México: Grijablo, 1990 [1979].

DUFY, C.; WEBER, F. *Más allá de la Gran División: Sociología, economía y etnografía*. Buenos Aires: Antropofagia, 2009.

DUKUEN, J. "Los usos del habitus en la génesis de las investigaciones antropológicas de Bourdieu (1962-1964). Contribución a un debate". *Prácticas de oficio,* n. 16, Diciembre, 2015.

ELBERT, R. "Activismo sindical y territorio en un período de revitalización del movimiento obrero en Argentina: estudio de caso de trabajadores de un frigorífico ubicado en la zona norte del Gran Buenos Aires (2010- 2011)". *Quid 16: Revista del Área de Estudios Urbanos del IIGG-UBA*, 2, p. 181-192, 2012.

ETCHEMENDY, S.; COLLIER, R. "Golpeados pero de pie: resurgimiento sindical y neocorporativismo segmentado en la Argentina, 2003-2007". En: *Politics & Society*, Thousand, 2007.

FAUR, E.; TIZZIANI, A. Mujeres y varones entre el mercado laboral y el cuidado familiar. En: FAUR, E (comp.), *Mujeres y varones en la Argentina de hoy. Géneros en movimiento*. Buenos Aires: Siglo XXI, 2017.

GELL, A. "'Los recién llegados al mundo de los bienes' :El consumo entre los gondos muria". En: *La vida social de las cosas. Perspectiva cultural de las mercancías*. México: Grijalbo, 1986.

GÓMEZ, V. *Trabajo, consumo y sociabilidad en familias de clase popular en ascenso. Un estudio en el Norte del Conurbano bonaerense, (2004-2015)*. Tesis de Maestría. Universidad de Buenos Aires. Buenos Aires, Argentina, 2018.

GUBER, R. *La etnografía*. Buenos Aires: Norma, 2001.

LAHUD GUEDES, S. *Jogo de corpo: um estudo de construção social de trabalhadores*. Niterói: Eduff, 1997.

GUEVARA, S. "Reactivación de la movilización obrera en la industria terminal automotriz (2004-2011): Recuperación parcial del salario con persistencia en la flexibilización laboral". *Trabajo y sociedad*, (19), Santiago del Estero, Argentina, 2012.

HAREVEN, T. *Aging and generational relations: life-course and cross--cultural perspectives*. New York: Aldine de Gruyter, 1996.

JELIN, E. *Pan y afectos: la transformación de las familias*. México: Fondo de la cultura económica, 1998.

LEWIS, O. *Los hijos de Sánchez*. México: Fondo de Cultura Económica, 1964.

LUZZI, M.; NEIBURG, F. "Prácticas económicas, derecho y afectividad en la obra de Viviana Zelizer". En: ZELIZER, V. *La negociación de la intimidad.* Buenos Aires: Fondo de Cultura Económica, 2009.

MARGULIS, M. "Carmen va al trabajo: los códigos culturales en un barrio popular del suburbano". En: MARGULIS, M.; URRESTI, M.; Lewin, H. et. al., *Familia, hábitat y sexualidad en Buenos Aires.* Buenos Aires: Biblos, 2007.

MARGULIS, M.; URRESTI, M. *La juventud es más que una palabra.* Buenos Aires: Biblos, 1996.

MAUSS, M. *Ensayo sobre el don. Forma y función del intercambio en las sociedades arcaicas.* Buenos Aires: Katz Editores, 2009.

MILANESIO, N. *Cuando los trabajadores salieron de compras.* Siglo XXI Editores: Buenos Aires, 2014.

MILLER, D. *Ir de compras: una teoría.* México: Siglo XXI, 1999 [1998].

PALERMO, S. Introducción. Dossier: El trabajo femenino en el siglo XX: nuevas miradas y planteos de la historia de la mujer y los estudios de género. *Trabajos y Comunicaciones, 8,* (34), 2008.

PALOMINO, H.; DALLE, P. Desarrollo económico. Movilización, cambios en la estructura de clases y convergencia de ingresos en Argentina entre 2003 y 2013. *Desarrollo Económico,* n. 218, v. 56, mayo-agosto, 2016.

PALOMINO, H.; DALLE, P. "El impacto de los cambios ocupacionales en la estructura social de la Argentina: 2003-2011". En: *Revista de Trabajo.* Año 8, n. 10, 2012.

PROGRAMA DE LAS NACIONES UNIDAS PARA EL DESARROLLO –PNUD- (2014). Género en el trabajo: Brechas en el acceso a puestos de decisión. Aportes para el Desarrollo humano en Argentina, N°8. Buenos Aires.

SALVIA, A.; Quartulli, D. "La movilidad y la estratificación socio--ocupacional en Argentina. Un análisis de las desigualdades de origen". En: *Entramados y Perspectivas*, 2, p. 15-46, 2012.

SANTELLA, A. ¿Revitalización sindical en Argentina? Conflictos laborales en el sector automotriz. En: SENÉN GONZÁLEZ, Eugenia. *La revitalización sindical en Argentina y sus heterogeneidades culturales*. 1a ed. San Justo: Prometeo libros, Universidad Nacional de La Matanza, 2013.

SAUTU, R. "La formación y la actualidad de la clase media argentina. En: KESSLER ,G. *La sociedad argentina hoy*, 2016.

_______. "Reproducción y cambio en la estructura de clase". En: *Revista entramados y perspectivas*, v. 2, n. 2, 2012.

_______. *El método biográfico*. Buenos Aires: Editorial de Belgrano, 1999.

SEMÁN, P., FERRAUDI CURTO, C. *Los sectores populares en La sociedad argentina hoy: radiografía de una nueva estructura* Buenos Aires: Siglo Veintiuno Editores, 2016.

WEBER, F. *El trabajo paralelo. Estudio de etnografía obrera*. Rio de Janeiro: Garamond, 2009.

WILKIS, A. *Las sospechas del dinero. Moral y economía en el mundo popular*. Buenos Aires: Paidós, 2013.

ZELIZER, V. *El significado social del dinero*. Buenos Aires: Fondo de la Cultura Económica, 2011.

_______. *La negociación de la intimidad*. Buenos Aires: Fondo de la Cultura Económica, 2009.

Algunas dimensiones para el análisis de experiencias de formación profesional

Mariana R. Barattini[1] y Marina L. García[2]

Introducción

La formación profesional (FP)[3] puede ser analizada desde diferentes perspectivas y se encuentra atravesada por una suma de prenociones que en este artículo intentaremos problematizar aportando dimensiones para su análisis.[4] Una de ellas hace suponer que

1 Universidad Nacional de General Sarmiento.

2 Universidad Nacional de General Sarmiento.

3 Para definir FP, tomamos la perspectiva de Casanova (2003) quien sostiene que éste es un concepto dinámico, que ha variado a lo largo de la historia, generalmente en función de los acuerdos internacionales en la materia. La FP "es una actividad cuyo objeto es descubrir y desarrollar las aptitudes humanas para una vida activa, productiva y satisfactoria. En función de ello, quienes participan de actividades de formación profesional deberían poder comprender individual o colectivamente cuanto concierne a las condiciones de trabajo y al medio social, e influir sobre ellos" (2003:8). En Argentina, la reforma constitucional de 1994, introduce la formación profesional de los trabajadores como un derecho constitucional (Art. 75, inc. 19 – denominada cláusula del progreso).

4 El debate en torno a la relación formación-trabajo no es nuevo. Tanto en ámbitos políticos, mediáticos como académicos se viene discutiendo, en función de los cambios de las coyunturas, dicha relación. Parece haber un consenso sobre su complejidad, intervienen diferentes factores que rompen con la linealidad planteada desde el sentido común, que nos dice a mayor formación mejores trabajos (Riquelme, 2006; Spinosa, 2010).

la FP incrementa por sí sola las posibilidades de las personas para el acceso a mejores trabajos, más estables y protegidos, debido a que la certificación mejoraría el acceso al empleo y que esta condición se da de modo automático. Otra es aquella que considera que las personas que se forman parten de idénticas posiciones y condiciones materiales y simbólicas para acceder a instituciones públicas o privadas que imparten FP, y que estas funcionarían como "usinas de conocimientos teóricos-prácticos". También suele considerarse que la oferta de formación tiene como población objeto a aquellos sujetos excluidos de la educación formal secundaria, terciaria o universitaria. Por último, y quizás una de las prenociones que más peso tienen a la hora de indagar en las políticas públicas destinadas al campo de la FP, nos dice que esta tiene que estar orientada a cubrir las necesidades de las empresas del sector industrial y de servicios.

Cada una de estas ideas generales sobre la FP está contenida en representaciones sociales, discursos políticos e institucionales y en la letra de los programas sociales. Nuestro trabajo, en parte, los pone en tensión al ir señalando un campo heterogéneo que se expresa en cada uno de los rasgos que iremos analizando. En este marco, recuperamos el planteo de Riquelme, quien sostiene que "los objetivos de la educación no pueden reducirse a un ajuste adaptativo a requerimientos de la producción y el trabajo. (...) debe reconocerse que la relación educación y trabajo es una articulación interactiva, compleja, multidimensional, radicada y determinada por un espacio y un tiempo, es decir, histórica" (2006, p. 1). En la misma perspectiva, otros autores consideran relevante situar a las personas que deciden formarse en sus propias condiciones materiales de vida, teniendo en cuenta las diferentes trayectorias individuales, laborales y familiares, además de los contextos políticos y económicos en los que se dan estos procesos (Jacinto, 2015; Gallart, 2002).

En esta línea y recuperando el planteo de Beaud y Pialoux (1999) entendemos que el análisis de la relación formación-trabajo, tiene que incorporar diversos ámbitos de socialización, como la familia, la empresa, las instituciones que educan, el sistema de protección social, entre otros, dado que ellos en su conjunto contribuyen a darle forma a la vida social y configuran las relaciones de fuerza que van a ser retomadas y reelaboradas en la relación capital-trabajo. Aquí entramos a otro plano de análisis para incorporar en él al Estado, las políticas públicas y los derechos. Desde una mirada diacrónica podemos dar cuenta que los derechos se amplían o restringen, y que la forma de intervención del Estado sobre las dinámicas del mundo del trabajo parte justamente del reconocimiento de dichos derechos. El derecho al trabajo, a la formación, al reclamo, entre otros, posiciona a los sujetos ante diferentes marcos de oportunidades para la acción. Sin embargo, consideramos que en las políticas públicas y las instituciones de formación predominan posturas mercantilistas y meritocráticas en la relación que se establece entre sujeto, formación y trabajo, y estas condiciones debilitan la consideración de la FP como un derecho fundamental.[5]

Retomando estas lecturas, nuestra investigación[6] se sitúa en experiencias concretas de FP y proponemos y sumamos otras dimensiones con el objetivo de incluir en el análisis las representaciones, intereses, expectativas y objetivos que destacan las perso-

5 La FP se reconoce como un derecho humano en gran parte de las declaraciones y pactos internacionales sobre derechos fundamentales y en diversas constituciones nacionales.

6 Este artículo se inscribe en el proyecto de Investigación "La construcción de competencias y calificaciones para el trabajo: actores, trayectorias y contextos socioeconómicos en el noroeste del Gran Buenos Aires" dirigida por el Dr. Osvaldo Battistini.

nas involucradas en experiencias de formación en los Centros de Formación Profesional (CFP),[7] tanto los asistentes, como aquellos que desde los Centros imparten la formación. Estas instituciones son variadas y complejas y a pesar de estar reglamentadas desde instancias estatales superiores, cada una de ellas adquiere una impronta particular a partir de su enclave territorial, su historia, las características de sus equipos directivos, los perfiles de sus instructores y asistentes, entre otras variables. El rol de la institución, la forma de acceso a la misma y el tipo de vínculos que se establece con los asistentes, como veremos, son elementos muy importantes para pensar el derecho a la formación y al trabajo.

Los CFP son instituciones, que durante el proceso de recuperación económica experimentado en los gobiernos kirchneristas (2003-2012) han cobrado mayor relevancia, en tanto se incrementaron los recursos para su funcionamiento y se extendió considerablemente tanto el número de Centros como la matrícula general.[8]

---

7 En nuestro país, la Educación Técnica de Nivel Secundario, la Educación Técnica de Nivel Superior y la FP conforman tres niveles educativos dependientes del Instituto Nacional de Educación Tecnológica (INET). En lo referente a la FP, son los CFP los que ofrecen principalmente formaciones para el trabajo, en general de corto plazo, a una población específica, jóvenes y adultos, de 18 años en adelante. El requerimiento básico para inscribirse es que los asistentes sepan leer y escribir; sin embargo, para trayectos formativos de un mayor nivel de complejidad, se requieren estudios primarios y secundarios. La duración de los cursos varía entre un cuatrimestre, un semestre, un año o dos años. Las certificaciones son otorgadas por los CFP y validadas por el Ministerio de Educación de cada provincia y en pocos casos, por el sector productivo.

8 Según datos del Ministerio de Educación, en el año 2003 había 135 centros, que dictaban 4500 cursos y 60.000 egresados y para el año 2010 ya había 256 centros, con 11.000 cursos y 145.000 egresados. Para finales de 2017, existían 350 Centros en toda la Provincia de Buenos Aires, de los

En su conjunto constituyen un universo muy diverso, siendo éste un aspecto relevante a considerar cuando se analizan los procesos de formación. Para este trabajo realizamos una delimitación espacial, tomando aquellos CFP situados en los partidos de San Miguel, Malvinas Argentinas y José C. Paz.[9] El trabajo de campo fue realizado desde finales del año 2015 hasta principios del 2017, un "momento bisagra" durante el cual fue cambiando el escenario político a nivel nacional y local. En lo referente al mundo del trabajo y la formación, fuimos observando cómo los índices que reflejan su comportamiento, comenzaron a mostrar tendencias claramente recesivas. En cuanto a la FP, el nuevo gobierno disminuyó los recursos destinados a esa área y los CFP fueron afectados por políticas de ajuste, en el marco de programas de reestructuración política,

cuales 90 son propios de la dirección de Cultura y Educación, mientras que el resto del universo son "conveniados" fuente: https://realpolitik.com.ar/nota/30231.

9 Estos tres partidos, ubicados en el segundo cordón del Conurbano Bonaerense fueron creados luego de la división del ex partido de General Sarmiento, cuyo origen data de 1889. Según el Censo del 2010, la población de San Miguel es de 276.190 habitantes; la de José C. Paz de 265.981 y la de Malvinas Argentinas 322.3375. Pese a su cercanía y su historia común, cada partido tiene sus particularidades y lógicas institucionales propias. Para más detalles ver el sitio web del Observatorio del Conurbano de la Universidad Nacional de General Sarmiento : http://observatorioconurbano.ungs.edu.ar

económica y administrativa.[10] Visitamos CFP *puros y conveniados,*[11] realizamos observación participante en talleres de formación que imparten diferentes oficios, vinculados tanto a la producción (marroquinería, herrería), como a los servicios (auxiliar de enfermería, organización de eventos). Desarrollamos también entrevistas individuales a directivos, administrativos, instructores y asistentes a los talleres y también realizamos grupos focales.

Estructuramos el artículo del siguiente modo. En una primera sección, destacamos la relación entre el derecho a la formación y al trabajo y explicamos de qué modo la FP es promovida desde el Estado, considerando los cambios que van teniendo lugar en diferentes períodos. Luego proponemos algunas dimensiones para analizar la FP, entre ellas destacamos: lo territorial y sus significa-

10 Según el observatorio educativo de la UNIPE (Universidad Pedagógica Nacional), para el año 2019 "se advierte un notable descenso nominal y real del presupuesto del INET, explicado por el derrumbe de $ 1.500 millones en el Fondo Nacional para la Educación Técnico Profesional con respecto de 2018 (de $ 4.900 a $ 3.400 millones). Este recorte genera el incumplimiento de la Ley de Educación Técnico Profesional nro. 26.058 que, en su artículo 52, señala que este fondo no podrá ser inferior al 0,20% del total de los Ingresos Corrientes previstos en el Presupuesto Anual Consolidado para el Sector Público Nacional. Los $ 3.400 millones de este fondo para 2019, representan el 0,10% de los ingresos corrientes, la mitad de lo que manda la Ley". Esta situación se relaciona con la pérdida de la participación en el presupuesto nacional de la educación, continuando con la tendencia al descenso que se viene experimentando desde 2016. http://observatorio.unipe.edu.ar/wp-content/uploads/2018/10/presupuestoeducativo-verde.pdf

11 Se denomina Centros "puros" a aquellos que dependen directamente de la Dirección Provincial de Educación; y Centros "conveniados" a los que su estructura depende tanto de los Municipios como también de sindicatos, cárceles, empresas, obispados, entre otros.

dos, el arancelamiento y/o la gratuidad, el saber práctico y el saber teórico, la relación familia-formación-trabajo en la experiencia de las asistentes mujeres, y las expectativas de los sujetos en torno a la FP. Por último, proponemos cinco modelos considerando los diferentes perfiles de los CFP que hemos analizado: escolar, político sindical, político partidario, comunitario religioso y filantrópico, modelización que expresa la heterogeneidad presente en las experiencias analizadas.

El derecho a la formación y al trabajo. Contextos y lecturas

La relación entre la formación y el trabajo, como hemos mencionado, adquiere una forma particular en función del contexto social, político y económico en el que se inscribe. De este modo, puede situarse en el marco de procesos inclusivos y colectivos, mercantiles y meritocráticos, u otros que admiten combinaciones de una u otra modalidad.

En el contexto neoliberal de los años 90, las políticas implementadas por el gobierno de C. Menem afectaron profundamente el trabajo y el empleo, proceso que derivó en una crisis inédita, que se expresó "en niveles de desocupación abierta que rondaron el 20% de la población activa, y en problemas de empleo que, según surge de toda evidencia disponible, afectaron por lo menos a la mitad de la población activa" (Maceira, 2009, p. 11). Si bien este proceso se hizo extensivo al conjunto de las personas trabajadoras, fueron aquellas ubicadas en puestos precarios y de menor antigüedad quienes a mediados de la década participaron en mayor grado de la experiencia de la desocupación, la inactividad y el cuentapropismo (Maceira, 2009). En ese marco, la "empleabilidad", entendida como el conjunto de aptitudes y actitudes que posibilitan el acceso a un empleo y la permanencia en el mismo, se constituyó en una premisa compartida por los actores claves que involucra el mercado el trabajo (Campos Ríos, 2001). En esos años, la incorporación a un empleo formal implicaba cumplir con una serie de condiciones, entre las cuales la formación era de fundamental importancia (Battistini, 2001). Sin embargo, esta perspectiva se basó especialmente en una concepción individualizante acerca de los problemas de empleo y enfatizó la oferta de cursos flexibles, con la intención de que fueran adaptados a las demandas de los empleadores (Jacinto 2015, p. 121).

Como destacan algunos autores (Riquelme y Herger, 2005; Jacinto, 2010; De Ibarrola, 2010), en esa década, la intervención estatal buscó generar las condiciones para incrementar las posibilidades de inserción laboral de distintos grupos considerados en situación de vulnerabilidad: desempleados, jóvenes, ocupados en actividades de baja productividad y/o informales, discapacitados, mujeres, trabajadores de bajo nivel educativo, etc. Se pretendía así posicionarlos mejor en un mercado de trabajo fuertemente selectivo, convirtiéndolos a través de la capacitación en sujetos más "empleables" (Riquelme y Herger, 2005). Coincidiendo con esta lectura, Jacinto entiende estos procesos de formación dirigidos a estos grupos como parte de una *lógica social*[12] que se torna visible en las

12 Jacinto distingue también la lógica educativa y la productiva en la configuración de la FP. Amas han atravesado buena parte del siglo XX y la lógica social se destaca en el campo de la formación para el trabajo a partir de la crisis del empleo propia de los años 90 en adelante. En la *lógica educativa* la oferta proviene de las instituciones educativas las cuales entregan credenciales que acreditan saberes y los asistentes acceden a esta formación tanto de manera abierta o con algún criterio de educación previo. La *lógica productiva* es propia de aquello que la autora define como "una comunidad profesional" para referirse a los actores claves del mundo del trabajo: sindicatos, las empresas y los trabajadores a quienes va dirigida la

políticas públicas de esos años, en los cuales se expresa la necesidad de compensar los efectos de la desestructuración del mercado de trabajo, dirigidas "hacia los trabajadores desocupados y grupos específicos con problemas de empleo, como mujeres y jóvenes" (Jacinto, 2015, p. 121).

Sin embargo, los programas de emergencia ocupacional implementados en aquellos años de desempleo y precariedad, lejos estaban de formar sujetos para la inserción al empleo formal, y en realidad estaban destinamos a resolver los problemas de subsistencia de poblaciones con derechos vulnerados y a contener el conflicto social. Estos programas (en la década del 1990 el Plan Barrios Bonaerenses, el Plan Trabajar y luego del año 2001 el Plan Jefes y Jefas de Hogar), se constituyeron en mecanismos de transferencias de recursos hacia las y los trabajadores desocupados. Por su parte, las organizaciones sociales/políticas actuaron como mediadoras entre esa población y el Estado y asumieron en parte la función de "capacitar" a los receptores de los planes sociales (Barattini, 2002). Así, la intervención del Estado en la década de 1990 a través del Ministerio de Trabajo consistió, en el ámbito de la formación para

---

formación. En general, las certificaciones suelen adaptarse a las necesidades de la demanda. El rol de regulador del Estado es clave en tanto participa orientado la formación hacia la productividad o el bienestar de los trabajadores en un proceso no libre de tensiones de acuerdo a los intereses capital trabajo. La *lógica social* se torna visible en las políticas públicas a partir de los años 90 y expresa la necesidad de compensar los efectos de la desestructuración del mercado de trabajo. Particularmente dirigida hacia los trabajadores desocupados y grupos específicos con problemas de empleo, como mujeres y jóvenes. (Jacinto 2015, p. 121) De acuerdo al período que analicemos podemos encontrar las tres formas expresadas de manera superpuesta y reformuladas de acuerdo a las orientaciones sociales y productivas, aunque es a partir de los años 2000 donde encontramos mayor complejidad.

el trabajo, en la implementación de programas flexibles, que luego viraron hacia programas sociales de emergencia en la inmediatez de la crisis de 2001 (Jacinto, 2015).

En el contexto de normalización política que siguió a esta crisis, pero fundamentalmente en la etapa que se inaugura con los gobiernos kirchneristas, se observarán cambios significativos en la relación trabajo, empleo y formación, en un momento en el que la economía comenzaba a mostrar signos de crecimiento.[13] Las políticas sociales dirigidas hacia los sectores con mayores dificultades de acceso al mercado de trabajo se reconfiguran y pasan de ser pensadas como una forma de transferencia monetaria en contextos

13 El primer quinquenio de la llamada pos convertibilidad (2003-2007), estuvo caracterizado por una fase de elevado crecimiento económico, que experimentó una desaceleración en el período 2008-2009 durante la crisis financiera internacional y el conflicto agrario. Durante dicho quinquenio, la economía creció a una tasa promedio del 8,5 % anual acumulativo, mostrando un gran dinamismo en la creación de nuevos puestos de trabajo. La tasa de desempleo disminuyó, mostrando así una clara reversión de las tendencias contractivas en el mercado de empleo del período anterior, pasando de niveles cercanos al 20% en el primer trimestre de 2003, a valores inferiores al 10% en 2007. A su vez, los salarios reales crecieron a más del 40%, recomponiendo la pérdida del poder adquisitivo del salario dado por la devaluación de la moneda. Sin embargo, pese a la elevada creación de puestos de trabajo, a la reducción de la desocupación y al mejoramiento de los salarios reales, el empleo no registrado siguió afectando a cerca de un 35% de los asalariados (CENDA, 2010, p. 27). Básicamente, entre 2002 y 2008 se crearon 3,1 millones de puestos de trabajo asalariados registrados, hecho que permitió que descendiera el peso de los no registrados sobre el total de asalariados de un 43% a un 36,5%. La tasa de subocupación a su vez disminuyó a la mitad durante dicho período. Podemos decir también que el incremento del empleo se reflejó en la fuerte caída de la tasa de desocupación, que como ya dijimos, volvió a ubicarse a menos de dos dígitos (Op. cit., p. 193).

de emergencia social, a una vía hacia procesos de formación e inclusión social. Aquí adquiere relevancia el Programa Cooperativas Argentina Trabaja que se implementa en el año 2009 y que tiene como requisito la capacitación para el trabajo de los receptores. En este nuevo contexto político y económico y luego de años de abandono y desinversión (Jacinto, 2015), los CFP se situaron en un nuevo piso de institucionalidad, situación promovida fundamentalmente por dos carteras del nivel nacional: el Ministerio de Educación y el Ministerio de Trabajo, Empleo y Seguridad social (MTEySS). En septiembre del año 2005 se sancionó la Ley de Educación Técnica Profesional y se creó la Dirección de Formación Profesional en el MTEySS. Esta iniciativa puede leerse, siguiendo a Jacinto (2015), como una forma de fortalecer los CFP, ampliando el mapa de actores intervinientes en la dinámica del mercado de trabajo, y también como un modo de avanzar hacia el reconocimiento de los perfiles y saberes que los trabajadores adquieren en la propia experiencia laboral. Desde el MTEySS se promovió un programa nacional de formación para el trabajo con la meta de contribuir a la "empleabilidad" de los trabajadores facilitándoles el acceso a servicios de formación. A diferencia del período anterior, la empleabilidad se piensa en un contexto de generación de empleo y es abordada desde diversas instancias estatales. Se comenzó a brindar asistencia técnica y aumentaron los recursos económicos destinados a la formación para el trabajo, se fueron consolidando las Oficias de Empleo en los territorios y se promovió la apertura de nuevas Instituciones de FP.[14]

Ahora bien, el proyecto de investigación en el que se enmarca este artículo comenzó en el trascurso del año 2015, último año del gobierno de Cristina Fernández de Kirchner y el trabajo de campo

14 http://www.trabajo.gob.ar/downloads/difusion/rrii_carpetarir.pdf

se desarrolló en el momento de la transición hacia una nueva etapa, que como afirmamos más arriba, está marcada por la contracción del mercado de trabajo y un cambio de paradigma en el cual renace, aun con más fuerza, la perspectiva meritocrática que contribuye a invisibilizar el origen de las desigualdades socioeconómicas. "La meritocracia es un valor, el esfuerzo es un valor, que deben ser aprendidos",[15] sostenía vivamente la gobernadora de la provincia de Buenos Aires.

Aun cuando los cambios en materia de políticas socio económicas han sido muy profundos a lo largo de estos tres años de gobierno de la Alianza Cambiemos, las transformaciones son muy recientes como para poder dar cuenta de los impactos que, en múltiples sentidos, están afectando a la población asistente a los CFP. Sin embargo, podemos afirmar que la figura de las personas trabajadoras y sus saberes, sufren los embates de un mercado de trabajo cada vez más competitivo, que se contrae y precariza cada vez más. En ese marco se fortalecen aquellas posturas que responsabilizan de su situación a los trabajadores desempleados y precarizados. La FP dejaría de tener como objetivo la formación integral del sujeto trabajador, pensada hasta hace poco tiempo como un proceso formativo, inscripto en el sistema educativo nacional y provincial. De hecho, la FP a través del Expediente N° 21500-145-18[16] firmado en marzo de 2018, comienza su traspaso al ámbito del Ministerio de Trabajo provincial, decisión política fuertemente resistida, aun hasta hoy por los trabajadores de los CFP, en tanto se desvirtúa su condición de educadores hasta ese momento inscripta en el ámbito del Ministerio de Educación provincial.

---

15 https://www.clarin.com/sociedad/Vidal-importante-chicos-aprendan_0_VyYwlCq-b.html

16 https://bejomi1.files.wordpress.com/2018/03/21500-145-18-resoluciocc81n-conjunta-centros-formaciocc81n-laboral1.pdf

Los avatares de la formación profesional

En Argentina la FP como política de Estado tiene sus orígenes en los años 60. En el caso de la provincia de Buenos Aires recién a finales del año 1974 se dictó el primer curso de formación de Instructores y se crea la Dirección de Enseñanza Técnica y Vocacional dependiente del Ministro de Educación. Los primeros cursos de formación dictados por estos instructores comenzaron en el año 1975 al crearse el Departamento de FP responsable de la planificación y administración de los cursos. Éstos, en un primer período estaban dirigidos a hombres y sus contenidos remitían a saberes y habilidades consideradas socialmente masculinas: carpintero de obra, albañil, mecánico agrario, mecánico diesel, dibujante, sastrería, rectificador, soldador, gasista, plomero, mecánico de automotores, entre otros.[17]

Años más tarde se crearon centros de capacitación (Unidades de Formación Profesional-UFP) y centros Regionales de FP; en el año 1984 la Dirección de Formación Profesional y Extensión Educativa y en 1987 finalmente se establece una normativa que regula la dinámica y funcionamiento de esta estructura (R 68/87). Hacia el año 1994, junto con la transferencia de escuelas primarias y secundarias desde la órbita de la Nación hacia las provincias, la FP se incorpora finalmente a la Dirección General de Cultura y Educación de la provincia

17 Las primeras localidades en las cuales se dictaron los cursos fueron: Olavarría, La Plata, Hurlingham, Bragado, 25 de Mayo, Tres Arroyos, Pilar, Rojas, Saavedra, Ramallo, Saliqueló, Carmen de Patagones, Gral. Arenales, Adolfo Alsina, San Isidro, Tandil, Villarino, Bahía Blanca, Colón, Quilmes, Vicente López, Junín, Leandro, Alem, Chascomus, Las Flores, Brandsen, Nueve de Julio, Tapalqué, La Matanza, Laprida, Daireaux, Morón, Necochea, San Martín y Lincoln (podemos ver que el entonces Partido de General Sarmiento no estaba entre esas localidades). http://www.fpprovinciabsas.edu.ar/historia.html

de Buenos Aires (DGCyE). En el año 2007, se implementan la Ley Provincial de Educación N°13688 y la Ley Nacional de Educación Técnico Profesional N°26.058, concluyendo un proceso de consolidación que llevaba varios años de gestación.[18]

Con el tiempo la oferta de cursos de formación, si bien continuó promoviendo oficios clásicos o típicos, también se fue diversificando e incluyó oficios, habilidades y saberes que remiten a demandas contemporáneas y a nuevos nichos de actividades y oportunidades de trabajo y empleo. A su vez, la progresiva inclusión de las mujeres al mercado de trabajo, contribuyó a que cada vez haya más cursos asociados culturalmente a experticias femeninas (costura, peluquería, repostería, entre otros).[19]

Durante los años kirchneristas ha habido un aumento exponencial de CFP, alcanzando a franjas poblacionales más amplias. Uno de los elementos que explican esta situación se relaciona con la centralidad que adoptó la FP en las políticas sociales, debido a que se constituyó en un requisito para la transferencia condicionada de ingresos. Así, la población perceptora aumentó su participación en los Centros. De este modo y no exento de tensiones, los CFP adquirieron un dinamismo novedoso que se expresó, entre otros modos, en el aumento considerable del número de asistentes, en

18 http://www.fpprovinciabsas.edu.ar/historia.html

19 En la actualidad los cursos están asociados a diferentes actividades, modernas y tradicionales: actividades agropecuarias, actividades pesqueras, administración y comercialización, industria de la alimentación, comunicación social, construcciones, cuero y calzado, electricidad, electrónica y electromecánica, gastronomía, hotelería y turismo, industria gráfica, informática, madera y mueble, mecánica del automotor, metalmecánica y metalurgia, industrias mineras y petroquímicas, oficios artesanales, industria papelera, industria plástica, salud, refrigeración y climatización, seguridad y medio ambiente, servicios personales, textil e indumentaria.

la heterogeneidad de esta población en términos sociales y etarios; así, la condición de perceptores de programas sociales es un rasgo que consideramos fundamental para comprender este proceso.

Como destacamos en la introducción, las prenociones al respecto de la FP están presentes de diversos modos tanto en algunas representaciones sociales, discursos políticos e institucionales y en la letra de programas sociales de período político pasado y del actual. Hacia el final del gobierno de Cristina Fernández y en los años transcurridos del gobierno de Mauricio Macri, encontramos testimonios que contienen determinadas prenociones que refuerzan la asociación lineal entre la FP y las necesidades y requerimientos de las empresas. Por ejemplo, durante la inauguración de un nuevo edificio para un CFP *conveniado* con la Unión Industrial de una localidad de la provincia de Buenos Aires, la responsable de la cartera educativa provincial afirmó *"este Centro de Formación Profesional va a permitir que las empresas de (la localidad) tengan cada vez más recurso humano calificado. A todos nuestros jóvenes le brindamos las herramientas desde la educación para que puedan insertarse en el mercado laboral"*.[20] Anteriormente, en un acto del mismo tenor, el Gobernador de la Provincia subrayaba que *"educar para la producción es consolidar la convergencia del sector público y privado"*.[21] Con esta impronta, en el marco del cierre de Centros producto de un recorte presupuestario en provincia de Buenos Aire en el campo de la FP, un trabajador de un CFP de la ciudad de Mar del Plata remarcaba que *"los CFP favorecen el ingreso al mundo del trabajo de muchos bonaerenses en carreras cortas que ofrecen salida laboral inme-*

20 http://semanarioactualidad.com.ar/noticias/se-inauguro-un-centro-de--formacion-profesional-y-una-escuela-especial-en-ezeiza/ 14-10-2015

21 http://www.elciudadanogba.com/24/06/2014/scioli-impulsa-los-centros-de-formacion-profesional/ 24/06/2014

diata (...) Se trata de cursos cortos en áreas disimiles como contabilidad, turismo, formación como auxiliar de colegios, o capacitaciones en liquidación de sueldos o ventas".[22]

Como veremos en los siguientes apartados, las experiencias concretas de las personas que se forman y las dinámicas que se generan en los diferentes CFP, sugieren otras lecturas que discuten con estas prenociones, incorporando nuevas dimensiones para pensar la relación formación-trabajo.

Algunas dimensiones para analizar la formación profesional

Lo territorial y sus significados

Como hemos mencionado, los CFP que fuimos recorriendo están dispersos en el territorio del ex partido de General Sarmiento, zona de influencia de nuestra universidad. Algunos se encuentran ubicados en los barrios y otros en los cascos urbanos de los municipios o partidos. En las últimas décadas la noción de territorio ha ido adquiriendo una centralidad destacada en el campo de las políticas públicas. Como afirman Catenazzi y Quintar, el territorio vuelve a la escena pública y se expresa, entre otras tendencias, en su asociación con lo municipal, con el desarrollo local y es "el referente obligado de las políticas de descentralización" (2009, p. 10). De este modo, se ha promovido el acercamiento de la infraestructura de servicios públicos al territorio local en favor de descentralizar recursos y funciones; y al mismo tiempo, favorecer y estimular el uso de diversos bienes y servicios por parte de la comunidad. Bajo esta

---

22 https://www.gustavosylvestre.com/actualidad/reclamos-por-el-cierre-de-centros-de-formacion-profesional-en-la-provincia-de-buenos-aires/ 20/12/2018

lógica, los CFP tienen una presencia territorial que pone en tensión la relación entre las periferias y centros en cada distrito.

Las personas asistentes a los CFP, le agregan otros significados a la localización de los centros, que es necesario comprender. Las nociones de centro y periferia, al interior de una misma localidad, emergen como dispositivos estructuradores que intervienen modelando las decisiones de las personas cuando eligen un CFP u otro. En nuestras indagaciones pudimos identificar que las elecciones se encuentran también orientadas por los significados alternativos que construyen los sujetos interpelando de este modo las perspectivas sobre el territorio que promueven las políticas públicas. Así, muchas son las circunstancias que evalúan las personas cuando deciden asistir a formarse a un CFP: la cercanía a su hogar, el cálculo de los gastos del transporte, la oferta particular de talleres, etc. Sin embargo, también las personas eligen un CFP distante de su hogar y generalmente aquellos ubicados en los cascos urbanos, aun cuando la misma oferta de talleres está disponible en su propio barrio o en zonas más cercanas a su vivienda. Esto implica disponer de más tiempo para los traslados y un mayor presupuesto destinado al transporte. Nuestro análisis nos lleva a poner en tensión la fuerza de lo territorial, instalado desde las políticas públicas como mecanismo de arraigo comunitario y de cohesión de los lazos sociales. Hemos podido dar cuenta que para muchas de las personas que asisten a formarse a CFP, justamente salir del barrio, construir vínculos con personas de otras procedencias, desplazarse hacia el CFP de la ciudad, promueve otras experiencias y la formalización de otro tipo de vínculos. En el caso de talleres que toman fundamentalmente las mujeres, identificamos, además, que la elección de un Centro ubicado en un casco urbano, favorece el alejamiento temporal y espacial de las responsabilidades que demandan las tareas hogareñas y los cuidados familiares, trabajos asignados culturalmente a las mujeres. Esto les posibilita construir sociabilidades alternativas, que adquieren un fuerte contenido simbólico y diferenciador para ellas. De los Centros visitados, aquel que se encuentra en una zona céntrica y estratégica es el CFP 402 de José C Paz, cuyo edificio se encuentra lindante con la UNPAZ[23] y ubicado a metros de la estación de tren del ferrocarril San Martin. A diferencia de los otros CFP, éste está conveniado con el Municipio de José C. Paz y en la misma estructura conviven diferentes ofertas de formación. Todas ellas requieren del pago de un arancel, más allá que la política pública postule la gratuidad, dimensión de la que nos ocupamos más adelante.

Los CFP visitados ubicados en las periferias, no se destacan en el paisaje del lugar, algunos no cuentan con edificio propio y funcionan en otras instituciones, como escuelas o centros comunitarios, características que pueden desestimular, fundamentalmente a los adultos que se interesan por la formación. No contar con edificio propio, muchas veces contribuye a la invisibilización de los CFP. En estos casos, los propios trabajadores de los Centros deben realizar campañas de difusión de la oferta formativa en los mismos barrios apelando a la estrategia de "boca en boca"; repartiendo volantes al inicio del año lectivo, entre otros mecanismos.

El arancelamiento o la gratuidad

El arancelamiento se vuelve un mecanismo que precisamente colisiona con la perspectiva de la igualdad de oportunidades que se

23 La Universidad Nacional de José C Paz (UNPaz) es pública y gratuita y está ubicada en el segundo cordón del Conurbano Bonaerense a unos 50 km de la Ciudad de Buenos Aires. Fue creada en el año 2009 y está ubicada en el Centro de la localidad de José C. Paz. A su vez, el edificio del CFP, contiguo a la UNPAZ es de una magnitud y estética similar al de la Universidad.

promueve desde los organismos públicos. Desde la reflexión sociológica la mercantilización de un bien público, como la educación, se constituye en una barrera que pone obstáculos al ideario de la ciudadanía. Sin embargo, desde la perspectiva de los sujetos la cuestión del arancelamiento puede ser interpretada en otras claves. La noción de lo público, la promoción y ampliación de derechos y la gratuidad y universalidad en el acceso a bienes públicos, tuvieron una importancia gravitante en las políticas públicas llevadas adelante por el gobierno anterior, pero también fue cobrando fuerza un discurso que demoniza lo público y condena el gasto público desde una perspectiva meritocrática. Esto afectaría fuertemente al universo de sujetos que son alcanzados por las políticas públicas universales, entre ellas la Asignación Universal por Hijo y los programas de inclusión a través del empleo.

En los CFP, el arancel adopta diversas modalidades y puede excluir a un universo potencial de asistentes. Cuando estos Centros ofrecen un taller para el aprendizaje de un oficio que no está incluido en la grilla oficial, éste por lo general es arancelado. Al mismo tiempo, todos los CFP reclaman a sus asistentes el pago de un bono voluntario para mantenimiento del Centro y la compra de materiales[24], aunque es en los de tipo "puro" en los que prevalece una perspectiva de consideración hacia aquellas personas que no pueden hacer frente al bono. En ningún caso, en nuestras exploraciones pudimos encontrar actitudes de rechazo hacia los aranceles ni hacia el pago del bono por parte de los asistentes. Al contrario, consideramos que estas modalidades funcionan como mecanismos de dis-

24 A pesar de las transferencias de recursos que reciben a través de políticas sociales (Plan Mejorar, Sitrared, UEP, Cooperadora, etc.), los referentes y autoridades de los CFP subrayan que estos siempre resultan insuficientes.

tinción que le permite a los sujetos separarse de las clasificaciones que vinculan la gratuidad con la condición de ser "beneficiario" de un programa social.

Afirmamos al comienzo de este artículo que entre las prenociones que recorren el conocimiento al respecto de los CFP hay una que considera a estos Centros como espacios a los que concurren los sectores populares. En nuestra investigación pudimos dar cuenta que la composición social de los Centros es muy heterogénea: trabajadores asalariados, amas de casa, trabajadores desocupados, jóvenes sin escolarización, perceptores de programas sociales, trabajadores que necesitan validar sus conocimientos, sectores medios que aprovechan estas oportunidades "gratuitas" o más económicas que las que ofrece el mercado, hombres y mujeres y jubilados que buscan desarrollar actividades en estos lugares. Sin embargo, como señalaremos más adelante la composición social de los Centros varía de acuerdo a la tipología que presentamos.

El saber práctico y el saber teórico

Otro de los motivos que impulsan a los sujetos entrevistados a elegir la FP, es la dimensión práctica que asumen muchos de los talleres que se ofrecen en los CFP. Como afirman directivos, instructores y asistentes, algunos Centros logran recrear un ambiente laboral al proponer "una mezcla de escuela y fábrica", aprender haciendo. La teoría asociada a la práctica supone una valorización del "hacer" a través del cual se incorpora el saber. Para Miano (2012) "los espacios y tiempos 'oficiales' de transmisión de saberes no se reconocen como ámbitos privilegiados de aprendizaje. Tal vez, esto se debe al carácter eminentemente práctico de los saberes puestos en juego para el ejercicio de los oficios, que se contrapone con la forma de enseñanza formal, apoyada principalmente en la teoría. Es a través de la interacción y la puesta en práctica de esos saberes el modo que asume mayor relevancia para los trabajadores (Miano, 2012). Aprenderlos requiere la guía de compañeros de trabajo con mayor experiencia y conocimiento del oficio en el mismo espacio de trabajo, lo cual da cuenta de la importancia de la interacción social en los procesos de cognición (Moll, 1992). Aquí adquiere relevancia la figura de *instructores*, quienes se han dedicado al oficio o aún lo practican, asociado al taller que dictan en los Centros. Estas personas certifican sus saberes tomando un curso de *formación de formadores* en donde incorporan herramientas pedagógicas y este proceso, fundamentalmente en los CFP "puros", es un requisito que promueve y exige la Dirección de Formación Provincial. En nuestras observaciones constatamos que estas figuras son claves en los procesos de aprendizaje de los asistentes y las habilidades de los instructores para transmitir los conocimientos teóricos-prácticos son reconocidas y subrayadas por las personas que toman sus talleres.

La relación familia-formación-trabajo en la experiencia de formación de las mujeres asistentes

La presentación de esta dimensión es parte de una de las características que fue asumiendo nuestro trabajo de campo, dado que en una primera etapa observamos talleres en los que la participación femenina era mayoritaria. Para las mujeres entrevistadas, la elección de un CFP y sus talleres se vincula con la búsqueda de "realización personal", un objetivo postergado al que le ganó el "deber ser" de las responsabilidades domésticas y maternales. Las mujeres consideran al CFP "su lugar"; la posibilidad de aprender un oficio llega cuando "los hijos ya están grandes". Para ellas, los Centros conjugan el anhelo de la formación y la posibilidad de emprender proyectos relegados. En estos casos, un conjunto de saberes previos que se remontan fundamentalmente a los roles tradicionales que se ejercen en el ámbito del hogar, se vuelven indispensables en la experiencia que emprenden. Entre ellos, las mujeres destacan su función de cuidadoras de los otros, organizadoras y administradoras de distintos recursos. De este modo, los procesos de formación para aprender un oficio son inseparables de un conjunto de imperativos éticos asociados a los roles de madres y esposas, que las convocan a "hacer las cosas bien" y a "cuidar bien de los otros". La adquisición de saberes requiere de la practicidad y la capacidad para resolver problemas que las mujeres entienden que ya poseen, justamente por el entrenamiento que adquirieron en el ámbito doméstico, allí donde se organiza la reproducción de la vida. Cuidar a los otros, a los niños, a los enfermos, a los viejos, como en el caso de las auxiliares de enfermería; o trabajar "sin salir de casa ni abandonar las obligaciones familiares", como en el caso de quienes asisten al taller de marroquinería; o "cuidar que todo esté bien, que no se escape ningún detalle, como hacemos en casa" para las asistentes al taller de organización de eventos, se constituyen en motivaciones que reproducen lógicas particulares de organización de los espacios domésticos. En algunas ocasiones, y tal como hemos observado, estas condiciones son alentadas desde la práctica docente. Recuperamos las palabras de una profesora que nos decía: "acá pueden aprender un oficio y luego no necesitan salir de su casa para realizarlo, pueden hacer sus bolsos, sus carteras sin descuidar al marido y a los hijos".

Las expectativas en torno a la FP

En el recorrido de nuestra investigación, observamos que las personas que toman cursos en los CFP desbordan uno de los objetivos inmediatos de las políticas de FP: la empleabilidad. Cuando éstas llegan a los Centros, definen y redefinen sus posiciones y proyectos incorporando otros elementos que complejizan la idea de empleabilidad. Si bien los motivos que estimulan el inicio de procesos de FP son diversos, generalmente los cursos que tienen más cupos, son aquellos asociados a una rápida salida laboral, en oficios que en una primera instancia pueden ejercerse en el marco del cuentapropismo. En nuestras indagaciones, no advertimos situaciones en las que las personas se proyectaran hacia la búsqueda de un empleo en relación de dependencia y una mayor formalidad contractual. A su vez, pese a la experiencia de colectivización que se da en algunos Centros, la perspectiva individual se impone cuando las personas imaginan de qué modo se insertarán en el mundo laboral. En principio entendemos que las trayectorias laborales informales propias y familiares junto al capital social inciden fuertemente y delimitan el arco de las expectativas. Ahora bien, la posibilidad de acceder a una certificación para las personas entrevistadas mejoraría sus posibilidades de inserción en el mercado de trabajo, ya sea formal o informal, individual o en forma colectiva. En algunos oficios específicos, como gasistas o electricistas, los Centros intervienen gestionando la obtención de la matrícula que se exige en el mercado de trabajo para brindar estos servicios, ampliando de este modo las expectativas de aquellos que realizan los cursan, en su mayoría hombres.

El perfil de la institución: cinco modelos posibles

El universo de los CFP constituye un campo sumamente heterogéneo y las instituciones que lo conforman responden a orientaciones formativas, sociales, políticas y culturales muy diversas. Analizar las experiencias de formación nos exige considerar todos estos aspectos.[25] En diálogo con nuestras exploraciones, organizamos y presentamos una clasificación en base a cinco modelos: *escolar, político sindical, comunitario- religioso, político partidario y filantrópico.* Cuando se construyen modelos para explicar procesos sociales o algún aspecto de los mismos, se busca que los mismos contribuyan a orientar la organización del conocimiento empírico. Cómo en toda construcción conceptual, al contrastarse con la realidad empírica, pueden presentarse superposiciones entre algunas de las características de uno y otro tipo y/o acentuarse más un rasgo en relación a otro.

Para construirlos priorizamos los siguientes rasgos: características de la población que asiste; localización espacial; la impronta que adoptan los vínculos interpersonales; la relación entre el de-

25 La heterogeneidad presente en el mundo de los CFP se expresa en diferentes aspectos, entre los cuales encontramos los modos de reclutamiento de los trabajadores (instructores, docentes); el tipo de coordinación/dirección de los Centros y su relación con los formadores; la cobertura de los *cargos docentes*, que en algunos casos son incorporados a partir de mecanismos oficiales y públicos y en otros, prevalecen mecanismos discrecionales fundados en relaciones personales, políticas partidarias, entre otras. También las *condiciones laborales*, en donde en unos predomina la estabilidad laboral de sus trabajadores contribuyendo a la consolidación de grupos de trabajo, y en otros, la movilidad y el recambio debilitan el apego a las instituciones y la consideración de proyectos colectivos. En relación a los *aspectos pedagógicos*, en un caso, el Estado ha promovido a los *instructores* e integrado al sistema educativo formándolos pedagógicamente, pero en otros este aspecto ha sido desconsiderado. Sobre el *rol y la sede de la dirección de los Centros*, en algunos casos, las actividades de administración y supervisión se desarrollan en la propia sede institucional, promoviendo así la comunicación y facilitando las interacciones, pero en otros, estas condiciones están ausentes y sus referentes asumen otras responsabilidades a la par de las del CFP delegando las actividades cotidianas de atención y organización en el personal administrativo subalterno.

recho de las personas al acceso a la formación para el trabajo y las prácticas institucionales en relación a ese derecho; las reglas de admisión y permanencia, entre otros.

En el modelo *escolar* predomina una matrícula compuesta mayoritariamente por personas jóvenes y sin experiencia laboral y es justamente en estos casos en los que la institución puede, además, reproducir los modos de vinculación escolares típicos, basados en las jerarquías etarias e institucionales; implementar mecanismos de control sobre la asistencia, evaluar el rendimiento, atender a los comportamientos de los asistentes; se construyen relaciones paternalistas y maternalistas en materia de cuidados, protección, preocupación por el otro. En este tipo de Centros, los equipos docentes tienen por lo general continuidad en sus cargos, desarrollan vínculos de pertenencia con la institución; promueven la construcción de lazos de solidaridad y acompañamiento, el sostenimiento de los cursos, la búsqueda de recursos y aportes para la compra de materiales educativos y para las tareas de mantenimiento, reparación y ampliación de los edificios. Fundamentalmente en los Centros que dependen del Ministerio de Educación de la Provincia de Buenos Aires, la situación edilicia es deficiente y esta característica se constituye en una motivación tras la cual el conjunto de actores se moviliza para mejorar las condiciones materiales de la enseñanza y el aprendizaje; esto a su vez motiva la asistencia diaria y/o semanal a los talleres y de este modo los instructores aseguran también la continuidad de los cursos. Por último, en este tipo de Centros, la estructura de funcionamiento tiene continuidad a lo largo de la semana; el personal que desarrolla la formación y sus directivos se encuentran abocado a las actividades del Centro de forma continua y por ello es posible tener acceso a ellos en la propia institución.

Otro de los perfiles, aunque minoritarios en el conjunto de los CFP, son las instituciones conveniadas con sindicatos, en nuestro caso, conocimos la experiencia de un CFP asociado a la CTA[26] (Central de Trabajadores de la Argentina). A diferencia del modelo *escolar*, en esta institución concurren, en su mayoría, personas adultas, que cuentan con experiencia laboral, y hasta con experiencia sindical. En este modelo *político sindical*, los procesos de formación en oficios se inscriben, al mismo tiempo, en un clima de discusiones y reflexiones políticas y coyunturales y se promueve tanto el reconocimiento de los derechos laborales como los valores actitudinales en torno a la figura del "buen trabajador" honesto y responsable.

Un tercer grupo de instituciones se encuentra comprendida bajo el modelo *comunitario – religioso*. Se trata de CFP cuya matrícula da cuenta de una composición social heterogénea, en especial en términos etarios. Fundamentalmente, en este tipo de organizaciones, la impronta territorial sobre la cual reflexionábamos más arriba tiene una fuerza importante, en tanto los asistentes provienen mayoritariamente del propio barrio o de las inmediaciones al CFP y de ese modo se busca intensificar la sociabilidad barrial a través de reforzar los vínculos comunitarios en los cuales la institución religiosa y o comunitaria ocupa un espacio central.

En el modelo que nombramos como *político partidario- local*, el vínculo de la institución con el aparato político del gobierno local es constitutivo de sus objetivos, prácticas y funciones. De este modo, la estructura del CFP se funde con la estructura política partidaria del gobierno local y esa fusión se expresa de diversas mane-

26 La Central de Trabajadores de la Argentina (CTA) es una central obrera, nacida a partir de la separación de un grupo de sindicatos de la CGT (Confederación General del Trabajo) en 1992, disconformes con la posición adoptada frente al gobierno de Carlos Menem.

ras: en los mecanismos de reclutamiento de los profesores que dictan los talleres; en la fuerza que la política partidaria del gobierno y sus principales referentes adquieren en el espacio del CFP a través de diversos símbolos, imágenes y discursos que circulan en la organización; en la delegación de las tareas de supervisión de los procesos de formación en el personal administrativo municipal; en la multiplicación de las ofertas de formación (públicas provinciales; municipales, particulares-personales); en la discrecionalidad que asume la política de arancelamiento de los talleres que se imparten; etc. En organizaciones que asumen esas formas de funcionamiento, las autoridades son al mismo tiempo referentes políticos con otras funciones en ese campo, por lo cual es común la delegación de cuestiones pedagógicas y funcionales de las instituciones en personal administrativo.

Por último, nos referiremos al modelo *filantrópico.* Estos CFP tienen una representatividad menor en el universo de los Centros. En nuestra investigación tomamos contacto con un CFP municipal y conveniado con una Fundación empresarial. El Centro, emplazado en un barrio pobre del partido de José C. Paz funciona en un edificio construido por la propia Fundación. La designación y los salarios de todo el personal se inscriben en la administración municipal, alcanzando así, algunas semejanzas con el modelo *político partidario local.* También en algunas de sus características, se acerca al modelo *comunitario-religioso,* por ejemplo, la procedencia de los asistentes es absolutamente barrial. Sin embargo, a diferencia de aquel, no se promueven actividades con fines "comunitarios" y observamos situaciones que pusieron en evidencia mecanismos expulsivos hacia los asistentes. Las carteleras de la organización denotan un tipo de comunicación con los asistentes de carácter fuertemente normativo. A su vez, en los discursos de los referentes del Centro pudimos identificar posiciones higienistas que pueden promover o contribuir a estigmatizar a la población que vive en las inmediaciones al Centro y participa en el mismo.

Algunas reflexiones de cierre

Al momento de escribir las conclusiones de este artículo crece en número la cantidad de CFP que el gobierno de la Provincia de Buenos Aires cierra en el marco de las políticas de ajuste que cercenan derechos fundamentales. En este escenario, consideramos que esta investigación adquiere mayor relevancia, en tanto recupera experiencias concretas que revelan la importancia de los CFP para todas aquellas personas que participan en calidad de asistentes como así también para sus trabajadores, personal administrativo e instructores.

En este artículo, abordamos las diferentes formas de intervención del Estado en la relación formación-trabajo, considerando diversos contextos políticos, económicos y sociales, teniendo en cuenta, además, que las políticas públicas son elaboradas en el marco de procesos inclusivos y colectivos; mercantiles y meritocráticos o una combinación de ambos. En el actual escenario político, podemos afirmar que predominan tendencias que recuperan la perspectiva meritocrática, en desmedro de iniciativas que abordan la formación para el trabajo como un derecho.

Mencionamos un conjunto de prenociones que se encuentran fuertemente arraigadas en los discursos sobre la FP pero también inscriptas en el campo específico de las políticas que alientan esa formación. Resumidamente aquellas ideas estiman que la formación está destinada a un universo de personas que han quedado excluidos de la educación formal; que los sujetos parten de idénticas condiciones materiales y simbólicas cuando emprenden la formación; que la certificación asegura el acceso a mejores trabajos; que este mecanismo funciona de modo automático y que la FP tiene que estar orientada a cubrir las necesidades que el mercado laboral y el sector industrial y de servicios requiere.

Las dimensiones que incorporamos al análisis como los modelos construidos que expresan diferentes perfiles de los Centros, nos permitieron confrontar estas lecturas e incluir otros aspectos en el análisis. Destacamos así la importancia que revisten los aspectos territoriales, el arancelamiento y/o la gratuidad de los cursos, el saber práctico y el saber teórico en sus contenidos y dinámicas, la relación familia-formación-trabajo, y, por último, las expectativas en torno a la FP de aquellas personas que transitan por este universo. En términos transversales, estas dimensiones permiten comprender que el rasgo fundamental que recorre a los CFP es su heterogeneidad y que esta se expresa de diversos modos. Esta característica es de central importancia para comprender los procesos de aprendizaje de oficios que allí se desarrollan, y para poder pensar la política pública desde una perspectiva que incluya esta complejidad.

Asimismo, destacamos que las prácticas y las relaciones que establecen los CFP con los asistentes acompañan un movimiento pendular, que oscila entre una perspectiva más centrada en la formación para el trabajo como un derecho, hacia otras en las que ese derecho se tensiona, constituyendo esto el escenario en el cual tiene lugar la formación para el trabajo. Justamente los modelos que hemos presentado aquí (escolar, político sindical, político partidario, comunitario religioso y filantrópico) expresan una relación diferente entre el derecho de las personas al acceso a la formación para el trabajo y las prácticas institucionales en relación a ese derecho. Estas diferencias presentes en cada modelo se mantienen más allá del cambio en las orientaciones de política pública, lo que demarcaría cierto margen de maniobra de los Centros frente a estos cambios de coyuntura, siempre en el marco, como hemos visto, de fuertes condicionamientos.

Por último, en el transcurso de la investigación, hemos podido identificar tres problemas que atraviesan el complejo universo de la FP y que requieren ser atendidos por parte de los diferentes ámbitos que intervienen sobre la problemática. En primer lugar, consideramos que la política pública en torno a los CFP adolece de la falta de sistematización de las experiencias de formación, debido a que no se estimulan los procesos de seguimiento de los asistentes y trabajadores a los que contribuye a formar para el trabajo, ni se construyen estadísticas o información que permita conocer esa realidad. De este modo, desconocemos algunos efectos que la formación tiene en las experiencias y trayectorias laborales. Segundo, los CFP no construyen vínculos institucionales con empresas u otras entidades (y si hay son esporádicos y no sistemáticos) que permitan la promoción de la inserción laboral de los asistentes, situación que pone en evidencia una desvinculación de su accionar con el mundo empresarial e industrial. Por último, observamos un desfasaje importante entre los objetivos que se promueven y las condiciones materiales de funcionamiento de los CFP que en general, presentan serias deficiencias en materia de instalaciones, acceso a los materiales que se requieren para el desarrollo de los cursos; asignaturas pendientes que deben ser consideradas por las políticas públicas destinadas a la FP.

Bibliografía

BARATTINI, M. "Los programas de emergencia ocupacional, las organizaciones de desocupados y el Estado: Una relación conflictiva", *Tesina de Licenciatura,* en www.urbared.ungs.edu.ar, 2003.

BATTISTINI, O. "Toyotismo y representación sindical. Dos culturas dentro de la misma contradicción." En: *Revista Venezolana de Gerencia,* Año 6, n. 16, Maracaibo, p. 533-572, 2001.

BEAUD, S.; PIALOUX, M. *Retour sur la condition ouvrière*. Paris, Fayard, 1999.

CASANOVA, F. *Formación profesional y relaciones laborales*. Montevideo: Cinterfor. Sindicatos y Formación, 4, 2003.

CATENAZZI, A.; QUINTAR, A. "Presentación". En: CATENAZZI, A. et al., *El retorno de lo político a la cuestión urbana. Territorialidad y acción pública en el Área Metropolitana de Buenos Aires*. Buenos Aires: Ed. UNGS/Prometeo, 2009.

CENTRO DE ESTUDIOS PARA EL DESARROLLO, (CENDA), "La anatomía del nuevo patrón de crecimiento y la encrucijada actual. La economía argentina en el período 2002-2010", Cara o Ceca ed. Atuel, Buenos Aires, 2010.

GALLART, M. A. *Veinte años de educación y trabajo: la investigación de la formación y la formación de una investigadora*. Montevideo, OIT/Cinterfor. Sobre artes y oficios, 2, 2002.

GALLART, M. A. "Los cambios en la relación escuela-mundo laboral". *Revista Iberoamericana de Educación*, 15, septiembre -diciembre, Madrid: OEI, 1997.

JACINTO, C., (coord.). *¿Educar para qué trabajo? Discutiendo rumbos en América Latina*. Buenos Aires: Ediciones la Crujía, MTCyT, MTEySS y redEtis, 2004.

JACINTO, C. "Nuevas lógicas en la formación profesional en Argentina Redefiniendo lo educativo, lo laboral y lo social". En: *Perfiles Educativos*. v. XXXVII, n. 148, IISUEUNAM, 2015.

JACINTO, C., (coord.). *El secundario vale. Saberes, certificados y títulos técnicos en la inserción laboral de jóvenes*. Buenos Aires: Edit. Mino y Dávila, 2018.

MACEIRA, V. *Segmentación, fuerza de trabajo excedente y programas de empleo en el área metropolitana de Buenos Aires: un estudio a través de trayectorias socio-ocupacionales*, 2009. Disponible en http://www.scielo.org.ar/pdf/pys/v16n1/v16n1a02.pdf.

MIANO, M. A. Los saberes y los oficios en el contexto de economía transnacional. *Revista Temas Sociológicos*, n. 16, 2012.

MOLL, L. "Literacy Research in Community and Classrooms: A Sociocultural Approach". En: BEACH, R.; GREEN, J. L.; KAMIL, M. L.; SHANAHAN, T. (eds.). *Multidisciplinary Perspectives on Literacy Research*. Illinois, NCTE, 1992.

RIQUELME, G. "La relación entre educación y trabajo: continuidad, rupturas y desafíos" *Anales de la educación común*. Tercer siglo, año 2, n. 5. Publicación de la Dirección General de Cultura y Educación de la Provincia de Buenos Aires. Disponible en http://servicios.abc.gov.ar, 2006.

SPINOSA, M. "Reflexiones y experiencias sobre la educación y el trabajo en Argentina". Disponible en http://www.ceilconicet.gov.ar, 2010.

Otras fuentes:

www.oit.org.

www.fpprovinciabsas.edu.ar/historia.html.

www.clarin.com/sociedad/Vidal-importante-chicos-aprendan_0_VyYwlCq-b.html.

www.bejomi1.files.wordpress.com/2018/03/21500-145-18-resoluciocc81n-conjunta-centros-formaciocc81n-laboral1.pdf.

www.trabajo.gob.ar/downloads/difusion/rrii_carpetarir.pdf.

www.observatorio.unipe.edu.ar/wp-content/uploads/2018/10/presupuestoeducativo-verde.pdf.

www.observatorioconurbano.ungs.edu.ar/?page_id=3306.

www.realpolitik.com.ar/nota/30231.

http://semanarioactualidad.com.ar/noticias/se-inauguro-un-centro-de-formacion-profesional-y-una-escuela-especial-en-ezeiza/14-10-2015.

http://www.elciudadanogba.com/24/06/2014/scioli-impulsa-los--centros-de-formacion-profesional/ 24/06/2014

https://www.gustavosylvestre.com/actualidad/reclamos-por-el-cierre-de-centros-de-formacion-profesional-en-la-provincia-de-buenos-aires/ 20/12/2018.

Tessituras da mobilidade de mulheres: economias morais, mercados políticos e zonas de indistinção[1]

Isabel Georges[2] e Yumi Garcia dos Santos[3]

Introdução

Esse texto tem como objetivo entender como se constrói a mobilidade social e, por vezes profissional, de mulheres da classe popular no âmbito da política social do Estado em um município brasileiro de pequeno porte situado num assim chamado "território da pobreza", categoria-chave de nossa análise.[4] Nesse caso, essa

---

1 Cf. *In Memoriam*, Paoli, M. C. "O mundo do indistinto: sobre gestão, violência e política". In: OLIVEIRA, F. de; RIZEK, C. S. (orgs.). *A era da indeterminação*. São Paulo: Boitempo, 2007, p. 221-256.

2 IRD-Institut de recherche pour le développement, UMR Développement et sociétés/Universidade federal de São Carlos-UFSCar/Laboratório Misto Internacional – *Social activities, gender, markets and mobilities from below (Latin America)* – LMI-SAGEMM.

3 Universidade federal de Minas Gerais – UFMG – Faculdade de Filosofia e de Ciencîas humanas-FAFICH. Laboratório Misto Internacional – *Social activities, gender, markets and mobilities from below (Latin America)* - LMI-SAGEMM.

4 Esta pesquisa é parte do projeto "Construção de alternativas socio-ocupacionais de mulheres entre Estado, mercado e família: uma comparação regional" (Universal MCTI/CNPq no.14/2013), coordenado por Isabel Georges (IRD/UFSCar/USP) e do projeto "Território, política e mercado: formas de mobilização das mulheres do Vale do Jequitinhonha" (Universal FAPEMIG) coordenado por Yumi Garcia dos Santos (UFMG).

característica é entrelaçada com uma continuidade partidária, há mais de 20 anos, à diferença da recente conjuntura nacional, quadro que mudou drasticamente. Procuramos saber qual o lugar da dimensão geográfica para a mobilidade social dessas mulheres, se ela é determinante para a mobilidade em ascenção e quais os outros mecanismos de mediação que se abrem em torno da questão da mobilidade. Nessa perspectiva, procuramos entender se há, ou não, uma diferença fundamental entre estes mecanismos, no que tange às posições de mando assim como às posições intermediárias e/ou de execução nesse mercado de trabalho feminino.[5]

O município de Veredas, com aproximadamente 36.000 habitantes e de centralidade regional em termos políticos, de práticas culturais e de disponibilidade de serviços (educação, saúde, assistência, etc.), situado no semi-árido brasileiro, aparece como caso emblemático dessa mobilidade mediada pelo gênero, associada a uma gestão "pelo social", categoria central a ser analisada. A cidade tem uma estreita ligação política com o Partido dos Trabalhadores que foi iniciada em meados dos anos 90 com a eleição da primei-

---

Gostaríamos de agradecer Ania Tizziani por sua releitura atenta e sugestões de precisao e elaboração.

5 A pesquisa foi conduzida por meio de entrevistas semi-diretivas e observações participantes a partir de janeiro de 2015, contando com quatro estadias em campo, sendo a última realizada em outubro de 2018, entre os dois turnos das eleições presidenciais. As pesquisas foram realizadas a partir de observações e de entrevistas sobre as trajetórias sócio-profissionais e familiares de mulheres profissionais de diversas gerações e distintos níveis hierárquicos no âmbito das políticas sociais do município. Da mesma forma, com base nas trajetórias de suas "beneficiárias" dos serviços e um conjunto de outros informantes, como religiosos, sindicalistas, comerciantes, trabalhadore(a)s de ONGs, trabalhadores da migração agrícola etc., foi realizado um amplo leque de entrevistas (total de cerca de 80) entre 2015 e 2018.

ra prefeita mulher e negra.[6] Essa continuidade partidária no governo local se combina com a emergência de um mercado de trabalho político interno reservado em grande medida às mulheres. Cabe afirmar que o município abriga uma gestão sexuada do social (Santos, 2012; Georges & Santos, 2016) situada no cruzamento com a política municipal que aponta para uma conexão específica entre "o social", a política e o gênero nesse território.

Concomitantemente a esse *quase* monopólio das mulheres nas diversas esferas e níveis hierárquicos da política (social) municipal, merece destaque a longevidade dessa presença, assim como seu cruzamento intrínseco com a sigla do Partido dos Trabalhadores (PT), apesar da guinada conservadora em nível nacional desde 2016, marcada por eventos que indicam o seu grau de violência, como o *impeachment* da ex-Presidenta Dilma Roussef (PT) em agosto do mesmo ano, o assassinato de Marielle Franco (PSOL), vereadora do Rio de Janeiro e ativista negra e lésbica em março de 2018 no Rio de Janeiro, a prisão do ex-Presidente Luís Inácio Lula da Silva em abril de 2018 e a eleição, em outubro de 2018, do atual Presidente Jair Bolsonaro (PSL), de extrema direita, explicitamente homofóbico, racista e machista, além de outros posicionamentos anti-constitucionais. Em vista da diferença das conjunturas políticas entre o nível nacional e o nível territorial regional/municipal,

6 Aparecida dos Santos (nome fictício, como todos os atores sociais e localidades desse texto) foi eleita pela primeira vez em 1996. Reeleita em 2000, contribuiu para eleger seu sucessor, também do PT, em 2006. No entanto, este último foi derrotado pelo candidato da oposição em 2008, sendo o único mandato não governado pelo PT nos últimos 22 anos. Sob a gestão do atual prefeito (PT), reeleito no pleito municipal de 2016 quando o Partido sofreu grande derrota no país, o município possui um governo marcadamente encabeçado por mulheres, onde ocupam posições chave na administração municipal.

comparativamente, o nosso estudo de caso pode ser considerado como um laboratório da gestão pelo social, um dos pilares centrais do assim chamado "lulismo" que teria se caracterizado por dois tipos de consenso, um ativo (com os movimentos sociais) e um passivo (com a população pobre, em termos de redistribuição de renda) (Singer & Loureiro, 2016).

Localmente, é possível pensar haver uma relação entre a criação de um "mercado da política" em um "território da pobreza",[7] notadamente no que concerne a penúria de recursos naturais fundamentais, como água, mercado de trabalho e infraestrutura, como os meios de transporte para o centro urbano e municípios adjacentes. Todavia, por um lado, o próprio conceito de "penúria", e a consequente rotulação como "território de pobreza", é fruto de um processo socialmente construído, que tentaremos desvelar pelos menos em parte. Nesse sentido, por exemplo a penúria da água é fruto das políticas de desenvolvimentismo do Estado da região desde a época da ditadura militar, desapropriando as terras dos pequenos produtores para promover a produção de eucalipto, abai-

---

7 Nesse contexto, é interessante observar a relação estreita entre resultados eleitoreiros e classes sociais, tanto nas eleições municipais de outubro de 2016, como presidenciais em outubro de 2018. E ambas as eleições, observa-se um recorte de classe muito claro, o PT conseguindo se manter em regiões consideradas mais pobres. Assim, em 2016, o PT venceu 255 municípios em 2016; em 2012 foram 635. Dos 255 municípios, 114 estão localizados na região Nordeste, 68 na região Sul, 50 na região Sudeste, 18 na Norte e 5 na Centro-Oeste (Dados disponíveis em: http://www.tse.jus.br/eleicoes/estatisticas/estatisticas-eleitorais-2016/resultados. Acesso em maio de 2018). Em 2018, apenas 33% dos eleitores da classe média expressaram o voto a favor do PT (comparado a 60% em 2002), de acordo com uma pesquisa da *Datafolha* (cf. Adalberto Cardoso, "Où va la démocratie brésilienne ?", seminário científico apresentando na UMR 201 Développement et sociétés, Nogent-sur-Marne, França, 11/04/2019).

xando de forma significativa o nível de água no solo freático (Reis, 2018). Ao mesmo tempo, desde então, a região também constituiu-se como "território-alvo" de políticas sociais, uma das dimensões da própria unificação territorial, que re-alimentou a dinâmica de rotulação regional e de naturalização da pobreza (GEORGES, 2019, no prelo). Emergiam, então, as condições iniciais para a criação de um mercado da pobreza, e criou-se um círculo vicioso para a re-implementação de um leque de políticas sociais muito amplo, desde as destinadas à pequena agricultura até os "territórios da cidadania", além das políticas sociais mais "tradicionais", como o *Bolsa família* ou o *Benefício de Prestação Continuada*[8] (Georges, 2018).

Pelo outro lado, o acesso nesse mercado, que hoje passa por processos como indicações/convites, concursos e seleções tem impulsionado uma considerável circulação de mulheres e maiores chances de inserção quando as alternativas privadas têm sido quase inexistentes,[9] e se relaciona com a existência de atores e atrizes que fundaram o PT na cidade e criaram alicerces para sua manutenção a longo prazo. Se constitui principalmente em torno de uma determinada geração e origem de mulheres que reformularam a administração municipal pelo social: são as que nasceram nas décadas de 1940 e 50 (hoje têm em torno de 60, 70 anos) de origem popular e católica. São mulheres, nativas da cidade como em outras localidades, todas oriundas dos meios populares, que construíram uma cultura política "pela base" no município, fortemente estimuladas pela atuação dos religiosos inspirados direta ou indiretamente da Teologia da Libertação no âmbito social e educacional. Os relatos

8 Cf. *Programa Nacional de fortalecimento da Agricultura familiar* - PRONAF, *Territórios da Cidadania, Programa Ação de Apoio a Projetos de Infraestrutura* - PROINF, *Programa de cisternas,* etc.

9 Santos, *et alii*, 2017.

colhidos por entrevistas em profundidade[10] feitas com parte delas ajudarão a compreender os mecanismos do assentamento de uma cultura política inicialmente "contra-elite coronelista",[11] sustentada por um *ethos* assistencial e que torna operacional a política nacional voltada para a expansão das políticas sociais sob o "lulismo" (2003-2016), termo usado aqui para o período do governo do Partido dos Trabalhadores.[12]

10 A coleta de dados por meio de relatos de vida e sua análise foram realizadas por meio de abordagens de diferentes autores como Max Weber, Norbert Elias, Daniel Bertaux e Claude Dubar, que compartilham entre eles uma perspectiva que articula indivíduo, subjetividade e sociedade. Podemos afirmar que em sua base está o princípio eliasiano de não considerar a sociedade acima do indivíduo, mas constituída por meio das relações de interdependência entre eles (Elias, 2008). Acrescenta-se a isso uma análise compreensiva e/ou fenomenológica que parte do ponto de vista do indivíduo ou de determinados grupos, suas subjetividades/intersubjetividades e sistemas de valores.

11 O "coronelismo" é um modo específico de dominação política do Brasil moderno e republicano. Para Leal (2012) reflete um ordenamento social do meio agrário brasileiro sob o regime representativo, quando o eleitorado rural ainda era maior que o eleitorado urbano, notadamente durante a transição política do Estado Novo (governo Vargas, 1930-1945). Segundo o autor é a manifestação de um sistema de mando local que operou quando o poder público ganhava forças e o poder privado dos senhores de terra entrava em decadência, garantindo o eleitorado para o grupo de interesse desses últimos por meio de troca de favores (voto de cabresto).

12 A questão da periodicização, assim como das continuidades e descontinuidades entre as políticas e formas de "gouvernamentalidade" entre um perído e outro não cabe no formato desse texto, mas trata-se de uma análise em andamento.

O meio da política municipal de Veredas: uma zona de indistinção entre políticas sociais, formas de mobilização religiosa e iniciativas privadas

Se, em nível de concepção, as políticas sociais são definidas em plano nacional, no Brasil, a sua operacionalização e implementação acontecem em nível municipal, fruto das políticas de descentralização dos anos 1990, assim como da reforma interna do Estado, em contrapartida da responsabilidade fiscal dos municípios, provocando uma grande diversidade de situações regionais e municipais (Georges, 2020, no prelo). Além do mais, em termos de formato, e de trajetória de institucionalização, certas políticas sociais como as de saúde, ocuparam um lugar paradigmático. No caso do município de Veredas, as políticas sociais de saúde, de assistência e de educação são centrais na gestão do Partido dos Trabalhadores, em particular no que tange aos níveis de baixa complexidade, ou seja de "porta de entrada" ao sistema. Os programas e serviços públicos na saúde, na educação e na assistência e seus respectivos equipamentos têm sido implementados desde o final dos anos 90 e intensificado nos anos 2010: Estratégia Saúde Família (ESF)/Unidades Básicas de Saúde (UBS), Serviço de Proteção e Atenção Integral à Família (PAIF)/Centro de Referência de Assistência Social – (CRAS, e CRAS-volante), Centro de Referência Especial de Assistência Social (CREAS), equipamentos de educação básica até superior e Programa *Bolsa família*. Vale ressaltar que, nas áreas de saúde e de assistência social, as equipes de atendimento à população também são chefiadas e geridas por mulheres: as equipes da ESF, por exemplo, são chefiadas por enfermeiras e, compostas majoritariamente, por técnicas de enfermagem e agentes comunitárias de saúde (ACSs), somando as equipes que atuam no município, tem-se um total de 79 mulheres atuando na ESF da cidade. Ademais, as equipes de assistência social dos dois CRAS da cidade são, também, coordenados por mulheres. Nesse sentido, a legitimidade da gestão atual decorre, em grande parte, da visibilidade desses serviços de proximidade perante a população que carecia de acesso à saúde, educação e assistência.

Além da importância das políticas sociais, a escassez e a construção da região como "território de pobreza" ao longo do tempo a tornou um atrativo não somente para a intervenção do Estado (que contribuiu para esta construção), e de seus agentes, mas para um conjunto de iniciativas público-privadas sociais, culturais e ecológicas. Empresas pública e privada (por exemplo Petrobras, Natura) por meio de programas de incentivo à cultura a ONGs de orientações diversas como o Centro Popular de Cultura e Desenvolvimento (CPCD), entidades filantrópicas nacionais e internacionais, como o Fênix de Pesquisa e Educação (possui projeto de segurança alimentar que oferece assessoria às entidades rurais e às comunidades tradicionais) e o programa internacional Fundo Cristão para Crianças (apadrinhamento de crianças). Nesse sentido, a (re)produção da penúria constitui a condição inicial para a criação de um *mercado da pobreza* que faz com que o rendimento da implementação de políticas sociais – e de seus e suas implementadore.a.s – assim como de outras formas de "ajuda" seja elevado. Em outras palavras podemos observar aqui a criação de condições de emergência para uma econômica moral complexa,[13] ou seja

13 Na introdução da coletânea *Économies morales contemporaines* (2012), coordenado por Didier Fassin e Jean-Sébastien Eideliman, os dois pesquisadores definem a economia moral, atualizando e ampliando a definição inicial de E.P. Thompson (1971, 1991), para além do espaço das relações entre os membros das classes populares, da maneira seguinte: "Consideramos que a economia moral corresponde à produção, repartição, circulação e uso de emoções e de valores, das normas e das obriga-

atravessada por dinâmicas de mercantilização, onde circula o que fora chamado por Michel Misse (1997) de "mercadoria política",[14] como a troca de certos pré requisitos do Estado contra favores. Ao mesmo tempo, essa "mercantilização" da política, ou "nicho da vulnerabilidade" também tem sido o campo fértil que permitiu que ali pudessem se alocar e desenvolver-se carreiras de atores e atrizes que em outros territórios não poderiam ter tido a mesma desenvoltura, como, por exemplo certos perfis de mulheres de origem pobre.[15]

As trajetórias de comando: o lugar da mobilidade geográfica e os mecanismos de mediação relacionados

A fecundidade por iniciativas socio-politico-culturais está intimamente ligada a um novo paradigma de gestão municipal iniciada em 1996, no governo da prefeita Aparecida (Cida), sob a sigla do Partido dos Trabalhadores (PT), terreno já preparado por um conjunto de práticas religiosas e militantes, próxima da Teologia da Libertação desde os anos 1970. Sendo mulher e negra, a eleição de Cida rompeu com a tradição do mando pelo coronelado local. Suas duas gestões (1997-2000 e 2001-2004), assim como as gestões petistas que sucederam desenvolveram uma nova cultura política na cidade marcada pela organização e participação da po-

ções no espaço social" (tradução livre por I. Georges). Em nossa análise, observamos diversas economias morais concorrentes, assim como seu deslizamento para com o que chamamos de "mercado político".

14 Conforme Misse (1997), definimos como "mercadoria política" "toda a mercadoria que combine custos e recursos políticos (expropriados ou não do Estado) para produzir um valor-de-troca político ou econômico".

15 Por motivos diversos: tanto pela ausência de concorrência nesses territórios considerados remotos, quanto porque o reconhecimento pela engajamento político, ou outro, é maior.

pulação tradicionalmente excluída (trabalhadores rurais, comunidades quilombolas, indígenas, comunidades de bairros, atingidos pelas barragens, mulheres), permitindo também uma diversidade social na administração da prefeitura com a presença de mulheres, negros, pessoas com deficiência e pessoas LGBT. Tal construção deu abertura a uma integração, principalmente de mulheres de fora de Veredas, que lá se tornaram lideranças políticas atuantes nas instâncias executivas e gestoras da cidade. A própria Aparecida, assim como a primeira secretária de assistência social Ana Maria (mandato 1997-2000), a ex-secretária da saúde Zaíra (2013-2018), a secretária da Secretaria do Desenvolvimento Social, Cultura e Esporte Simone (2016-atual), para citar exemplos daquelas que atingiram o lugar executivo. Nessa seção apresentamos as trajetórias de Aparecida e Simone como casos de duas gerações de mulheres de origem popular que, se fixando em Veredas tiveram uma emblemática mobilidade social e profissional por meio da valorização de seu acesso à educação superior fora da região, no mercado político de um "território de pobreza", assim como pelas relações de tipo familiar que teceram. Quais relações sociais, afetivas e institucionais foram tecidas em suas formações, em afinidade com as características locais, que as permitiram atuar por meio do acesso ao que pode ser chamado de "mercado político e social" voltado para a gestão da pobreza, permitindo uma durabilidade partidária de esquerda?

Aparecida dos Santos,[16] mais conhecida como Cida, nasceu em 1953 (63 anos na primeira entrevista), e atu-

16 As entrevistas com Aparecida se deram em três momentos. A primeira em outubro de 2016 na regional da SEDESE em Veredas, com a presença de Maria Helena Cardoso, ex-secretária da pasta de Assistência Social da cidade durante os mandatos de Cida e naquele momento assessorando esta última na diretoria do órgão estadual mineiro. Sua presença foi suge-

almente é secretária da Secretaria de Desenvolvimento Social do município de Diamantina. No momento da primeira entrevista era diretora da secretaria regional do Vale do Jequitinhonha da SEDESE (Secretaria do Estado do Trabalho e do Desenvolvimento Social de Minas Gerais, atende 22 municípios). É natural de Samaritano,[17] mas sua família migrou para Belo Horizonte quando era ainda criança em busca de melhores oportunidades. Seu pai era operador de película de filmes para cinema e a mãe era lavadeira. O casal teve cinco filhos (uma filha faleceu ainda bebê). Cida recebeu uma educação religiosa católica e escolar sólida, a primeira vindo de duas mulheres, sua mãe e a madrinha de seu irmão mais velho, com quem teve um convívio quase familiar.

"Ela era madrinha do meu irmão mais velho. E aí todo mundo, como a gente morava juntos, né? Por um tempo, quando a gente saiu de Samaritano que foi pra BH nós moramos na casa dela, até a gente ter a nossa casa". (...) *"ela era amiga da família. Deixa eu ver aqui como é que era. Minha avó, a mãe da minha mãe, trabalhou muitos anos na fazenda que era... que foi do marido dela. Vamos assim dizer. E aí lá que ela conheceu minha mãe. Aí, de certa forma ajudou a criar, né? E depois quando a mãe se casou, teve o primeiro filho, aí foi ela e o marido batizar"* (entrevista de dezembro de 2017).

Sua educação escolar foi em instituições públicas ou associativas por vezes ligadas ao comércio, graças

---

rida por Cida. A segunda entrevista ocorreu em fim de dezembro de 2017 e a terceira, dando continuidade à segunda, em início de janeiro de 2018 na Secretaria de Desenvolvimento Social do município de Diamantina, cargo que Aparecida assumiu a partir de janeiro de 2017.

17 Embora não seja exatamente da mesma região, Samaritano é um município que se situa a 300 km de Veredas, e compõe igualmente o sertão de Minas Gerais.

> ao emprego de seu pai. O golpe militar aconteceu quando Aparecida ainda estava com 11 anos de idade e a ditadura se manteve até os seus 31, mas relata que em sua casa não se discutia muito sobre política. Contava-se estórias, seu pai ensinava brincadeiras e assistiam-se filmes, principalmente dos Estados Unidos. Seu interesse pela leitura foi estimulado pela madrinha, original de São Paulo e que residia na cidade vizinha de Lagoa Santa, sendo farmacêutica responsável da aeronáutica. Pilotava avião e pintava, era também artista. Ela possuía uma biblioteca que encantava a jovem Cida, que passava o tempo lendo quando a visitava nos finais de semana.
>
> Seu ímpeto pelo aprendizado (diferente da maioria dos irmãos) a permitiu ingressar na universidade, inicialmente no curso de Matemática. O curso, hoje a Faculdade de Contabilidade e Economia da UFMG, seria pago na época, e se ela quisesse continuar no ramo, teria que se especializar em São Paulo, o que não era financeiramente viável para a família. Assim, após um ano de estudos de Matemática, mudou para o curso de Serviços Sociais na Universidade Católica de Minas Gerais (UCMG, atual Pontifícia Universidade Católica), um curso novo na época e que despertou seu interesse por já ter percebido que havia habilidade na área de Ciências Humanas. Sua ida à universidade se tornou um projeto de família, pois sendo a primeira e a única a cursar o ensino superior, uniu-se esforços de seus membros, ainda que fosse necessário também ela mesma trabalhar enquanto estudava para pagar as mensalidades, garantindo sua renda como datilógrafa concursada na Secretaria do Trabalho do estado.

Aparecida é originária de família que tipicamente emigra de sua cidade natal para a capital do estado em busca de melhores oportunidades de trabalho como de outros tipos de inserção social. A madrinha de seu irmão, uma mulher da elite, é uma atriz social chave nesse processo, acolhendo a família em Belo Horizonte, relação que atravessa classes sociais distintas que se aproximaram no contexto das relações sociais rurais de proteção e obediência. Foi ela quem despertou na jovem Cida o interesse pela leitura e, não seria descabido supor, uma possibilidade de ser mulher e profissional. De outro lado a profissão de seu pai a ajudou a frequentar instituições de ensino e de qualificação que possibilitaram o acesso ao ensino superior. Realizar estudos universitários constituía um diferencial em relação às moças da sua geração, cujo percurso esperado era o de contrair matrimônio e se dedicar à maternidade. Se ela demonstrava propensão para seguir os estudos mais do que seus irmãos, estes são concretizados por meio do arranjo familiar.

> No final do curso Cida foi para Veredas pela primeira vez pelo Projeto Rondon[18] para realizar estágio de

18 Inspirado na Comissão Rondon, expedição de Marechal Rondon (1865-1958) que, sob o espírito positivista e desenvolvimentista, realizou instalações de linhas telegráficas no norte do país entre o final do século XIX e início de XX. O Projeto Rondon, criado durante a ditadura militar, segue uma linha desenvolvimentista de interiorização valendo-se das atividades de estudantes universitários junto à população das cidades receptoras. O Projeto Rondon manteve convênio com a Dioscese de Veredas entre 1973 e 1983, e as universidades particulares do mesmo estado assim como de outro importante estado brasileiro na área do serviço social. Apesar do objetivo de desviar a atenção dos estudantes de questões políticas, o Projeto Rondon – uma política social da época da didatura – foi uma experiência peculiar que paradoxalmente, em alguns casos, deu lugar a formas locais se não for de mobilização social imediata, mas de expressão de uma certa demanda social e, de modo mais expressivo uma visibilidade cultural de regiões muito distantes. Como explicou Cida:

campo. Era 1978. Sua estadia fez com que fizesse um movimento de "retorno" ao sertão, mudando-se definitivamente para Veredas, em 1981, com 27 anos. Foi contratada por uma organização ligada à Confederação Nacional dos Bispos do Brasil - CNBB como assistente social. De início atuou no socorro às vítimas de uma histórica enchente que ocorreu no final dos anos 1970 que inundou o centro da cidade e deslocou os moradores para uma área mais alta. Lá se fez um trabalho comunitário de construção de um novo bairro, onde foram introduzidos equipamentos como centro de saúde, creche e escola. Ensinar na Escola Técnica Rural[19] fazia também parte do seu ofício. Concomitantemente, estudou Direito na região e, depois de formada, advo-

---

"alguns movimentos surgiram daquela época em forma de, vou dizer assim, de... não é protesto, mas de denúncia. Então, por exemplo, aqui na região vai surgir o primeiro jornal que era o jornal dos artistas, do pessoal do movimento cultural, né? Que vai falar sobre, já, aí já falava sobre a questão do rio, vai falar sobre a questão do, da... como é o nome daquele, era... agora não me lembro mais. Mas, assim, os primeiros jornais... é porque antes as pessoas não registraram muito as coisas. Era mais de você fazer, tal, tal, tal. Mas então começam a ter os jornais". Do lado da população local colhemos os relatos de personalidades chave que tiveram contato próximo com o Projeto e seus estudantes: Tereza, uma artesã os levou às comunidades rurais e conhecer a cultura da população rural, como Francisca, que esteve na própria administração local do projeto.

19 Escola técnica de habilitação em agropecuária fundada pelo então bispo de Veredas Dom Firmino (cujo pensamento se fundamenta no que foi estabelecido no Concílio Vaticano II, fazendo a opção preferencial pelos pobres, e a Teologia da Libertação; foi conhecido como o bispo vermelho), que foi fundamental para formar alunos e alunas filhos de trabalhadores rurais dos municípios da região, carente em opções de formação. Para as mulheres, que eram muito poucas foi uma instituição importante para realizar estudos que não fossem o magistério, destino que as jovens encontravam por causa da limitação de opção para elas em seus municípios.

> gou. Além do ensino dedicou-se à coordenação da vida cotidiana das alunas, morando junto com elas na residência cedida pela Diocese.

Podemos afirmar que a mudança a Veredas, uma cidade totalmente desconhecida por Aparecida até participar do Projeto Rondon marca o que Hughes (1958) chamou de *turning point* (ponto de inflexão, de bifurcação) em sua trajetória. Essa mudança aponta para uma estratégia de valorização relativa por meio da atuação profissional em uma cidade remota do sertão mineiro em vez da metrópole belorizontina, na contramão da mobilidade clássica por migração ou busca de emprego. A pobreza que caracteriza a região seria coerente com sua convicção religiosa, que fazia a "opção preferencial pelos pobres".

O segundo momento de inflexão se deu dentro de uma decisão de se tornar sujeito político na cidade por meio da transferência do seu título de eleitor,[20] que permanecia na capital do estado por sete anos.

> A mudança do título de eleitor para Veredas, em 1988, fez com que Cida se engajasse politicamente no município, por meio da adesão à pauta do Partido dos Trabalhadores (ainda que não filiada). O partido havia sido fundado na cidade em 1981, tendo Tereza, reconhecida artesã/artista da cidade, como primeira presidenta do PT de Veredas. Outras mulheres e homens, principalmente do meio rural e das lavadeiras, eram lideranças da época. Sob a ditadura,

---

20 Documento que deve ser apresentado nas eleições e que vincula o eleitor ao local do voto, ou seja a um colégio eleitoral. A mudança do título de eleitor para uma outra localidade significa mudar o colégio, e para Cida simbolizou abandonar a cidade onde cresceu.

> era necessário atuar clandestinamente. Já no pleito de 1988 foi eleito o primeiro vereador pela sigla. Em 1992 uma chapa dessa liderança disputou a prefeitura, porém, ficara em quarto lugar. A virada se deu em 1996 quando esses "novos personagens" saíram dos bastidores e entraram em cena (Sader, 1995), Cida sendo eleita prefeita. Estava com 43 anos e ensinava na Escola Técnica Rural. A manchete de um jornal da época dizia: "Mulher desbanca coronéis". Sua gestão teve a intenção de romper com a política tradicional, como por exemplo a definição do executivo tendo sido realizada por consulta popular. Foi também em sua gestão que a discussão sobre a Lei Orgânica de Assistência Social (LOAS), adotada em 1993, foi implementada pela primeira vez. Sua gestão foi vista com hostilidade pelo poder estabelecido dos "coronéis" por ter "enchido a prefeitura de mulheres, gays e aleijados", como foi dito. Em seu mandato leis que envolviam a proteção social foram adotadas, como o passe-livre para idosos, a titulação do imóvel à mulher, assim como na área da saúde, com a implementação do atendimento à saúde da mulher em unidade específica (UBAM, hoje integrado na policlínica da cidade) e do Programa Saúde Família (PSF).
>
> Durante a entrevista Cida não mencionou sobre sua vida sentimental. Não casou nem teve filhos. Quando indagada sobre vida afetiva afirmou, "agora estou cuidando de mim", se voltando para a família que permaneceu em BH, afirmando sobre a importância de encontrá-la constantemente. Além disso, firmou uma relação semelhante à família com Simone, mantendo a convivência e sendo a madrinha de seu filho.

A vida adulta de Cida é apresentada de modo a se voltar para o público/coletivo, e demonstra uma orientação ética baseada na assistência católica (aprendida na convivência com os religiosos inspirados na Teologia da Libertação) que foi o marco de suas gestões. Depois de sair da prefeitura se manteve nos cargos de executivo político nacional, regional e local, tecendo uma carreira em posição de comando nas áreas do social e dos direitos humanos. A mobilidade em vários níveis da burocracia estatal acompanhada pela mobilidade geográfica foi possibilitada em grande medida por ter aberto mão de uma vida que incluísse casamento e maternidade.

Simone

Secretária do Bem-estar Social, Cultura e Esporte, 46 anos, Simone[21] assumiu o atual cargo antes das eleições municipais de 2016 para substituir a então secretária da pasta pois seu marido iria se candidatar no próximo pleito municipal a vaga de prefeito. Simone é natural de Cintra, cidade vizinha de Veredas, a 118 km de distância. Seu pai, falecido há alguns anos, era lavrador (meeiro) analfabeto. Sua mãe era servente escolar e depois, empregada doméstica, e muito ativa em movimentos de mulheres e no sindicato, além de ser militante do PT, apesar do descontentamento do marido que não aprovava as atividades, tanto profissionais quanto políticas da esposa. « *Ela sempre foi muito assim de trabalhar, de correr atrás.* » Simone acompanhava sua mãe nas reuniões desde pequena e afirma a forte influência ideológica que sofreu.

Ela é a segunda filha do casal, que teve ao todo seis filhos, quatro mulheres e dois homens. Dos seus irmãos, menciona apenas o mais novo que se formou em curso superior, fisioterapia, e este mesmo irmão hoje cursa engenharia civil. A infância de Simone foi, como muitos que vêm de famílias de trabalhadores rurais, marcada pelo trabalho desde muito cedo, na

21 A entrevista com Simone foi realizada por Juliano Fonseca, doutorando que integra a equipe de pesquisa, em outubro de 2016.

roça e nos afazeres domésticos. Seus pais se mudaram para a cidade "*para procurar um rumo*". Lá seu pai obteve emprego no DER, e sua mãe trabalhava como empregada doméstica (onde Simone chegou a ajudá-la). Pela forte influência materna para "correr atrás", como explica, foi a única da família que saiu de sua cidade para estudar, aos 17 anos. Como em sua cidade havia somente curso para o magistério depois da oitava série (atual fundamental II), interessou-se por estudar agropecuária na Escola Técnica Rural por ter conhecido D. Firmino (bispo de Veredas e fundador da escola) enquanto era catequista. Seu pai se opôs, mas teve o apoio de sua mãe para partir para Veredas. A Escola Técnica Rural possuía um internato apenas para meninos, e Simone, uma de apenas cinco alunas da escola (e a única de sua turma), se deparou com a questão de moradia. Foi convidada por D. Firmino para morar no palácio episcopal, onde as alunas eram cuidadas por Aparecida, na época professora da Escola Técnica Rural que, a pedido do Bispo, ficou responsável por zelar o cotidiano das moças. O vínculo "mãe e filha" com Cida se inicia a partir daí e dura até hoje. "Na época a gente nem entendia muito bem né, mas ela tava fazendo papel de mãe. Aí hoje assim, hoje ela mora lá em casa, a gente tem um vínculo, ela é minha segunda mãe né, vamos dizer assim".

Depois de formada, aos 20 anos, Simone voltou a Cintra "sem muita perspectiva", pois a agropecuária não era considerada um curso para mulheres e por isso não via possibilidade de colocar em prática o conhecimento adquirido; tampouco poderia aplicá-lo para uma atividade agrícola familiar, pois seus pais não possuíam uma terra. Mas, para sua surpresa, a prefeitura da cidade a convidou para trabalhar em uma "horta comunitária" de fornecimento de verduras e de hortaliças para setores da prefeitura. Apesar do desconforto que causou para o entorno por ser uma mulher no comando dessa atividade (na época, majoritariamente masculina), Simone gostou da experiência. A ruptura se deu quando no dia da eleição municipal ela atuou como fiscal do PT e por isso foi repreendida pelo prefeito reeleito, que a obrigou a escolher entre o trabalho na prefeitura ou a permanência no partido político rival. Assim, descontente com a intromissão do prefeito sobre uma atividade fora do âmbito profissional, decidiu por sair do emprego, mesmo sabendo que sua família dependia da renda do seu trabalho. Obteve, mais uma vez, o apoio de sua mãe que respeitou sua escolha.

Com a saída da prefeitura Simone decidiu se mudar para Belo Horizonte com o objetivo de estudar. Sua mãe festejou, pois queria que seus filhos fizessem curso superior. Seu primeiro emprego em BH foi em um supermercado como operadora de caixa; saiu depois de um ano pois a jornada terminava muito tarde. Em menos de um mês conseguiu, via agência de trabalho, outro emprego como operadora de caixa, dessa vez em uma grande rede de drogaria, emprego que permaneceu durante dez anos. Depois de um tempo, a responsável pelos recursos humanos da empresa a chamou para realizar um trabalho de padronização da exposição dos produtos nas lojas. Simone foi assim promovida a vendedora no setor de agro-veterinária graças à sua formação de técnica em agropecuária.

Nessa mesma época ela fez vestibular em uma renomada faculdade privada e, sem saber muito bem porque, escolheu estudar Psicologia, no horário noturno. Pagou com muitas dificuldades seus estudos com ajuda do crédito educativo[22] e conseguiu se formar no

22 O crédito educativo (Creduc) foi criado pelo governo federal em 1976 como sistema de financiamento de estudos em instituições privadas de

tempo regular aos 31 anos de idade. Sobre a época que trabalhava, estudava e cumpria estágio, Simone lembra que, « Às vezes, quando eu saía um pouco mais cedo, quando eu tinha estágio lá na Delegacia de Mulheres, eu saía um pouquinho mais cedo da drogaria e ia pra delegacia e de lá eu ia pra faculdade. Eu ia andando lá no Barro Preto né, que era a delegacia. Aí eu saía da drogaria na Olegário Maciel ia andando também, e só no pique pra dar tempo de chegar e aí, dava uma vontade de chorar, uma tristeza... gente que sofrimento. Aí até começava a chorar, gente não posso chorar não que se eu chorar vou diminuir os passos...não tinha tempo nem de chorar. E ia pra lá pra delegacia, e de lá eu ia pra faculdade. »

Depois da formatura (momento que pode contar com a presença da matriarca da família proprietária da drograria e suas filhas) saiu da empresa pois não havia vaga para trabalhar como psicóloga. Fez-se então um arranjo para ser demitida. Em pouco tempo Simone recebeu um convite do então prefeito da cidade de Coral (administração petista), cidade próxima de Veredas para coordenar uma Escola Família Agrícola. Ele havia sido seu professor na Escola Técnica Rural e era também amigo de sua mãe. Chegando lá, decidiu por não aceitar o convite. "*Já tava negociado, fui lá só pra ver os últimos detalhes. Aí chegou lá, assim, cismei que eu não queria. Falei, não, não quero não. [...] E, agradeci e fui embora lá pra BH. Só que antes de voltar...*". A caminho de volta para Belo Horizonte resolveu passar em Veredas para rever Cida. Era julho de 2000 e esta já era prefeita da cidade, no segundo mandato. Nesse reencontro recebeu o convite da prefeita para coordenar o serviço

ensino superior, cujo financiamento se dava pelo Fundo de Assistência Social. Em 1998 foi substituído pelo Financiamento Estudantil (Fies), sob a égide do Ministério da Educação (MEC) (EDUCABRASIL).

> de saúde mental (cargo de confiança), no Centro de Atendimento Psicosocial (CAPS-AD). Aceitou e permaneceu oito anos na função. Depois da mudança de gestão da prefeitura para a oposição, Simone passou por uma sucessão de ocupações institucionais, além de abrir uma clínica habilitada pelo DETRAN. Ela foi convidada para coordenar a Secretaria de assistência social da cidade vizinha Itinga, onde permaneceu um ano apenas, pois o salário era muito baixo. Conseguiu no mesmo período ser psicóloga habilitada pelo DETRAN, o que a possibilitou abrir dois consultórios credenciados pelo órgão, junto com um médico, para atender a região. Concomitantemente foi trabalhar na organização filantrópica Ação Social Santo Antonio (sediada em Veredas) como psicóloga. Depois da volta da gestão petista da cidade com o atual prefeito Dr. Armando, foi convidada para trabalhar como psicóloga do CRAS, conciliando com a clínica e a Ação Social. Mais recentemente foi convidada pelo prefeito para coordenar o CREAS, aceitando o cargo, que teve que deixar depois de uma breve permanência. Recebeu novamente o convite do prefeito, agora para encabeçar a secretaria do Bem-estar Social, Cultura e Esporte.
>
> Assim como Cida, Simone não mencionou espontaneamente sobre sua vida afetiva. Foi somente ao ser indagada sobre experiências de namoro e casamento que ela tocou no assunto, revelando que teve um namorado em Belo Horizonte, relacionamento que não durou, mas que gerou seu único filho, atualmente adolescente.

A mobilidade de Simone é condicionada por deslocamentos geográficos que se faz a cada passagem de uma etapa instrutiva para outra que lhe permite qualificações para ocupar vagas, cargos e credenciamentos. Se os dez anos vividos em Belo Horizonte a colocou constantemente em um lugar de limbo, tendo que "dar conta" numa condição de relativo isolamento, a retomada com os antigos laços sociais da Escola Técnica Rural a fez entrar no coração da política pelo social levada adiante na administração de Cida, garantida pela Constituição de 1988. E mais, é a valorização dessa formação inicial, de estudos superiores, na capital do Estado, numa região de penúria de trabalhadores(as) qualificadas, inclusive, assim como a mobilização das relações familiares, em particular entre as mulheres de diferentes gerações, matrilineares, e de relações de tipo familiar, mais extensas, como a sua relação com a sua antiga professora (Cida). A análise da trajetória de Simone mostra também, como, frente a esta escassez local e regional de trabalhadores(as) qualificados(as), constrói-se um tecido de relações entre elas. O ingresso de Simone nesse mercado se situa na transição entre a era FHC e o de Lula[23]. Sua inserção tem sido conduzida e condicionada às presenças das relações pessoais e partidária nas cidades onde passou depois de se formar, por meio de cargo de confiança: Coral, Veredas e Nazaré, sendo Veredas o lugar que confluiu com a presença de uma mandatária que significou uma personagem materna em sua juventude bem como a existência de uma configuração de instituições assistenciais privilegiada.

As trajetórias das implementadoras das políticas sociais: quais formas de mediação?

No caso do(as) técnicos(as) e do(as) trabalhadores(as) de execução, como as enfermeiras e agentes comunitárias de saúde, no

---

23 Se o PT ainda não havia chegado ao poder em nível nacional, governos estaduais (como Rio Grande do Sul, São Paulo, Bahia, Pará, Acre) e municipais (para citar alguns, como São Paulo, Santos, Campinas, Brasília, Belo Horizonte) petistas haviam se consolidado desde o final dos anos 1980 e introduzido programas característicos como o Orçamento Participativo, saúde da mulher e programas de transferência de renda.

âmbito da Estratégia Saúde da Família, por exemplo, qual o lugar da mobilidade geográfica e/ou de outras formas de mediação, em comparação com as trajetórias de comando nesse mercado de trabalho interno? Quais as outras formas de mediação, e qual o seu peso?

A trajetória de Quezia, enfermeira, abaixo, exemplifica de certo modo algumas das resultantes de um conjunto de políticas e programas sociais implementados com base nas diretrizes da Constituição de 1988 e ampliados com o « lulismo » e ancorados territorialmente de modo específico (saúde, assistência, educação), assim como se observa uma imbricação com arranjos familiares e formas de mobilização de relações pessoais de ordem privada interclasses. A efetivação de sua mobilidade social ascendente depende da articulação entre essas duas dimensões, assim como da forma como ela se usa da mobilidade geográfica, como meio de acesso à qualificação, principalmente, adquirida na capital do Estado, que tenta valorizar localmente, após o seu retorno à terra natal, em troca de mobilidade social e acesso a um melhor emprego (ela está na fila complementar dos admissos pelo concurso de enfermeira, no momento da entrevista). O contato com ela iniciou-se na Secretaria de Saúde, durante a sua passagem semanal. A entrevista foi realizada em fevereiro de 2016 em sua residência na comunidade rural Fátima, onde a equipe foi convidada.

> Quezia,[24] enfermeira, coordenadora da ESF (Estratégia Saúde da Família, antigo PSF – Progarma Saúde da Família, terminologia ainda usada pelas interessadas), da comunidade rural de Fátima, na região de Veredas, desde maio de 2014. Nascida em 1987, tinha 31 anos no momento da entrevista, na comu-

24 Nome fictício.

nidade[25]. Filha de um pai meeiro, falecido em 2005, com 48 anos (da doença de Chagas, antes de falecer, cuidava do dono da venda local, que era idoso, até o falecimento deste último) e de mãe trabalhadora doméstica, 52 anos em 2016 (em São Paulo no momento da entrevista, na casa do filho) e beneficiária da aposentadoria do pai; um irmão de 24 anos (nasceu em 1992), com 8° série, pedreiro em Piracicaba (São Paulo); e uma irmã de 17 anos, finalizando o ensino médio em Belo Horizonte, onde mora com a mãe. Quezia saiu de sua terra natal pela primeira vez em 2003 (14 anos), para a casa de uma tia, trabalhadora doméstica em Belo Horizonte, para cursar o ensino médio em um bairro de classe média, voltando em 2005, depois de formada, após a morte do pai. Ficou 2 anos em Veredas. Em 2007, toda a família se mudou para Belo Horizonte, onde moravam num apartamento de aluguel. Quezia trabalhava também como cuidadora de idosos (assim como a mãe, que cuidava da dona da venda local da comunidade rural Fátima, que havia-se mudada para Belo Horizonte após o falecimento do marido; relação original de cuidado com este casal que fora estabelecida pelo pai de Quezia) e entrou em uma Faculdade particular (bolsa 100 % do *Prouni*), onde se formou como enfermeira em 2011. Em 2012, cursou uma Pós-Graduação em uma importante faculdade particular, especializando-se em urgência (dividindo o valor da inscrição com a irmã). Em 2014, prestou concurso para o posto de enfermeira em Veredas, mas ficou na fila de espera, como excedente. Começou a trabalhar em maio de

25 Na hora da realização da entrevista na casa de Quezia, onde ela nos convidou, ela propões uma visita guiada do vilarejo ou núcleo urbano no campo. Ela nos leva por um pequeno caminho no mato até a única rua asfaltada, onde reside a professora e sua extensa família, a diferença dos outros moradores, que residem na rua de trás, sem acesso asfaltado.

2014 como enfermeira em posto de saúde (UBS de um bairro na parte urbana de Veredas), substituindo a enfermeira anterior, que teria ido fazer um curso de Medicina na Argentina. Seu salário bruto era de cerca de R$ 3000,00 como coordenadora da *Estratégia Saúde da Família* desde 2016 na zona rural, distrito de Fátima, tendo um cubano atuando como médico da família na sua equipe, contratado no âmbito do programa *Mais Médicos*.

Possui uma terra, onde há criação de gado e produção de laticínios (rebanho de 30 vacas), comprada em 2003 pelos pais (e quitada em 2012, no âmbito de um programa da companhia de saneamento regional). Nessa terra, seu pai trabalhava como vaqueiro. Possui casa própria, num terreno que foi doado (termo de doação). A casa atual (nova, grande) foi construída no lugar da casa antiga de taipa, entre 2009 e 2010, pelo primo, com dinheiro que a mãe e os irmãos mandavam enquanto estavam em Belo Horizonte. Mora com o namorado, de 25 anos, que é trabalhador rural na terra da família. Tem 3° série do ensino médio. Quezia: *Venho de uma família pobre aqui. Tem gente que achava que nunca ia me formar.* [...] *Tem pouca gente formado aqui; e se for, não volta.* [...] *Caso não tiver o concurso precisa ir embora porque não tem trabalho aqui.*

O ponto de vista de Zaíra,[26] gerente do Consórcio Intermunicipal de Saúde e Secretária de Saúde de Veredas na época

26 Zaíra, 54 anos em 2016, cresceu no interior de dois estados brasileiros, de um pai fazendeiro e de uma mãe dona de casa (eles eram 10 filhos e filhas em casa), antes de se mudar para a capital de um deles, depois da perda dos bens de família pelo pai (por conta de bebida e uma vida com muitas mulheres, conforme a filha). Morou em uma favela, onde participou das Comunidades Eclesiais de Base e teve a sua formação política, assim como era beneficiária do Fundo Cristã da Criança e também conseguiu uma bolsa integral de estudos superiores, através da igreja católica). Tra-

que a entrevistamos pela primeira vez, sobre as formas de recrutamento dos trabalhadores do Estado, mostra a criação de um discurso local (e pessoal) sobre "o comprometimento" com o território. Além da dimensão gerencial, e do discurso sobre a facilidade do processo de recrutamento, como de demissão e de controle, de trabalhadores não concursados, surge também a questão do nível de qualificação (formal) da mão-de-obra local que dificulta o seu recrutamento por *via* de concurso, como já revelou a análise da trajetória de Quezia. Em compensação, é interessante observar que a construção do discurso associando origem local e "comprometimento" com o trabalho, e com a população local, com "os seus", está sendo produzido por uma "empreendedora moral" (Georges, Santos, 2013) que ela mesma não é originária da cidade, mas chegou, já formada, da capital do Estado, pelo viés do mercado de trabalho das políticas de saúde, no local. Outro fato notável é que esta gerente, ela mesma, na sua própria trajetória, fez a experiência de passar de beneficiária tanto de obras religiosas de caridade (Fundação Cristã da Criança, Bolsa de estudos pela igreja católica alemã), como de políticas do Estado (passando pela Legião Brasileira de Assistência) para trabalhadora (de agente comunitária de saúde até gerente do consórcio intermunicipal de saúde), alimentando uma dinâmica de mobilidade social ascendente, e no caso dela, de autonomização como mulher.

---

balhou na comunidade para se formar como assistente social em uma importante faculdade particular da capital do estado (em 1987, com 27 anos). Trabalhou como ACS, depois como supervisora diária, e chegou em Veredas em 1999, para montar o consórcio intermunicipal de saúde (com 11 municípios), pela Legião Brasileira de Assistência-LBA (na extinção desse órgão, continua trabalhando par o Ministério de Saúde, cedida para o município).

A construção desse discurso sobre os "bons" e "maus" trabalhadores(as) é atravessada, além da questão da "origem" territorial, pela questão da política, e dos seus usos, apontado, desta forma, para mais uma dimensão da ambiguidade da construção desse mercado de trabalho das políticas sociais, que alimenta, ao mesmo tempo, uma economia moral complexa, onde formas de precarização do trabalho e de proteção de mercado coexistem com formas de "participação política", como veremos a seguir.

> *Primeiro concurso pra... eu particularmente sou contra concurso pra ACS, médico da família e enfermeiro. E vô te dizer por que. Se você faz um processo seletivo você tem como tá avaliando sem trocar, se você faz um concurso você começa um processo administrativo que leva um ano dois ano. Então você não muda. [...] Nós tínhamos todo mundo daqui, funcionários dos PSFs eram daqui, enfermeiros, todos daqui. [...] Nenhum passou no concurso, nenhum. Todos passaram de fora. Sabe o que acontece? Atestado médico tá chovendo, sexta feira eles, ó. Se você tem uma atividade urgente até enchente aí e não podia contar com nenhum, todo mundo fora e todo mundo fazendo assim nas coxa o serviço. Não tem nenhum compromisso com a comunidade que ele trabalha por que não é gente dele mermo. Sabe como que é? Não é meu povo, não é minha cidade, não é meu nada. Desse jeito. E o ACS não é muito diferente, por que ele mesmo na sua região se você não ficar muito de cima eles não fazem o serviço. [...] Cê tem um grupo extremamente reduzido e pouco comprometido. Complicado demais. [...] Infelizmente nós tamo com uma moçada hoje que quer saber do salário e não quer saber de compromisso não. [...] Por que não tem compromisso nenhum, mas a grande maioria é o tal dos cargo politico, né?*

A trajetória da agente comunitária de saúde Clara, de Veredas, mostra, novamente, como uma articulação entre diversas políticas sociais, assim como o acesso à direitos trabalhistas, podem levar à construção de trajetórias sociais de autonomização das mulheres, através de uma certa estabilização e acesso garantido *articulado* à diversos direitos sociais (habitação, trabalho e renda), no âmbito de uma política social (de saúde) e através de uma certa mobilização, ou forma de uso, da política, também chamado, por certos autores, de "mercadoria política" (Misse, 1997). No caso, trata-se de uma forma de "participação política" direta (trabalho em comisso político, durante as campanhas políticas) alimentando uma economia moral que daria "direito" a benefícios em troca, como o acesso a um posto de trabalho para o Estado (no caso de agente comunitário de saúde).

> Clara, agente comunitária de saúde, trabalha no posto de saúde do bairro Romaria (município de Veredas), desde 2013 (três anos antes da entrevista, que teve lugar em 2016), ganhando um salário de R$ 879,00. Nasceu em 1980, em um distrito do município de Nazaré, como 4° de 5 filhos (única filha de 4 irmãos), 36 anos no momento da entrevista. Saiu de casa, na roça, a primeira vez com 10 anos, de Bambú, para morar na cidade de Veredas, na casa (casa própria) de uma tia (irmã da mãe), viúva (marido tinha sido trabalhador rural, recebendo aposentadoria pelo marido e dela (por idade)), junto com dois filhos dela, e mais dois sobrinhos, para poder frequentar a escola da cidade, considerada melhor. Diz ter "*comido o pão que o diabo amassou*". Os pais de Clara sempre ajudavam esta irmã na criação dos filhos, como davam uma mesada para a tia, para cobrir os gastos. Houve algumas idas e voltas entre essa casa da tia, a zona rural, onde moravam os pais na época (onde frequentava a escola rural, aos 15 anos), Bambú (onde estudava

da 4° a 8°série) e Veredas, onde arrumou um trabalho de doméstica e estuda a noite. Substituiu uma amiga que foi embora, cuidava da dona de casa, de sua mãe e filha com síndrome de *down*, durante cerca de cinco anos, até 2004. Teve uma relação de amizade com essa família, a diferença da relação com a própria família, e principalmente a mãe, que a fez estudar contra sua vontade. Depois desse emprego, começou a morar de aluguel, sozinha num "barracão" num bairro próximo ao centro, e trabalhou na casa da coordenadora de uma das instituições municipais de saúde, até terminar os seus estudos, completando o segundo grau. Foi demitida desse emprego em 2008 (quando a patroa perdeu o seu emprego na prefeitura);[27] continuou trabalhado de doméstica, em outra casa (casal de duas mulheres, nutricionista de uma instituição intermunicipal de saúde, e uma radióloga, e o seu filho), também sem registro em carteira, durante cerca de três anos, trabalhando no período de manhã. Diz ter sofrido ameaças por parte do advogado da parte adversa (da capital do estado onde se situa Veredas) na época do processo trabalhista relativo ao primeiro emprego (de nunca mais ter trabalho no município), e que a patroa da época lhe deu apoio.

Atualmente, possui casa própria, no bairro de Romaria, construída pelo programa Minha Casa

27 A patroa a demitiu no momento de mudança da gestão política da cidade, com a entrada do candidato adversário, em 2008. O prefeito anterior, do PT, exonerou as pessoas que trabalhavam com ele, em cargos de confiança, entre as quais a patroa de Clara. Esta não pagou os direitos trabalhistas, alegando que perdera o emprego. Clara entrou na justiça de trabalho e recebeu os seus direitos (fazendo um acordo). Na ocasião, abriu conta em banco, na Nossa Caixa, e durante três anos e meio, a antiga patroa depositou o pagamento nessa conta, que ela usou diretamente para adquirir a sua casa. Clara não tinha registro em carteira.

Minha Vida, entre 2010 e 2011 (ano que ela se muda), na época do único prefeito da oposição. Construiu inicialmente uma casa menor, e adquiriu um meio lote, que aumentou em seguida (1° parcela: 210,00 R$; em 2016, 138,00 R$ por mês, durante 25 anos). Usou para a primeira entrada as economias que fez durante o seu trabalho de doméstica, e pagou as parcelas com as mensalidades que continuou recebendo resultante do processo trabalhista que ganhou. Ficou sabendo dessa possibilidade do financiamento (pela Caixa Econômica Federal), e da construção do bairro, por uma amiga e colega da coral onde participa, com a qual, assim como com um outro colega que trabalharia junto com ela no posto de saúde, foram se organizar juntos, e acabaram por construir três casas próximas uma a outra. Um dos seus irmãos (43 anos, nasceu em 1973, cuida de plantação em Bambú, na terra dele; esposa professora na zona rural, 2 filhos de 12 e 16 anos), que já tinha uma casa própria em Bambú (perto da casa do pai) e que a vendeu, construiu outra casa no mesmo bairro, nas mesmas condições. Bairro dos funcionários, e aposentados; construção de casas de sobrados individuais, com financiamento misto (Nossa Caixa e poupança individual) e plano arquitetural próprio.

Pai é dono de três fazendas (em 2016), uma é a residência, que compraram com o dinheiro da venda de uma terra que a mãe de Clara tinha herdado; dono de uma outra fazenda, no Espírito Santo, que ele aluga para uma empresa de extração de granito,[28] que adquiriu vendendo o gado que tinha criado; e uma terceira

28 O pai tinha uma criação de gado nessa terra, e foi contatado pela empresa de extração, que tinha feito testes de geologia na região. O processo travou várias vezes, para obter a autorização de extração, e Clara diz que o pai hesitou muito antes de ceder a concessão para a empresa.

fazenda, de plantação de bananas e de hortaliças em geral, e criação de gado, do irmão, que comprou por último. O pai ainda possui uma casa em Nazaré, que alugava, que quer vender para se mudar para Veredas, por sair da roça enquanto de idade. Em 2016, o pai e a mãe tem uma aposentadoria cada um, como trabalhador rural, e criam um sobrinho com deficiência mental, de 20 anos, que recebe igualmente um benefício (BPC). Há dois anos, sua mãe teve um câncer (de colo de útero), que foi descoberto bem de início, e foi fazer cirurgia na capital do estado, paga pelo pai que não quis esperar o atendimento pelo SUS.[29] Clara nunca trabalhou enquanto jovem, na Fazendo, como única filha. O pai sempre a ajudava, também financeiramente, mesmo quando ainda não tinha aposentadoria; mas hoje em dia não mais. O irmão mais velho (48 anos, nasceu em 1968) vive com os pais, tem uma plantação de bananas e onde trabalha junto com o irmão mais novo, que mora perto de Clara. Tem mais um irmão mais velho (de 40 anos, nasceu em 1976), que é pedreiro, mora em Nazaré. Um único irmão migrou para a capital do estado, o mais novo, de 30 anos (nasceu em 1986), onde trabalha como segurança e faz um curso de ensino superior. A esposa é contábil; o casal não tem filhos, assim como Clara. Compraram um apartamento, com a ajuda do pai. São evangélicos. Clara diz ter tido uma criação católica e participa das missas quando canta com a coral, mas não se diz "fanática". Gosta de práticas culturais, como o canto, e de sair com os(as) amigos(as). Em compensação, diz que sempre votou para o Partido dos trabalhadores (PT), que participou de comício e que era « fanática »

29 Hoje em dia a mãe faz acompanhamento anual, sempre nessa capital, onde fica na casa do filho mais novo.

> por política, mas que hoje é decepcionada porque as pessoas não reconhecem os benefícios que a conjuntura do PT lhes proporcionou. Conta que um dos colegas atuais dela no posto já entrou antes no serviço da prefeitura, na área da saúde como agente de epidemiologia, mas que não a avisaram dessa possibilidade de contratação por algum motivo; mas que desde então, ela "correu atraz".
> Clara: *Minha filha do céu, eu corri atrás entendeu?* [...] *Uai mandando currículo um atrás do outro sabe? E batendo pé mesmo indo atrás das pessoas pá vê se eu entrava aqui. E também logo, logo que esse prefeito foi eleito ele deu muita oportunidade pro pessoal que apoiou, entendeu? Que apoiou ele.* [...] *Correndo atrás de secretário, atrás da chefe de gabinete* [do ultimo prefeito pelo PT], *tudo isso eu fiz, entendeu? Falei com ela que eu queria trabalhar que eu não tinha que eu não carrego bandeira nem interessada em nada, mas que eu queria muito trabalhar entendeu? E deu oportunidade pá maioria que apoiou ele entendeu? Todo mundo que apoiou ele, ele deu oportunidade se não tá trabalhando até hoje por que realmente não quis, entendeu?.*

Da mesma forma que se constata nas trajetórias que culminaram em posições de mando como as de Cida e de Simone, a análise das trajetórias de nível intermediário, como de uma enfermeira (coordenadora de uma equipe da Estratégia Saúde Família), Quezia, assim como de uma agente comunitária de saúde (ACS), Clara, o grau de mobilidade social e profissional das mulheres implementadoras dessas políticas sociais decorre, numa certa medida, do seu acesso ao ensino superior fora da localidade situada no "território de pobreza", e da possibilidade de valorizá-lo localmente, como mostram as tentativas de Quezia para conseguir o concurso de enfermeira, o que dificulta paradoxalmente a sua re-instalação definitiva. Parece muito claramente, que além da associação do acesso à várias políticos sociais, como educação, habitação/moradia, trabalho e serviços e políticas de saúde, a operacionalização efetiva de alguma forma de mobilidade social implica tanto formas de mobilidade geográfica, que por sua vez, como o conjunto das tácticas das mulheres, pressupõem arranjos familiares com a família extensa, em particular entre mulheres de diferentes e da mesma geração, como, em alguns casos, com os membros masculinos. Todavia, nos níveis hierárquicos intermediários e/ou de execução, menos que as mulheres podem contar com apoios por parte de seus pares, com percursos semelhantes, mais as economias morais de trocas e valores compartilhados podem deslizar para relações mercantis, em termos de "mercadoria política" entre desiguais. Nesse sentido, as fronteiras entre práticas "virtuosas" e arranjos entre iguais, ultrapassando as dimensões privadas e públicas, e a criação de um mercado moral e político, são porosas e flutuantes nesse meio feminizado das políticas sociais.

Conclusão

Procuramos mostrar a construção de uma tessitura particular das formas de mobilidade das mulheres que ocupam distintos níveis hierárquicos e de visibilidade na introdução e na execução das políticas sociais de um município brasileiro marcado pela construção histórica como "território de pobreza". Elas atravessam as esferas públicas e privadas e dimensões tão distintas como a política (do PT), a família, a educação e a religião, o que permitiu a construção de uma preponderância (ou forma de *quase* "monopólio") das mulheres na área das políticas sociais, em contraponto aos homens que, na falta de instrução, emigram enquanto trabalhador sazonal (Silva, 1999; Reis, op. cit.). Nesse contexto, podemos indagar que as diversas atividades "de execução" do cuidado desenvolvidas pelas mulheres (tanto na esfera privada como profissional) – atividades tipicamente femininas, e onde elas desempenham qualificações femininas consideradas como "naturais" e desvalorizadas - funcionaram como uma alavanca para elas se posicionarem nas esferas de mando, e da política, reduto tradicionalmente masculino. Nesse sentido, elas se apropriaram desse mercado de trabalho interno para acessar esferas reservadas habitualmente aos homens, em posições de poder, mesmo se nesse caso se tratar de políticas sociais, podendo ser consideradas como a área mais desvalorizada da política, em comparação com outras.

Nessa chave de leitura comparativa entre os homens e as mulheres, e da construção social do(s) gênero(s), podemos observar que estas políticas sociais territoriais (Georges, 2020), visando, entre outras dimensões, o controle das mulheres através de sua fixação territorial, ou sua re-assignação à domicílio (em oposição aos homens que se movem espacialmente e que no nosso caso emigram para trabalhar e eventualmente voltam), as atrizes de nossa pesquisa apropriaram-se desta dimensão para assentar suas formas de mobilidade social e profissional ascendente.

Nesse sentido, mesmo se a tessitura particular do social atravessa distintas gerações e níveis hierárquicos – desde as formuladoras da política (Cida, Simone e também Zaíra, da geração mais antiga entre 40 e 60 anos) até as executoras da política assistencial de saúde (mais nova, na casa dos 30 anos) – e maneiras de tecer relações, observamos a constituição de tipo de trajetórias que mobilizam as relações interpessoais, familiares ou que se desdobram a partir desta, em articulação com diversas políticas de educação, de trabalho e de políticas sociais. Os contextos históricos e eventos que significaram momentos de inflexão (*turning point*) como o que se tornou o Projeto Rondon para Aparecida, o início do segundo turno do governo desta para Simone, a saída do enfermeiro da ESF da comunidade de Quezia, para a patroa que fora demitida por causa do fim (momentâneo) do governo petista seguida de demissão e processo, para Clara, marcaram a passagem de um *status* para outro, num movimento ascendente, através da forma como se apropriaram estas situações. A operacionalização da política social no município viabilizou um consistente ingresso das mulheres em diversos níveis hierárquicos nos programas e serviços, mas também tensiona as relações entre aquelas que são de fora mas que se tornaram estabelecidas no mercado da política social, na posição de comando, e aquelas originárias do município e que são executoras dos serviços, sendo, paradoxalmente, menos estabelecidas.

Da mesma forma, as mulheres encontram-se nessa visão onde o "acesso ao direito" se torna fruto do empreendedorismo de si (pressupõe meritocracia, mas também autonomização, dispensando relação de dependência com homens) para as que permanecem nos níveis de execução ao mesmo tempo em que compartilham uma visão do trabalho que se constitui como a extensão "natural" de suas relações de ajuda mútua e relações pessoais. É interessante observar que o conjunto das mulheres são oriundas dos meios populares, e de pequenas cidades do interior, mas construíram formas de mobilidade social a partir de sua mobilização das desigualdades territoriais, ou seja a maneira como valorizaram num território de pobreza a sua passagem pela capital do estado e acesso ao ensino superior. Ao mesmo tempo, em todos os casos, essas formas de mobilidade dependem tanto da articulação entre diversas políticas sociais que se potencializam como da astúcia dos arranjos familiares com a família extensa, e relações pessoais "para"-familiares. As clivagens e tensões entre formas de autonomização e dependência nesse mercado de trabalho feminino interno expressam-se tanto em economias morais e valores compartilhados como seu deslizamento para com mercados políticos. Nesse sentido, o "mundo do indistinto" situa-se tanto no entrelaçamento de políticas sociais diferentes, iniciativas privadas e públicas diversas, como do lado das formas como se (re)produzem os vínculos de solidariedade e de distanciamento entre mulheres dos meios populares brasileiros, nesse mercado de trabalho político interno.

Bibliografia

EDUCABRASIL. Crédito educativo. https://www.educabrasil.com.br/. Acessado em 9/5/2019.

ELIAS, N. *Introdução à Sociologia*. Lisboa: Edições 70, 2008.

FASSIN, D.; EIDELIMAN, J. *Économies morales contemporaines*. Paris: La Découverte, 2012.

HUGHES, E. *Men and their work*. Toronto: The Free Press, 1958.

GEORGES, I. "On the crossroads of territorialities and temporalities: the making of social policies in Brazil". In: GIRAUD, O.; LALLEMENT, M. (orgs.). *Decentering Comparative Analysis in a Globalizing World*. Leyden: Brill, 2020, no prelo.

GEORGES, I. "Répertoires de l'action publique, de l'engagement des acteur.trice.s et de légitimation: formes de gouvernementalité dans le Sud global (Brésil)", Comunicação ao 16ièmes Journées Internationales de Sociologie du travail – JIST, *Le travail en luttes. Résistances, conflictualités et actions collectives*, julho de 2018, Paris: CNAM-Conservatoire National des Arts et Métiers.

GEORGES, I.; SANTOS, Y. G. dos. *As "novas" políticas sociais brasileiras na saúde e na assistência. Produção local de serviço e relações de gênero*. Belo Horizonte: Fino Traço, 2016.

GEORGES, I., SANTOS, Y. G. dos, "A produção da "demanda": viés institucional e implicações políticas da terceirização do trabalho social na periferia de São Paulo". In: CUNHA, N. V. da; FELTRAN, G. de S. *Sobre Periferias: Novos conflitos no espaço publico*. Rio de Janeiro: Ed. Faperj/Lamparina, 2013.

LEAL, V. N. *Coronelismo, enxada e voto. O município e o regime representativo no Brasil.* São Paulo: Companhia das Letras, 2012.

MISSE, M. "As ligações perigosas: mercado informal ilegal, narcotráfico e violência no Rio". *Contemporaneidade e Educação,* v. 1, n. 2, 1997.

PAOLI, M. "O mundo do indistinto: sobre gestão, violência e política". In: OLIVEIRA, F. de.; RIZEK, C. S. (orgs.). *A era da indeterminação.* São Paulo: Boitempo, 2007.

REIS, T. *Ceifando A Cana.. Tecendo a vida. Um estudo sobre o pós/trabalho nos canaviais.* Tese de doutorado em Sociologia, Programa de Pos-graduação em Sociologia, Universidade federal de São Carlos, 218.

SADER, E. *Quando Novos Personagens Entraram em Cena: experiências e lutas dos trabalhadores da Grande São Paulo 1970-1980.* 2. ed. São Paulo: Paz e Terra, 1995.

SANTOS, Y. G. dos; ARAÚJO FILHO, T. P.; GEORGES, I.; FONSECA, J. DUMONT, E.; SILVA, A. "Formas de mobilidade feminina e construção das subjetividades das mulheres no Vale do Jequitinhonha". In: GEORGES, I. *Construção de alternativas socio-ocupacionais de mulheres entre Estado, mercado e família: uma comparação regional.* Relatório final de pesquisa: São Carlos, 2017.

SANTOS, Y. G. dos. *A gestão sexuada do social: os novos programas sociais na saúde e na assistência e reprodução das relações tradicionais de gênero.* Relatório de pesquisa de Pós-doutorado CEM/FAPESP: São Paulo, 2012.

SILVA, M. A. M. *Errantes no fim do século.* São Paulo: Fundação Editora UNESP, 1999.

SINGER, A.; LOUREIRO, I. (orgs.). *Contradições do Lulismo – a que ponto chegamos.* São Paulo: Boitempo Editorial, 2016.

THOMPSON, E. P., "The moral economy of the English crowd in the eighteenth century". *Past and Present*, 50, 1971.

THOMPSON, E. P., "The moral economy reviewed". *Customs in Common*, London, The Merlin Press, 1991.

¿Las actividades de limpieza y cuidados como destino? Indagaciones en torno a diversas trayectorias laborales de mujeres de sectores populares

Débora Gorbán [1] y Ania Tizziani [2]

En Argentina, como en muchos países latinoamericanos, las ocupaciones asociadas a los cuidados, fundamentalmente en el sector de los servicios, constituyen las actividades más representativas del empleo femenino urbano, en particular para las mujeres más desfavorecidas. El trabajo remunerado de cuidados, definido en un sentido amplio, abarca el conjunto de actividades destinadas a garantizar el sostenimiento cotidiano de la vida humana, tanto en su aspecto físico como emocional (Tronto, 2015; Arango, 2011; Molinier, 2005). Más allá de la heterogeneidad que atraviesa este conjunto de ocupaciones, en general representa las posiciones más desventajosas del mercado de trabajo: con bajos niveles de salario, altos niveles de informalidad y precariedad y escaso reconocimiento social.

Se trata de ocupaciones feminizadas en varios sentidos: la fuerza de trabajo que se inserta en ellas está compuesta mayoritariamente por mujeres; pero además, se trata de actividades consideradas como la extensión de las tareas reproductivas socialmente asignadas a las mujeres. Esta prolongación de los roles femeninos tradicionales en el mundo del trabajo asalariado, contribuye, por un lado, a naturalizar la precariedad de las condiciones laborales que

1 Conicet/Universidad Nacional de General Sarmineto.

2 Conicet/Universidad Nacional de General Sarmiento.

marca esas ocupaciones (Georges, 2011, p. 111). Por el otro, invisibiliza los saberes específicos y las calificaciones que se movilizan en el ejercicio de estas actividades, que son considerados como habilidades "innatas" de las mujeres.

Este artículo está centrado en el estudio de las experiencias y trayectorias laborales de las mujeres que se insertan en dos actividades paradigmáticas del universo de los cuidados: los servicios de limpieza y los servicios de cuidados personales. Desde nuestra perspectiva, el análisis del modo en que se estructuran y organizan estas actividades feminizadas constituye una estrategia privilegiada para abordar los fuertes condicionamientos que enfrentan las mujeres más desfavorecidas en su inserción laboral. En base a una investigación cualitativa que desarrollamos actualmente en la Ciudad de Buenos Aires y diversos municipios del Gran Buenos Aires, nos proponemos caracterizar las experiencias de las trabajadoras que se insertan en las actividades de limpieza (en particular de la limpieza no doméstica), y de belleza, específicamente, peluquería. Nos interesa en particular indagar sobre el modo en que se construyen los desplazamientos de las trabajadoras al interior de este conjunto de ocupaciones, prestando especial atención a los saberes, los aprendizajes y los proyectos de formación implicados en estas movilidades.

Esta investigación forma parte de un proyecto colectivo más amplio, cuyo objetivo es indagar sobre la manera en que las mujeres de sectores populares se posicionan en y frente al mundo del trabajo.[3] Nace como continuación de investigaciones anteriores, que desarrollamos desde el año 2009, centradas en el análisis de las trayectorias y condiciones laborales de las mujeres que se in-

3 Se trata del proyecto PICT "Las decisiones, estrategias y experiencias laborales de las mujeres de sectores populares. Un estudio exploratorio en el AMBA", MINCyT/UNGS (2017-2020).

sertan en el trabajo doméstico remunerado y el tipo de relaciones que establecen con sus empleadores.[4] Como en otros análisis en ese campo de estudios, en esas investigaciones, el servicio doméstico es pensado como un lugar crítico para reflexionar en torno de la manera en que se construyen y se reproducen, en la práctica cotidiana, mecanismos de diferenciación y de jerarquización social, basados en el género, la clase, la etnicidad y la racialidad (Rollins, 1985, Romero, 2002, Hondagneu Sotelo, 2007 y Chaney & Castro, 1993, Brites, 2001 para el caso de América Latina, entre otros). Permite así el análisis de segregaciones multidimensionales en el mundo del trabajo (Jaunait & Chauvin, 2012), que restringen y condicionan fuertemente el horizonte de inserciones posibles para las mujeres de menores recursos. Nuestro objetivo es, en este artículo, seguir profundizando esa línea de indagación.

Metodología

Las reflexiones que siguen se basan en una investigación iniciada en 2009, de tipo cualitativo, que se desarrolló en varias etapas. Entre los años 2009 y 2011, realizamos en la ciudad de Buenos Aires una serie de 25 entrevistas en profundidad con trabajadoras domésticas. Esas trabajadoras fueron contactadas, por un lado, en diferentes organizaciones que intervienen en este sector (asociaciones, sindicatos), donde además conversamos con las autoridades y

4 Estos proyectos son "Procesos de construcción y legitimación de las jerarquías sociales en la Argentina actual: empleadas y empleadoras del servicio doméstico" (Conicet-UNGS), "Los rostros de María. Representaciones e imágenes d el servicio doméstico en la Argentina del siglo XX.", PIP 11220110100056, CONICET. 2012- 2014. Proyecto "Entre el afecto y el trabajo. Un estudio sobre las experiencias y condiciones de trabajo de las empleadas domésticas en la Ciudad de Buenos Aires", PICT 07- 00258, ANCPYT. 2009- 2011.

coordinadores de dichos espacios y realizamos observaciones de las actividades que se desarrollan en sus locales (en particular, cursos de formación profesional vinculados a estas actividades). Por otro lado, para diversificar el perfil de las mujeres entrevistadas, durante cuatro meses realizamos observaciones y una serie de entrevistas informales, en su mayoría repetidas, en dos plazas de la ciudad, donde pudimos contactar empleadas domésticas que realizan (en general no exclusivamente) tareas de cuidado de niños. Las edades de las trabajadoras contactadas variaban entre 16 y 65 años al momento de realizar las entrevistas.

Los datos obtenidos durante ese trabajo de campo se complementan con un estudio más reciente, iniciado en el año 2016, sobre las experiencias y trayectorias laborales de las mujeres que se insertan en diversos servicios de limpieza no doméstica y de cuidados personales. En relación con la limpieza no doméstica, realizamos, hasta la fecha, una serie de diez entrevistas en profundidad con trabajadoras que se desempeñan como mucamas de hotel o como empleadas de maestranza en empresas, fábricas y diversas instituciones. Se trata de mujeres de entre 39 y 56 años de edad, que, en su mayoría, residen y trabajan en el conurbano bonaerense. Paralelamente, en relación con los servicios de peluquería y estética se realizaron, hasta el momento, una serie de diez entrevistas en profundidad a mujeres que se dedican a estas actividades, en salones y en atención a domicilio. Parte de estas entrevistas fueron realizadas en la escuela de formación en peluquería del programa "Belleza por un Futuro".[5] Allí entre agosto y diciembre de 2017,

5 El programa *Belleza por un futuro* consiste en un programa de formación profesional, de llevado adelante por la empresa L'Oreal y la ONG Fundación Pescar con el auspicio del Ministerio de Desarrollo Social de la Nación, en Buenos Aires, Argentina. Dicho programa está destinado a

llevamos a cabo observaciones y registros de campo de las clases técnicas, entrevistas en profundidad a las instructoras y a la coordinadora general. Las mujeres entrevistadas para este caso tienen entre 24 y 50 años. Este trabajo se complementa con observación en los salones de peluquería y en los domicilios de las trabajadoras.

En el marco de ese conjunto de entrevistas, indagamos en torno a diferentes ejes, que intentamos articular en este texto: las experiencias y condiciones laborales, pasadas y presentes, de las mujeres contactadas, sus trayectorias familiares, residenciales y educativas. Para el presente artículo hemos partido del análisis realizado en función de los datos de nuestra investigación sobre servicio doméstico para desde allí analizar las entrevistas que conforman la etapa del trabajo de campo en curso sobre los servicios de limpieza no doméstica y cuidados personales.

Desigualdades de género en el mercado de trabajo e inserción de las mujeres de sectores populares

Diferentes estudios muestran, para el caso de la Argentina, la persistencia de marcadas desigualdades de género en el mercado de trabajo (Cortés, 2012; Novick et al, 2008; Bertranou y Casanova, 2013). Como en otros países de la región, las mujeres están más afectadas que los varones por la desocupación, la subocupación, la precariedad e informalidad laboral (CEPAL, 2018). También se constata la persistencia de elevadas brechas salariales, incluso en trabajadoras/es de iguales niveles de calificación y cargo jerárquico,

mujeres en situación de vulnerabilidad socioeconómica y consta de un componente de formación profesional en el que se las capacita en los aspectos técnicos de la peluquería y maquillaje y un componente de formación personal en el que se desarrollan competencias para la inserción en el mundo del trabajo.

así como la menor presencia de las mujeres en cargos de supervisión, gerenciales y de dirección (Novick et al, 2008).

Uno de los elementos centrales en la configuración de estos patrones de desigualdad de género en el mercado de trabajo, destacado por una amplia literatura, es la profunda imbricación entre el trabajo reproductivo y productivo en los itinerarios femeninos y la articulación de las decisiones laborales y las dinámicas familiares (Wainerman, 2002; Barrancos & Goren, 2002, entre otros). El peso de las responsabilidades socialmente asignadas a las mujeres en las tareas reproductivas condiciona tanto las posibilidades de participación en actividades remuneradas fuera del hogar, como el tipo de inserción a la que pueden acceder. La permanencia de estereotipos de género que definen roles, competencias y saberes diferenciados para varones y mujeres (con valorizaciones desiguales), contribuye también a restringir el universo de inserciones laborales posibles (Novick et al, 2008).

Así, en la Argentina, las mujeres urbanas se concentran principalmente en el comercio y los servicios, y allí, en actividades consideradas como "típicamente femeninas", es decir, aquellas que son definidas como extensión de las tareas reproductivas socialmente asignadas a las mujeres. Para las mujeres de sectores medios, la enseñanza y los servicios sociales y de salud son los sectores más representativos. En el caso de aquellas pertenecientes a los sectores populares, con menores niveles de educación formal, los servicios domésticos y de cuidados constituyen las inserciones más frecuentes (Davolos, 2013; Contartese y Maceira, 2005).

Estas inserciones diferenciadas sugieren que estas dinámicas de desigualdad afectan más profundamente a las mujeres de sectores populares. En un estudio reciente, focalizado en el Área Metropolitana de Buenos Aires, Francisca Pereyra y Ariela Micha analizan en detalle la situación ocupacional de las mujeres de estos estratos en las edades activas (de 15 a 60 años).[6] Estas autoras muestran, entre otros rasgos, que las mujeres de sectores populares registran tasas de actividad menos elevadas que sus pares de sectores medios y altos, se ven más afectadas por la desocupación, la subocupación demandante y se insertan en actividades atravesadas por altos niveles de informalidad. En el caso de las ocupadas, perciben, además, salarios considerablemente más bajos que las trabajadoras de otros estratos sociales: los ingresos promedio de la ocupación principal de estas mujeres representan un tercio de lo que perciben sus pares de nivel socio-económico alto. Se concentran, en el año 2016, principalmente en el servicio doméstico (cerca de 22%), en la venta y comercialización (16%) y en los servicios de limpieza no domésticos (10%) y en los servicios de estética (6,5%) (Micha & Pereyra, 2017).

Como muestran diferentes estudios, las problemáticas vinculadas a las calificaciones tienen un peso central en la delimitación de este conjunto de ocupaciones accesibles a las trabajadoras más desfavorecidas. Los bajos niveles de educación formal y las trayectorias dominadas por ocupaciones consideradas como no calificadas contribuyen al encierro de las mujeres de sectores populares en las actividades de menor calidad (Barrancos y Goren, 2002). En este artículo nos interesa profundizar el análisis de esta vinculación entre el universo de ocupaciones por las que transitan las mujeres de sectores populares y los saberes, apuestas e inversiones en formación implicados tanto en el ejercicio de las tareas como en las estrategias de movilidad laboral.

6 En ese estudio, la clasificación por nivel socio-económico se basó en las características de los hogares, tomando como criterio principal el máximo nivel educativo alcanzado por el principal sostén del hogar (Micha y Pereyra, 2017).

En las trayectorias y los relatos de las mujeres que entrevistamos en nuestra investigación sobre el servicio doméstico, dos elementos condicionaban fuertemente las posibilidades de inserción laboral. En primer lugar, ingresos muy tempranos en el mercado de trabajo, vinculados a situaciones de vulnerabilidad en las familias de origen, que implicaban la interrupción de la escolarización formal. Ninguna de las trabajadoras domésticas que entrevistamos durante nuestro trabajo de campo había completado sus estudios secundarios.[7] En sus discursos, la interrupción de los itinerarios educativos explicaba en gran medida sus trayectorias en el servicio doméstico, como una de las escasas opciones inmediatamente disponibles a la hora de efectuar una actividad remunerada. En segundo lugar, las dificultades para compatibilizar el trabajo reproductivo y productivo. Esas dificultades las conducían hacia una participación intermitente en el mercado de trabajo y hacia ocupaciones que pueden ofrecer cierta flexibilidad, con altos niveles de precariedad e informalidad, como la limpieza doméstica "por horas" (Gorbán y Tizziani, 2018).

Sin embargo, esas trayectorias laborales inestables no se restringieron al servicio doméstico, sino que se desplegaron en un circuito de movilidad más amplio pero bien delimitado. La mayoría de las mujeres que entrevistamos durante nuestro trabajo de campo transitó por empleos de limpieza o cuidados dentro y fuera de los hogares particulares: fueron empleadas domésticas, fueron contratadas como auxiliares en geriátricos, se ocuparon de la limpieza de clínicas, hoteles, pequeñas industrias o comercios. Sus relatos

---

7 Se trata de una categoría con escolaridad promedio claramente más baja que la del resto de las asalariadas, si bien se constata una tendencia a un aumento de los niveles de educación: 65% de las trabajadoras domésticas no terminaron sus estudios secundarios (para el resto de las asalariadas el porcentaje disminuye a menos de 30%) (Gorbán y Tizziani, 2018).

muestran un desplazamiento muy naturalizado a través de este continuo de ocupaciones, que muchas veces se superponen. Muy frecuentemente, sus relatos daban cuenta también de proyectos de movilidad laboral: la voluntad de "salir" del universo de la limpieza. Estos proyectos pasaban indefectiblemente por el acceso a diferentes instancias de formación educativa: ya sea para terminar los estudios secundarios, o en instituciones de formación profesional que en la gran mayoría de los casos estaba vinculada al conjunto de los servicios de estética (Gorbán y Tizziani, 2018).

En este sentido, los dos sectores de actividad que nos interesa analizar aquí representan dos tipos de movilidades diferentes en las trayectorias de las mujeres que formaron parte de nuestros estudios. La circulación entre las actividades de limpieza doméstica y no doméstica aparece como una movilidad fronteriza, inmediatamente disponible, entre puestos del mismo tipo. Los servicios de estética en cambio, representan una movilidad percibida y proyectada como ascendente. En las secciones que siguen nos interesa analizar en detalle los aprendizajes, los proyectos y experiencias de formación, las inversiones o apuestas en capacitación implicadas en esos desplazamientos. ¿Cuáles son los saberes que las trabajadoras movilizan en cada una de estas ocupaciones? ¿Cómo los perciben y los valoran? ¿Dónde son adquiridos? ¿Cuáles son las condiciones que posibilitan estos itinerarios formativos?

Lo doméstico como punto de partida

Desde numerosas investigaciones que analizan la articulación entre educación y trabajo se ha señalado que los saberes ligados al trabajo articulan dimensiones variadas: "saber, saber hacer y saber ser". Estos saberes son denominados como competencias clave o de empleabilidad (Gallart, 2008, en Jacinto y Millenaar, 2012). Entre las teorías que se enfocan en la construcción sociocultural del conocimiento se plantea la imbricación entre aprender e interactuar, y esto se ve reflejado en los debates que propician la transmisión de saberes codificados (sistematizados, evaluados) y los tácitos (cuyos conocimientos incorporados en la experiencia se transmiten de manera directa) (Jacinto y Millenaar, 2012; De Ibarrola, 2004). Sin pretender ahondar en la discusión planteada desde la perspectiva de los estudios mencionados, este texto busca analizar los saberes y formas de aprendizajes que se movilizan en el marco de estas ocupaciones definidas (oficial y estadísticamente) como de baja calificación[8] (no calificadas, de calificación operativa o técnica), para mostrar que esas codificaciones indican una jerarquización de determinados saberes y aprendizajes en función del género. Efectivamente, se trata de una jerarquización profundamente identificada con formas "naturalmente femeninas" de "saber hacer y ser". Millenaar en su estudio sobre Centros de Formación que dictan cursos de estética sostiene que en esos centros imparten junto con los saberes técnicos y codificados, saberes "tácitos" que buscan plasmar las demandas "inmateriales" pero también "emocionales". Esos saberes emocionales esconden la naturalización del trabajo de cuidado de mujeres (Millenaar, inédito). Sin embargo, veremos que dichos saberes no se ven reflejados en las formas de clasificar estas ocupaciones en función de sus calificaciones profesionales.

En efecto, una primera aproximación a estos sectores de actividad a través de las estadísticas laborales nos permite observar el

8 Se entiende por calificación las habilidades, destrezas y conocimientos que las personas tienen, y que permiten la realización del trabajo (Perbellini, 2010). En este artículo no pretendemos adentrarnos en la discusión sobre calificaciones y competencias, para una revisión de estos temas ver Spinoza, 2007; Tanguy, 2003; Touraine, 1971; Gallart, 2008; Rozenblatt, 1999, entre otros.

modo en que las trabajadoras (y los trabajadores) se distribuyen en las diferentes actividades que los componen. Este panorama cuantitativo muestra por un lado la alta feminización de estas categorías ocupacionales; da cuenta, por el otro, de la importante concentración de las ocupadas en las actividades definidas como "no calificadas" o de "calificación operativa":

Distribución por sexo de las y los trabajadoras/es en las ocupaciones de servicios de limpieza y servicios del cuidado y atención a las personas

Ciudad de Buenos Aires y Gran Buenos Aires

Rubro	Varones	Mujeres	Total
Ocupaciones de los servicios domésticos			
Actividades del servicio doméstico no calificadas (niñera, lavandera, planchadora, madre cuidadora,[9] mucama/empleada doméstica)	0,00%	100,00%	311904
Ocupaciones de servicios de limpieza (no domésticos)			
Servicios de limpieza (no domésticos) calificación operativa y técnica (limpiador de alfombras, tanques de agua, monumentos, encargados de edificio, conductor de camión atmosférico/barredor, tintorero, operador de máquina lavadora)	66,20%	33,80%	65341
Servicios de limpieza (no domésticos) no calificados (auxiliares de limpieza en empresas y fábricas, barrenderos, mucamas de hotel, hospital, recepcionista/operador de equipos lavado, secado y planchado de ropa)	36,20%	63,80%	256180

9 Se trata de educadoras no docentes que se desempeñan en instituciones de cuidado de niños comunitarias, cuyo peso es significativo en los barrios más desfavorecidos (Zibecchi, 2014).

Ocupaciones de servicios del cuidado y atención a las personas			
Servicios del cuidado y atención a las personas calificación operativa y técnica (consultora de belleza, cosmetóloga, barbero, depiladora, manicura, peluquero, colorista, tatuador)	22,10%	77,90%	65982
Servicios del cuidado y atención a las personas no calificados (alternadora/prostituta, ayudante de peluquería y depilación, dama de compañía)	1,30%	98,70%	224474

Fuente: Encuesta Permanente de Hogares, tercer trimestre de 2016 (www.indec.gob.ar)

En los tres rubros que nos interesa analizar aquí, la calificación máxima que pueden alcanzar las trabajadoras es la calificación técnica: en los tres sectores la calificación profesional-científica no está codificada. Como se observa en el cuadro, en los servicios de limpieza y atención a las personas, las categorías definidas como "no calificadas" son las más numerosas y también aquellas donde la presencia femenina es más significativa. En su definición estadística, las actividades "no calificadas" son aquellas que no requieren de habilidades y conocimientos específicos previos para ejecutar el proceso de trabajo, o sólo los provistos por una breve instrucción. La "calificación operativa" en cambio, exige habilidades manuales de atención y rapidez y/o de ciertos conocimientos específicos adquiridos por experiencia laboral y/o capacitación previa. Por último, la "calificación técnica" implica la adquisición de conocimientos teóricos de índole específica (acompañados en algunos casos, de ciertas habilidades manuales) adquiridos por capacitación formal y/o informal.[9] Veremos en la sección siguiente que esta definición de

9 Estas definiciones, así como el Clasificador Nacional de Ocupaciones se encuentran disponibles en la página del INDEC: www.indec.gov.ar.

las calificaciones que jerarquiza las ocupaciones que forman parte de este universo esconde procesos muy complejos de construcción de habilidades y saberes, tanto dentro como fuera de los espacios de trabajo, en particular relacionados con el trabajo femenino.

En el Clasificador Nacional de Ocupaciones que sirve de base a esta categorización, la mayoría de las ocupaciones en estos sectores está formulada en femenino. Esa formulación da cuenta de la fuerte asociación de estas actividades con las tareas vinculadas a los roles domésticos femeninos. Asociación que tiene un peso central en el modo en que se conciben las calificaciones requeridas para ejercerlas. Esta fuerte vinculación es también una característica del modo en que las trabajadoras perciben estas actividades. A lo largo del trabajo de campo hemos visto cómo, el espacio doméstico aparece a la vez como lugar en donde se construyen los saberes que son la base del abanico de inserciones laborales posibles, pero también donde se originan las motivaciones por iniciar una formación profesional. Es decir, los saberes asociados a los roles reproductivos que desarrollan en sus propios hogares están en la base de las competencias que las hacen idóneas para los puestos que ocupan (o que buscan ocupar) en el mercado de trabajo. Tanto en el caso de la limpieza como en el de los servicios de estética. Las tareas reproductivas y de cuidado que las mujeres asumen como parte de sus roles dentro de sus familias replican una manera de posicionarse frente al mundo del trabajo, que se asienta históricamente sobre esta división, que clasifica y jerarquiza las actividades productivas y no productivas en función de su pertenencia a una esfera de lo doméstico y una esfera de lo público.

Desde el siglo XIX, la ideología de la domesticidad funcionó como una justificación de la existencia de esferas separadas – Gemeinschaft y Gesellschaft- sentimientos y racionalidad, solidaridad y egoísmo, etc. (Zelizer, 2009). Así, esta categoría ha estado ligada a las mujeres y a los niños, a quienes se suponía "proteger", distanciándolos, del mundo masculino de los negocios, de la fábrica y el trabajo. La identificación del espacio doméstico con el "mundo femenino" lo suponía alejado de las características propias de esos otros mundos. Las "virtudes" femeninas estaban a salvo de la corrupción moral que suponía el afuera. En ese sentido, las mujeres que "salían" a trabajar eran juzgadas en tanto descuidaban los roles femeninos esperados. De esta forma, lo doméstico aparecía ligado casi indefectiblemente a las tareas realizadas por las mujeres en función de preservar y garantizar la "salud" del hogar.

Estas connotaciones y asociaciones de los espacios domésticos y no domésticos encuentran eco en los relatos de nuestras entrevistadas. En lo que sigue vamos a ver cómo las trabajadoras ponen en juego saberes con origen en lo doméstico en estos dos sectores (limpieza y servicios de estética), saberes que ya estaban disponibles en el momento de iniciar una actividad remunerada. Se trata de saberes ocultos asociados a los roles de género que desempeñaron, y desempeñan, tanto en sus hogares de origen como en la organización doméstica de sus familias. Sobre esa base, el ejercicio de estas ocupaciones o los proyectos de formación les permiten adquirir una serie de habilidades complejas y muy específicas, que en su conjunto tienen escaso reconocimiento en el mercado de trabajo.

Ocupaciones de limpieza: problematizar la ausencia de calificaciones

La limpieza no doméstica constituye un sector complejo y extremadamente heterogéneo. En edificios, fábricas y oficinas, en hoteles, en parques y plazas, en hospitales o escuelas, la función de las y los operarios de limpieza es comparable: es llevada a cabo por las y los trabajadoras/es de menor jerarquía, que cumplen una tarea discreta e invisibilizada (Brétin, 2001; Lhulier, 2005). Pero las condiciones de contratación pueden ser muy diversas según se trate de servicios tercerizados o efectuados por trabajadoras/es de planta. La organización de las jornadas laborales también suele ser variable: esas actividades pueden llevarse a cabo por fuera del tiempo productivo de los lugares en los que se realiza (a contra-turno, muy temprano a la mañana o en horarios nocturnos) o en simultáneo. En todos los casos, conllevan una exigencia de adaptación al modo de funcionamiento de las organizaciones en las que se realiza, a las características de los espacios y a las necesidades específicas de los clientes. En este artículo nos centraremos únicamente en las características y los saberes movilizados en una de las ocupaciones que forma parte de este universo: aquella que efectúan las y los auxiliares de limpieza en oficinas, fábricas y diversas instituciones.

Como la mayoría de las actividades que forman parte del universo de la limpieza, el trabajo efectuado por estas auxiliares es considerado como "no calificado" en su definición estadística. Esta definición tiene fuertes ecos en los relatos de las trabajadoras, que en la mayoría de los casos consideran las tareas que efectúan como tareas de escasa complejidad, para las que no se requieren conocimientos específicos. De hecho, en sus relatos, si se insertan en ocupaciones de la limpieza es porque se vieron obligadas a interrumpir la educación formal. Sandra tiene 51 años en el momento en que realizamos las entrevistas y combina varios trabajos de limpieza: un puesto a medio tiempo en un centro de formación terciario (contratada a través de una empresa de servicios para la que trabaja desde hace quince años) y dos puestos "por horas" en casas particulares. Sandra es divorciada, vive en el Conurbano Bonaerense, con sus dos hijos de 22 y 25 años. Recientemente obtuvo, a través del plan FinEs,[10] el diploma de

10 Se trata del Plan de Finalización de los Estudios Primarios y Secundarios, un programa de terminalidad educativa de alcance nacional, implemen-

la escuela secundaria. Nos cuenta que interrumpió sus estudios a los 16 años: "porque tuve que empezar a trabajar de jovencita". Su primer empleo fue de vendedora en un comercio de ropa, antes de ser contratada en una fábrica textil en la que permaneció por ocho años. Renunció a ese trabajo en el momento del nacimiento de su primer hijo. Dos años más tarde, cuando vuelve a buscar un empleo, lo consigue el sector de limpieza en un hotel:

> En esa época empecé a trabajar en la limpieza, limpieza de habitaciones. Sí, porque yo no tuve estudios entonces a mí no me quedaba otra, después de trabajar en fábricas, en negocios... yo siempre dije, la limpieza no es una deshonra pero es como que siempre lo dejé para lo último, para el último caso, cuando no quedó otra, viste.

El relato y la trayectoria de Sandra dan cuenta, en primer lugar, de los fuertes condicionamientos que configuran los itinerarios laborales de las mujeres de sectores populares, que resumimos en la sección anterior. En su caso, como en el de muchas de nuestras entrevistadas, la interrupción de las trayectorias educativas y las dificultades para conciliar las responsabilidades de cuidado y el trabajo remunerado restringen significativamente las posibilidades de inserción laboral. El universo de la limpieza (doméstica y no doméstica) aparece, en su relato, como un conjunto de ocupaciones inmediatamente disponibles ante la necesidad de generar ingresos para aquellas mujeres que, como ella, "no tuvieron estudios". Un conjunto de ocupaciones por el que se transita menos por elección que por que "no queda otra".

La experiencia de Sandra muestra, en segundo lugar, la estrecha conexión entre los espacios domésticos y los no domésticos

---

tado desde el año 2008, dirigido a mayores de 18 años.

que caracteriza este conjunto de ocupaciones. Como muchas de nuestras entrevistadas, Sandra combina puestos de limpieza dentro y fuera de los hogares particulares, en un continuo de actividades que describe como “la misma rutina”. En otros casos, como el de Andrea, las trabajadoras alternan puestos de limpieza no doméstica (en general más estables y más formalizados) y de limpieza doméstica. Andrea trabajaba en el momento de las entrevistas en un puesto de limpieza y portería en una fábrica papelera, que, en su relato, tiene fuertes puntos de contacto con sus experiencias en el trabajo en casas particulares:

> Acá es parecido a una casa de familia, a los chicos de acá les digo: ‘¡yo limpio y ustedes ensucian!’ Para mí es lo mismo, acá hay aparatos y máquinas, en una casa hay camas ponele.

Así, en los discursos de las auxiliares de limpieza, las actividades que realizaron a lo largo de sus trayectorias laborales articulan el adentro y el afuera del espacio doméstico, tanto en términos de las tareas concretas que llevan a cabo cotidianamente como de los saberes que movilizan. En efecto, en sus inserciones laborales, ponen en práctica una serie de saberes adquiridos en la realización de las tareas domésticas y de cuidados en sus propios hogares (y también muy tempranamente en sus familias de origen) y en los hogares empleadores. La acumulación de experiencias laborales les permite luego, sobre estos “saberes ocultos” fuertemente naturalizados como “femeninos”, construir una serie de aprendizajes muy complejos, específicamente vinculados a las necesidades, las rutinas y las características de las empresas u organizaciones en las que se desarrollaron sus trayectorias. En este sentido, trabajar en la limpieza no doméstica exige la capacidad de combinar las lógicas de dos mundos considerados como opuestos: la lógica del ámbito doméstico, del cuidado personalizado del espacio de intimidad propio y ajeno; la lógica de la empresa competitiva, de la búsqueda de productividad y de los controles de los procesos de trabajo. Estas exigencias se vuelven visibles en la manera en que las trabajadoras describen en detalle las tareas que realizan cotidianamente. En la experiencia de Sandra:

> Un día de mucho trabajo, por ejemplo, yo hoy entraba a las 12 y media y a la 1 ya hay clases, entonces hay dos aulas que las tengo que hacer rápido, plumerear las mesas, pasar ese escobillón grande para sacar el barrito, sacar los tachos de basura y nada más. Ya mañana me dedico a pasarle el trapo al piso, pasarle a las mesas. Yo me voy organizando, este día, esto rápido, este día le doy un poco más... Yo me pongo la alarma del reloj cada media hora, porque después de ahí me voy a la sala de computación grande, una limpieza por arriba porque ya no me da el tiempo. Y después está la recorrida de los baños, sacar los papeles, mirar si había alguno tapado, rápido nada más, si los pisos estaban sucios, pasar un trapo [...] Yo ya sé lo que no quieren que use en cada lugar, en los laboratorios nada de lavandina, yo sé los materiales que puedo tocar, cuando me tengo que poner guantes. Pero no se puede hacer la misma limpieza cuando hay gente, entonces como que eso también lo tenés que contemplar... yo no puedo ponerme a plumerear las telas de araña y que le caiga todo a las personas, entonces en algún momento que yo veo que en la oficina no hay nadie, ahí aprovecho.

El relato de Sandra revela varias características del trabajo en la limpieza no doméstica que nos interesan particularmente. En primer lugar, estos puestos se caracterizan por la intensidad del ritmo y la carga de trabajo: la referencia a la "rapidez" con la que tiene que efectuar cada una de sus tareas y cubrir los sectores asignados es permanente en su relato. Como en los discursos de muchas trabajadoras, la gestión intensiva del tiempo en el desarrollo cotidiano de las tareas es uno de los primeros aprendizajes implicados en el ejercicio de estas ocupaciones. En segundo lugar, a pesar de que las mismas trabajadoras lo caracterizan como un trabajo para el que no se precisan "estudios" o conocimientos específicos, su ejercicio exige el despliegue de una serie de aprendizajes complejos, basados en un conocimiento profundo del funcionamiento de los lugares en los que se desempeñan. En el relato de Sandra, limpiar exige una capacidad aguda de organización del circuito de limpieza, que se define día a día en función de los usos y rutinas cambiantes de esos espacios. Exige una importante capacidad de adaptación a los requerimientos y las demandas relacionadas con la actividad principal que allí se desarrolla. Implica, además, aprender a seleccionar cuidadosamente los productos que se debe utilizar en cada superficie, en cada sector, en cada oficina. Esta capacidad de aprendizaje y adaptación son uno de los requisitos centrales para acceder y permanecer en esos puestos de trabajo.

En el relato de Sandra, la limpieza implica además importantes saberes relacionales, asociados al cuidado y la atención sensible del espacio del otro. Se trata entonces de una práctica laboral exigente, que combina saberes y habilidades muy diversos y, al mismo tiempo, muy específicos. Articula esta gestión intensa de los procesos de trabajo y su ritmo, con las habilidades asociadas a las prácticas de cuidados, que, como sostiene Pascale Molinier están caracterizadas por la opacidad, por ese "saber-hacer-discreto" que para lograr su objetivo no debe llamar la atención y que solo se vuelve visible cuando falla (Molinier, 2005). El saber-hacer de estas auxiliares es, antes que nada, saber limpiar sin invadir, sin ser una presencia disruptiva.

Estos aprendizajes muy específicos, con origen en los espacios domésticos que las trabajadoras adquieren en sus puestos de trabajo pueden capitalizarse: son transferibles de un empleo a otro, dentro del universo de la limpieza no doméstica. Esta posibilidad de capitalización no basta sin embargo para ampliar el horizonte de inserciones laborales hacia otros sectores con mayor reconocimiento social. La movilidad hacia esas otras actividades pasa indefectiblemente por la finalización de los estudios formales como en el caso de Sandra o por el acceso a un proyecto de formación profesional, que es lo que caracteriza las trayectorias de las trabajadoras de los servicios de estética.

"Saber ser" y movilidad laboral en los servicios de estética

En los relatos recabados la motivación para iniciar una formación profesional (en el caso de las mujeres de este estudio estaba casi exclusivamente vinculada con los servicios de estética) se encuentra ligada a un proyecto de movilidad laboral y social ascendente. En ese sentido, la peluquería supone el acceso a un saber técnico específico, al que sólo se puede acceder a través del pasaje por un aprendizaje formal.

Al igual que en el caso de la limpieza, estos saberes se arraigan en los roles domésticos. En este caso, el espacio doméstico, se hace presente a través del lugar que ocupa la actividad en los juegos de la infancia. En ese sentido abundan las referencias sobre las experiencias de las mujeres entrevistadas como "peluqueras sin título":

> Siempre quise ser peluquera creo que para mí siempre lo fui. Con la diferencia de que el año pasado me dieron el título pero para mí siempre fui peluquera. Ahora tengo muchos más conocimientos. Siempre fui

> peluquera de chiquitita, de cortarle el pelo a todo el planeta, teñir a mi mamá. Desde muy chiquita. Pura intuición era lo mío. A veces salía bien, a veces no tan bien. Un día me propuse dejar de poner en riesgo la cara de la gente, porque es el marco de la cara y dije: voy a estudiar peluquería. (Sole, 36 años, BPF)

El testimonio de Sole, alumna de la escuela de peluquería Belleza por un Futuro, muestra por un lado, de qué manera el interés por la actividad se sitúa en un pasado lejano, localizado en la infancia, como un deseo postergado. Y al mismo tiempo, es evidenciado como un hacer "por instinto", en el cual parece identificarse el deseo con un saber-hacer. Esos comienzos, se sitúan así en el ámbito familiar más próximo.

En las experiencias de las alumnas y peluqueras entrevistadas, el pasaje por una institución de formación, resulta un requisito ineludible para ingresar a ese sector de actividad. Devenir peluquera tiene que ver, a la vez, con esa decisión de materializar un anhelo en el ejercicio de una práctica laboral, y fundamentalmente con el pasaje por un aprendizaje formal. Un aprendizaje que es técnico, es decir a través del cual se accede a los procedimientos, tipos de corte, formas de uso de las herramientas de trabajo y del cuerpo en el trabajo. Y que permite normativizar ese aprendizaje que en algunos casos fue intuitivo, corregir posturas, aprender la manera correcta de manipular las herramientas, pero fundamentalmente, de acuerdo a los testimonios recabados, consiste en un tipo de aprendizaje complejo. Las alumnas se encuentran con contenidos que resultan difíciles de asimilar, que requieren una capacidad de estudio y comprensión que muchas veces es subestimada por otros cercanos a las mujeres que eligen esta formación, y también por ellas mismas.

> Lo técnico al principio me asustó un poquito, ahí dije, epa, no era lo que yo pensaba. Ya cuando pasamos a 80 grados y si combinamos... y cuando los colores pasaron a ser números y yo decía y ese uno de dónde salió... me costó un montón enganchar ahí. (Sole)

Las escuelas posibilitan acceder a esa complejidad técnica, y con ella valorizar la formación y el oficio. La sorpresa de encontrar contenidos difíciles que requieren recurrir a conocimientos de geometría – para aprender las técnicas de corte- o de química –para las clases de colorimetría- por un lado las enfrenta a un desafío personal, que en muchos casos puede desembocar en el abandono de la formación, pero también impacta positivamente en la representación que las mujeres construyen de la actividad. Y por lo tanto, de su percepción como profesionales. En efecto, se trata, a pesar de ser una ocupación que requiere de un pasaje casi obligado por una instancia institucional de aprendizaje, de una actividad poco valorada, considerada como una tarea sencilla, que puede ser aprendida en un curso corto que "cualquiera" puede seguir. Esa representación de la tarea como algo menor, está casi siempre ligada al hecho de que se considera como una tarea "de mujeres para mujeres", para la cual no se estudia "de verdad". Una de las entrevistadas daba cuenta de dichas representaciones:

> Porque esto también es una carrera, es una profesión, de hecho, no es un cursito como todos dicen, es una carrera que es jugada, jugadísima, porque vos estás tratando con el pelo de alguien, con la cara de alguien, y es arte también, porque uno puede tener la técnica, pero después esta la imaginación, tienes que tener la imaginación también. (...) Y es una carrera hermosa y no me siento menos que nadie, de hecho, amo lo que hago porque antes tenía un poco ese pensamien-

> to... me pasó mucho, pensaba que era un hobby no una carrera. (Vanina)

Dentro del trayecto formativo que van construyendo las alumnas, no solamente se pondera el pasaje por la institución como algo valioso y necesario, sino que también la experiencia de trabajar en un salón de peluquería es reconocida como un eslabón complementario y fundamental para consolidar los contenidos aprendidos en el curso.

Tanto en el CFP como en la escuela, las alumnas, al ser interrogadas sobre sus proyectos y expectativas, coincidían en señalar la importancia de desarrollar una experiencia laboral en una peluquería o adquirir mayor confianza a medida que se animaran a atender clientas. Así la etapa formativa y la etapa de ejercicio de la profesión, aparecen fuertemente imbricadas.

> Yo estoy trabajando de forma independiente desde el año pasado, en maquillaje y peinado. (…) Así que el año pasado arranqué así, maquillando y peinando. Me mando sola, pero toda es experiencia me suma y voy aprendiendo. Pero la practica la tenés, te falta más práctica. Te vas a ir puliendo y viendo cosas que vas a ir mejorando más adelante. (Vanina)

El trayecto formativo comprende así un componente sistemático y formalizado que cobra valor en el ejercicio práctico.

Finalmente, tanto en la etapa puramente formativa como en el aprendizaje *in situ*, las mujeres que se forman en peluquería, acceden a una forma de socialización especifica. Aprenden a reconocer cortes, materiales disponibles, tipos de pelo, un vocabulario y una forma de relacionarse con colegas y sobre todo, clientas. En efecto una parte sustancial del trabajo en la peluquería tiene que ver con la forma de relacionarse con las/os clientas/es. La manera en que se establece el vínculo, la escucha atenta de quien con ellas se atiende y que tiene la expectativa de verse y sentirse mejor al final del proceso de trabajo. En ese sentido, las mujeres entrevistadas resaltan que esta dimensión relacional les provee más herramientas para hacer bien su trabajo, es central en la manera de entender qué quiere la clienta pero sobre todo en la forma en que su trabajo también será percibido.

> Para aceptar a una clienta, no aceptás a cualquiera. No porque me quedo con mucha energía negativa a veces. Me pasó con una clienta que se largó a llorar y yo no sabía cómo contenerla y me puse mal yo también. Una cosa es cuando más o menos la conocés y sabés hasta qué punto la podés contener. Es muy delicado el pelo, necesito saber quién es, necesito saber algo de la otra persona, aparte porque voy a domicilio. (Sole)

El componente de trabajo emocional, ya destacado en diversas investigaciones (Arango, 2011; Black, 2010) resulta así una dimensión sustantiva que será uno de los elementos centrales para evaluar la tarea realizada por la profesional, de parte de la clienta, y en el caso del trabajo en relación de dependencia, de parte del empleador/a. Se trata de saberes poco reconocidos en las codificaciones de las ocupaciones en términos de sus niveles de calificación pero que sin embargo constituyen, para las trabajadoras, el eje de una movilidad percibida y proyectada como ascendente, en términos de prestigio, independencia y posibilidades de proyección hacia el futuro. Principalmente, esta dimensión relacional característica de estas actividades – el vínculo con la clienta y el trabajo emocional allí desplegado – resultan en un trabajo percibido como gratificante por quien lo realiza. Ello deriva en el reconocimiento y prestigio que se adquiere, o es pasible de ser adquirido, a través de esta profesión.

Conclusiones

En este capítulo hemos analizado de qué manera las mujeres que se insertan en actividades de limpieza no doméstica y peluquería construyen y desarrollan sus aprendizajes, proyectos y experiencias de formación. Estos últimos están estrechamente vinculados a los saberes que movilizan en esas ocupaciones. Como vimos se trata de dos actividades en las cuales las mujeres ocupan, en mayor número, las tareas consideradas menos calificadas y en las que se insertan de manera precaria e informal. En ambos casos se trata de actividades estrechamente vinculadas con los roles domésticos femeninos, caracterización que atraviesa las representaciones que se construyen sobre dichas actividades, marcando una continuidad entre el espacio doméstico y el productivo. Esta asociación signa la desvalorización que las atraviesa.

En el caso de las actividades de limpieza no doméstica esa continuidad se evidencia en la base sobre la cual se construyen los aprendizajes que serán adquiridos en los lugares de trabajo, y en las rutinas repetidas en sus hogares y espacios laborales. Sin embargo, en estas actividades las trabajadoras atraviesan procesos de formación que se vinculan estrechamente con los procesos de trabajo de cada lugar de contratación. Estos aprendizajes constituyen un elemento ineludible para el desempeño de esta actividad. Aquí, la gestión intensiva del ritmo de trabajo, la organización del circuito de limpieza, la capacidad de adaptación a las rutinas cambiantes de los lugares en los que se desempeñan son parte fundamental de ese proceso de trabajo. Lo que vemos es que se trata de un "saber ser" y un "saber hacer" que no es reconocido ni por quien emplea ni por quien desempeña la tarea.

Otra dimensión valorada como parte del adecuado desempeño en la realización de esta tarea es lo que hemos identificado como trabajo emocional, es decir el componente de cuidado del otro, el cual implica también un aprendizaje de parte de la trabajadora para realizar su trabajo. Estos saberes, "saber hacer" y "saber ser" también están presentes en la práctica y aprendizaje de la peluquería (Arango, 2011; Kang, 2010; Black, 2002). Estas habilidades, adquiridas tanto en el lugar de trabajo como en la instancia de formación, son ignoradas por las codificaciones que jerarquizan las ocupaciones a través de los niveles de calificación.

En este artículo partimos, en un comienzo, de la presentación de estas inserciones laborales como actividades de baja calificación, cuyas representaciones desvalorizadas se encuentran fuertemente vinculadas a la continuidad entre espacio doméstico y productivo que caracteriza a ambas. Hacia el final, queremos destacar que el reconocimiento y visibilización de estas "otras" calificaciones y saberes, permite poner en discusión una forma de construir una concepción hegemónica de las calificaciones laborales, ligada fuertemente al trabajo (industrial) asalariado y netamente masculinizado. En este modo de pensar el trabajo, las actividades de servicios como las estudiadas aquí, quedan relegadas a tareas concebidas como de poca complejidad, feminizadas y complementarias de actividades dominantes para el modelo productivo. Desde hace varios años, existe una literatura que destaca las transformaciones acaecidas en el mundo del trabajo y la expansión de las actividades ligadas a los servicios, sin embargo, la forma en que se categorizan y jerarquizan las ocupaciones a partir de esta idea de calificación no se ha modificado.

Sin embargo, como hemos desarrollado en este texto, esos saberes adquieren relevancia en las trayectorias de las trabajadoras. Puntualmente, en el caso de las trabajadoras de estética, en cuya actividad el "saber hacer" y el "saber ser" resultan centrales no sólo como mecanismos a través del cual valorizan su trabajo en relación a esa dimensión relacional, sino también porque es a través de esos saberes que acceden a un reconocimiento social que no encontraban en otras actividades laborales. Tal como se desprende de nuestro estudio, ese reconocimiento es experimentado en sus trayectorias, como una forma de movilidad ascendente.

Así, poner en discusión la forma en que son definidas las calificaciones, permite reconfigurar las jerarquizaciones entre distintas actividades laborales. Reconocer estos saberes, centrales para las actividades de servicios destinadas a los cuidados, como parte de las calificaciones requeridas para su desempeño, forma parte del desafío de valorizar estas actividades. Un desafío que resulta insoslayable para reconocer la centralidad de las tareas de cuidado para el funcionamiento y la reproducción de la sociedad.

Bibliografía

ARANGO, L. G. "Género, trabajo emocional y corporal en peluquerías y salones de belleza". *Manzana de la discordia*, 6, (1), p. 9-24, 2011.

BLACK, P. "Ordinary People Come Through Here": Locating the Beauty Salon in Women's Lives. In: *Feminist Review*, n. 71, p. 2-17, 2002.

BARRANCOS, D.; GOREN, N. "Género y empleo en el Gran Buenos Aires. Exploraciones acerca de las calificaciones en mujeres de los sectores de pobreza". En: FORNI, F. (comp.), *De la exclusión a la organización. Hacia de la integración de los pobres en los nuevos barrios del conurbano bonaerense*. Buenos Aires: Ciccus, 2002.

BERTRANOU, F.; CASANOVA, L. *Informalidad laboral en Argentina: segmentos críticos y políticas para la formalización*, Buenos Aires: OIT, 2013.

BRÉTIN, H. "Le nettoyage, aux confins du jour et de la nuit". *Les annales de la recherche urbain*, 87, p. 85-99, 2001.

BRITES, J. *Afeto, desigualdade e rebeldia: Bastidores do serviço doméstico*. Tese de Doutorado, Programa de Pós-Graduação em Antropologia Social, Porto Alegre: UFRGS, 2001.

CEPAL, *Panorama social de América Latina*, Santiago de Chile: Naciones Unidas, 2018.

CHANEY, E. G.; CASTRO, M. (Eds.). *Muchacha, cachifa, criada, empleada, empregadinha, sirvienta y... más nada*. Caracas: Editorial Nueva Sociedad, 1993.

CONTARTESE, D.; MACEIRA, V. *Diagnóstico sobre la situación laboral de las mujeres*. Buenos Aires: Subsecretaría de Programación Técnica y Estudios Laborales, MTEySS, 2005.

CORTÉS, R. "Políticas laborales y transferencias de ingresos: ¿estrategias complementarias?". *Voces del Fénix*, n. 5, p. 44-51, 2012.

DÁVALOS, P. "La Asignación Universal por Hijo desde la perspectiva de los hogares perceptores". *Estudios el Trabajo*, n. 45, Primer Semestre, p. 5-32, 2013.

DE IBARROLA, M. "¿Qué formación para el trabajo en la educación secundaria y terciaria?. En: JACINTO, C. (coord.). *¿Educar para qué trabajo? Discutiendo rumbos en América Latina*. Buenos Aires: Ediciones la Crujía/ mtcyt/ mteyss/ redEtis, 2004.

GEORGES, I. "Entre discriminação e reconhecimento: as trabalhadoras domesticas de São Paulo". In: CABANES, R., GEORGES, I., RIZEK, C., TELLES, V. (orgs.). *Saídas de emergência. Perder/ ganhar a vida em São Paulo*. São Paulo: Boitempo Editorial, p. 95-113, 2011.

KANG, M. *The Managed Hand: Race, Gender, and the Body in Beauty Service Work*. Berkeley: University of California Press, 2010.

HONDAGNEU-SOTELO, P. *Domestica: Immigrant Workers Cleaning and Caring in the Shadows of Affluence*. Berkeley: University of California Press, 2007.

IBOS, C. *Qui gardera nos enfants ? Les nounous et les mères*. París: Flammarion, 2012.

JACINTO, C.; MILLENAAR, V. Los nuevos saberes para la inserción laboral. Formación para el trabajo con jóvenes vulnerables en Argentina. *Revista Mexicana de Investigación Educativa,* v. 17, n. 52, enero-marzo, 2012, p. 141-166, Consejo Mexicano de Investigación Educativa, A.C., Distrito Federal, México, 2012.

JAUNAIT, A.; CHAUVIN, S. *Représenter l'intersection: les théories de l'intersectionnalité à l'épreuve des sciences sociales.* Faculty FMG: Amsterdam Institute for Social Science Research (AISSR), 2012.

LULHIER, D. "Le "sale boulot"", *Travailler,* v. 2, n. 14, p. 73-98, 2005.

MILLENAAR, V. "El masaje sana el alma. Género y saberes emocionales en la formación laboral orientada a la estética". Trabajo presentado en las *X Jornadas de Sociología de la Universidad Nacional de General Sarmiento,* 30 y 31 de mayo, Los Polvorines, 2019.

MOLINIER, P. "Le care à l'épreuve du travail. Vulnérabilités croisées et savoir-faire discrets". En: PAPERMAN, P.; LAUGIER, S. (sous la direction de). *Le souci des autres. Ethique et politique du care.* Paris: Editions de l'Ecole des Hautes Études en Sciences Sociales, 2005.

NOVICK, M.; ROJO, S.; CASTILLO, V.. (comps.). *El trabajo femenino en la post-convertibilidad. Argentina 2003-2007,* Santiago de Chile: CEPAL, GTZ, Ministerio de Trabajo, Empleo y Seguridad Social, 2008.

PERBELLINI, M. Saberes puestos en juego en el proceso de trabajo: apropiación y resistencia. En: *Revista MIRÍADA.* Año 3, n. 5, p. 43-59, 2010.

PEREYRA, F.; MICHA, A. "Las condiciones laborales de las mujeres de sectores populares en Argentina: Sobre características objetivas y vivencias subjetivas". En: *VII Jornadas de Sociología, Universidad Nacional General Sarmiento,* Los Polvorines: Buenos Aires 18 y 19 de mayo, 2017.

ROLLINS, J. *Between women. Domestics and their employers.* Philadelphia: Temple University Press, 1985.

ROMERO, M. *Maid in USA.* New York and London: Routledge, 2002.

ROZENBLATT, P. El cuestionamiento del trabajo. Clasificaciones, jerarquía, poder. (*Documento de trabajo nº 11*). Buenos Aires: CEIL. PIETTE. CONICET, 1999.

SPINOSA, M. *El análisis y reconocimiento del saber en el trabajo. (O de cuando se usan lupas para mirar las estrellas).* Trabajo Presentado al V Congreso Latinoamericano de Sociología del Trabajo, Montevideo, Uruguay, 2007.

TANGUY, L. De la evaluación de los puestos a la de las cualidades de los trabajadores. Definiciones y usos de la noción de competencias. En: GARZA TOLEDO, E. de la; NEFFA, J. (Comp.): *El futuro del trabajo. El trabajo del futuro.* Buenos Aires: CLACSO. Recuperado de la Red de Bibliotecas Virtuales de Ciencias Sociales de América Latina y el Caribe de la Red CLACSO http://bibliotecavirtual.clacso.org.ar/ar/libros/neffa/neffa.html, 2003.

TIZZIANI, A; GORBAN, D. "You Can't Have It All": Patterns of Gender and Class Segregation in Paid Domestic Work in the City of Buenos Aires. En: RAUSKY, E.; CHAVEZ, M. (coord.). *Living and working in poverty: trajectories of children, youth and adults in Latin America.* Palgrave, 2018.

TOURAINE, A. La organización profesional de la empresa. En: FRIEDMANN, G.; Naville, P. (comp.). *Tratado de Sociología del Trabajo.* (v. I, p. 384-425) México: Fondo de Cultura Económica, 1971.

ZELIZER, V. *La negociación de la intimidad.* Buenos Aires: FCE, 2009.

ZIBECCHI, C. "Entre el trabajo y el amor, el cuidado de niños en contextos de pobreza: el caso de las mujeres cuidadoras del ámbito comunitario". En: *Estudios Sociológicos*, (XXXII), 95: 385-411, 2014.

Otras fuentes consultadas:

Clasificador Nacional de Ocupaciones, Instituto Nacional de Estadísticas y Censos, Argentina: http://www.indec.gov.ar/ftp/cuadros/menusuperior/eph/EPHcontinua_CNO2001_reducido_09.pdf

Encuesta Permanente de Hogares, tercer trimestre de 2016

L'Oreal Beauty Report. "Belleza Por Un Futuro", gacetilla, n°2, 22 de noviembre, 2016.

Sobre los autores

MARIANA BARATTINI
Doctora en Ciencias Sociales (IDES-UNGS), Magister en Ciencias políticas (IDAES) y Licenciada en Política Social (UNGS). Es investigadora Docente en el Instituto de Ciencias de la Universidad Nacional de General Sarmiento (ICI-UNGS). Es Miembro del Grupo de Estudios del Trabajo (GET-UNGS). Sus temas de investigación se refieren a las instituciones y problemas del mundo del trabajo, con temáticas que van desde la precariedad laboral hasta los procesos de organización gremial de diferentes colectivos de trabajadorxs, indagando además sobre los modelos sindicales en perspectiva comparada.

OSVALDO BATTISTINI
Doctor en sociología, investigador principal del CONICET, investigador docente de la Universidad Nacional de General Sarmiento y profesor de posgrado en las Facultades de Ciencias Económicas y Derecho de la Universidad de Buenos Aires. Sus principales temas de investigación son: las transformaciones en el trabajo a partir del desarrollo tecnológico; los cambios en los oficios tradicionales; la identidad de los trabajadores; y las transformaciones en la representación sindical.

LUIS ALBERTO BECCARIA
Actualmente es Investigador – docente del Instituto de Ciencias de la Universidad Nacional de General Sarmiento (UNGS) y

profesor titular de Economía Laboral en la Facultad de Ciencias Económicas de la UBA. Realiza actividades de docencia de posgrado en esta última y en otras instituciones académicas. Fue Director del Instituto Nacional de Estadística y Censos de Argentina y de la División de Estadística de la CEPAL. Ha publicado libros y artículos sobre economía laboral, distribución del ingreso y la política social. Es Licenciado en Economía (UBA) y Doctor en Economía (Universidad de Cambridge, Inglaterra).

Silvio I. Feldman
Licenciado en Sociología, Universidad de Buenos Aires. Egresado del II Programa de Posgrado de Formación de Investigadores en Desarrollo Urbano y Regional 1975-76 (CEUR, ITDT Buenos Aires). Es Profesor Consulto del Instituto de Ciencias, Universidad Nacional de General Sarmiento (UNGS). Director del Programa de Posgrado -Doctorado y Maestría- en Ciencias Sociales UNGS-IDES. Fue Rector de la Universidad Nacional de General Sarmiento; Presidente de la Asociación Latinoamericana de Sociología del Trabajo y de la Asociación Argentina de Especialistas en Estudios del Trabajo. Entre los temas que investiga en la actualidad se encuentran las políticas sociales y laborales, así como los procesos de cambio en relación con los procesos de igualdad /desigualdad.

Tarcisio Perdigão Araújo Filho
Licenciado en Ciencias Sociales por la Universidad Federal de Minas Gerais (UFMG), Magíster y doctorando por el Programa de Posgrado en Sociología de la Universidad Federal de San Carlos (UFSCar), con estadía de investigación en el *Laboratoire Interdisciplinaire pour la Sociologie Économique* (Lise) del *Conservatoire National des Arts et Métiers* (CNAM), en París. Miembro del Laboratorio Mixto Internacional *Social activities, gender, markets and mobilities - Latin*

America (LMI-SAGEMM). Becario de la *Fundação de Amparo à Pesquisa do Estado de São Paulo* (FAPESP).

Marina Luz García
Investigadora docente en el Área de Sociología del Instituto de Ciencias de la Universidad Nacional de General Sarmiento. Sus investigaciones se inscriben en el campo de los estudios del trabajo y de las y los trabajadores. Fundamentalmente aborda la problemática del trabajo informal: el trabajo doméstico, el trabajo infantil y el trabajo ambulante.

Isabel Pauline Hildegard Georges
Socióloga e investigadora del Instituto de Estudios para el Desarrollo (IRD) y directora adjunta de la UMR *Développement et Sociétés,* Francia. Docente e investigadora asociada del Programa de Posgrado en Sociología de la Universidad Federal de San Carlos (UFSCar) e investigadora colaboradora del Cenedic – FFLCH/USP. Ocupó la cátedra francesa del Instituto de Arquitectura y Urbanismo de la Universidad de San Pablo y de la Universidad del estado de Campinas y fue investigadora visitante del Instituto de Arquitectura y Urbanismo de la Universidad de San Pablo. Co-organizadora de la colección SAGEMM, publicó recientemente, en la misma colección, con M. Cunha y N. Ota, *Os tempos do social e da política,* São Paulo, Alameda Editorial, 2018.

Vanesa Gómez
Licenciada en Sociología, Magíster en Antropología Social y doctoranda en Antropología Social por la Universidad de Buenos Aires (UBA). Es Becaria de Doctorado CONICET, con sede en el Instituto de Ciencias de la Universidad Nacional de General Sarmiento (ICI-UNGS). Miembro del Grupo de Estudios del

Trabajo (GET-UNGS). Sus principales temas de investigación se vinculan al análisis de las clases y los procesos de movilidad social desde una perspectiva biográfica, y a las relaciones entre la formación profesional y el mundo del trabajo.

Débora Gorban
Doctora en Ciencias Sociales por la Universidad de Buenos Aires y la Escuela de Altos Estudios Sociales de Paris (EHESS). Es investigadora del Conicet, en el Instituto de Ciencias de la Universidad Nacional de General Sarmiento. Entre sus temas de investigación se encuentran el estudio de las relaciones de clase y género en el mundo del trabajo y la construcción y legitimación de desigualdades en y desde el trabajo.

Jacob Carlos Lima
Profesor titular del Departamento de Sociología de la Universidad Federal de San Carlos (UFSCar), investigador del CNPq (*Conselho Nacional de Desenvolvimento Científico e Tecnológico*) y coordinador del *Laboratório de Estudos sobre Trabalho, Profissões e Mobilidades* (LEST-UFSCar). Sus investigaciones abarcan temáticas de la sociología del trabajo, sociología económica y la formación en sociología en Brasil.

Roxana Maurizio
Investigadora Independiente del Consejo Nacional de Investigaciones Científicas y Técnicas (CONICET). Investigadora del Instituto Interdisciplinario de Economía Política (IIEP-BAIRES). Subdirectora de la Carrera de Economía de la Facultad de Ciencias Económicas, UBA. Consultora para organizaciones nacionales e internacionales (OIT, CEPAL, Banco Mundial, PNUD). Sus áreas de interés son la economía laboral, la distribución del ingreso, la pobreza y las políticas sociales en América Latina. Ha

publicado artículos (en revistas como Journal of Development and Change, International Review of Applied Economics, Journal of Income Distribution, Journal of Development Studies, Journal of Economic Inequality, International Social Security Review, International Labour Review) y libros sobre informalidad laboral, instituciones laborales, migración internacional, movilidad de los ingresos, desigualdad y la pobreza, y programas laborales y sociales. Posee una licenciatura en Economía, una Maestría en Economía y un Doctorado en Economía.

Cibele Saliba Rizek
Profesora titular del Instituto de Arquitectura y Urbanismo de la Universidad de San Pablo, Magíster en Ciencias Sociales por la *Pontifícia Universidade Católica de São Paulo,* doctora en Sociología por la Universidad de San Pablo y docente libre de la misma universidad. Es profesora del Programa de Posgrado en Arquitectura y Urbanismo del IAU/USP e investigadora del Centro de Estudios sobre Derechos y Ciudadanía (Cenedic – FFLCH/USP). Autora de numerosos artículos y textos científicos vinculados con las cuestiones urbanas, reestructuración productiva, vivienda, espacio público y ciudadanía y co-organizadora de *A era da indeterminação* (Boitempo, 2007) e *France/Brésil: politiques de la question sociale* (Presses Universitaires de Caen, 2000).

Romina Antonelli
Licenciada en Comunicación (UNGS) y está realizando el Doctorado en Ciencias Sociales (FSOC-UBA). Es becaria Conicet desde 2017 a la fecha, con sede en el Instituto de Ciencias de la Universidad Nacional de General Sarmiento (ICI-UNGS). Participa en Grupo de Estudios del Trabajo (GET-UNGS). Estudia temáticas vinculadas a los estudios de género, su tesis de doctorado se focaliza en las trayec-

torias laborales y dinámicas familiares de mujeres que se jubilaron con la moratoria previsional en Argentina hasta el 2015.

YUMI GARCIA DOS SANTOS

Profesora del Departamento de Sociología de la Universidad Federal de Minas Gerais (UFMG), Brasil, donde enseña teoría sociológica, metodología cualitativa, sociología del género, entre otras disciplinas. Sus investigaciones están orientadas hacia los temas de género, trabajo, políticas, migraciones, trayectorias. Es doctora en sociología por la Universidad París 8, Saint-Denis (Francia) y la Universidad de San Pablo (USP).

DIEGO SZLECHTER

Doctor en Ciencias Sociales de la Universidad Nacional de General Sarmiento (UNGS) – IDES, Argentina. Master en Administración de Empresas de la Universidad Ben Gurión, Israel. B.A. en Economía y en Ciencias Políticas de la Universidad Hebrea de Jerusalén, Israel. Investigador independiente del Consejo Nacional de Investigaciones Científicas y Técnicas (Conicet). Investigador docente del Instituto de Industria de la UNGS. Coordinador Académico de la Maestría en Estudios Organizacionales de la UNGS. Co-coordinador del Grupo de Estudios sobre Sociología del Management (GESOM). Miembro fundador de la Red de Estudios Organizacionales de Latinoamérica (REOL). Miembro del Grupo de Estudios sobre Trabajo (GET) de la UNGS. Representante titular por Argentina de la Asociación Latinoamericana de Estudios del Trabajo (ALAST). Profesor de la asignatura Teoría de la Organización, categoría Adjunto, de la UNGS. Profesor de las Maestrías en Economía Industrial y en Estudios Organizacionales de la UNGS y de la Maestría en Estudios y Relaciones del trabajo de FLACSO.

Ania Tizziani

Doctora en sociología por la Universidad de París 1, Panthéon-Sorbonne, se desempeña como investigadora del Conicet y docente en la Universidad Nacional de General Sarmiento. Miembro del Grupo de Estudios del Trabajo, participa de diversos proyectos de investigación, nacionales e internacionales, centrados en el estudio de las formas de inserción de las mujeres de sectores populares en el mundo del trabajo (particularmente en las ocupaciones de cuidados), las políticas públicas, la informalidad y la precariedad laboral. Sus temas actuales de investigación están orientados hacia las relaciones de género y clase en el mundo del trabajo y las desigualdades sociales.

Alameda nas redes sociais:
Site: www.alamedaeditorial.com.br
Facebook.com/alamedaeditorial/
Twitter.com/editoraalameda
Instagram.com/editora_alameda/

Esta obra foi impressa em São Paulo na primavera de 2020. No texto foi utilizada a fonte Arno Pro em corpo 11 e entrelinha de 15,5 pontos.